Muzio Clementis Leben

Da Capo Press Music Reprint Series
GENERAL EDITOR
FREDERICK FREEDMAN
VASSAR COLLEGE

Muzio Clementis Leben

by **Max Unger**

𝓢 DA CAPO PRESS • NEW YORK • 1971

A Da Capo Press Reprint Edition

This Da Capo Press edition of
Muzio Clementis Leben is an unabridged
republication of the first edition
published in 1914.

Library of Congress Catalog Card Number 72-158959
SBN 306-70192-8

Published by Da Capo Press, Inc.
A Subsidiary of Plenum Publishing Corporation
227 West 17th Street, New York, N.Y. 10011
All Rights Reserved

Manufactured in the United States of America

*For Distribution and Sale Only in the United
States of America*

Muzio Clementis
Leben

Muzio Clementis Leben.

Von

Dr. Max Unger.

Langensalza
Hermann Beyer & Söhne
(Beyer & Mann)
Herzogl. Sächs. Hofbuchhändler
1914

Dieses Buch erscheint gleichzeitig als Dissertation der philosophischen Fakultät der Universität Leipzig.

Meiner lieben Braut.

Vorwort.

Als erste größere Frucht der Beschäftigung mit Muzio Clementi kann ich hiermit nach über fünf Jahren (etwa 1906—1911) dessen erste gründliche Biographie vorlegen. In der Meinung, die Quellen würden über seinen Lebenslauf zu spärlich fließen, hatte ich ursprünglich die Absicht, nur seine Stellung in der Musikgeschichte und seinen Einfluß auf die Klaviertechnik klarzulegen. Obwohl aber weder gute Freunde noch Verwandte wie bei Beethoven und Mozart für eingehende Aufschlüsse über Clementis Leben gesorgt haben, häufte sich mir doch mit der Zeit soviel Stoff auf, daß es als das Beste erschien, ihn zur Biographie zusammenzufassen, um damit die Clementiforschung erst einmal zu unterbauen. Man erwarte daher hier über Clementis Werke nur soviel, wie es der Zusammenhang mit dem Leben erforderte. Leider konnte Clementi auch nicht so, wie ich es aus kulturgeschichtlichen Gründen selbst gern getan hätte, in seine Zeit gestellt werden: Wenn man bedenkt, mit wieviel Ländern und Städten der Tondichter in Berührung gekommen ist, wird man leicht ersehen können, daß das den Umfang dieses Werkes womöglich leicht auf das Doppelte ausgedehnt hätte. Als beste Art der Darstellung befand ich für ein Werk, das der späteren Forschung als Unterbau dienen soll, die philologische Methode, die die zeitgenössischen Quellen nach Möglichkeit selbst zu Worte kommen läßt. Daß es sich trotzdem nicht lediglich auf »kompilatorische« Arbeit beschränkt, wird der Leser, wenn er nur will, leicht ersehen können.

Unter denen, die mich bei meinen Forschungen mit Rat und Tat unterstützt haben, muß ich an erster Stelle Hugo Riemann mit Dank nennen, der überhaupt die Anregung dazu gab und meinen Nöten stets Gehör lieh; dann eine ganze Reihe freundlicher Helfer, vor allem die Herren J. S. Shedlock[1]), Louis A. Klemantaski, Barclay Squire, Rev. P. Clementi-Smith, F. Moscheles, Fuller Maitland und Mrs. El. Christey in London, die Herren E. A. Bamard (Evesham), G. R. Benson (Lichfield), J. G. Prodhomme (Paris), H. Schmidt (Riga), N. Findeisen (Petersburg), Eus. Mandyzewsky, H. Botstiber und Fr. Artaria (Wien), L. Vallas (Lyon), K. Valentin (Stockholm), Erich Heckel (Dresden), K. Schmidt-Rottluff, C. A. Martienßen (Berlin), die Firmen Pleyel, Wolff, Lyon & Co. (Paris) und Breitkopf & Härtel (Leipzig), endlich die Vorstände der Musikabteilungen des Britischen Museums und der Berliner Kgl. Bibliothek, der Stadtbibliothek in Bromberg, der Bibliothek Peters (R. Schwartz) und des Gewandhauses in Leipzig. Viele von den genannten waren unermüdlich in ihrer Hilfe für mich; einer Anzahl anderer, die für mich ebenfalls gelegentlich wirkten und deren Unterstützung mir für nicht minder schätzenswert gilt, sei hier, ohne ihre Namen anzuführen, ebenfalls nochmals gedankt.

Leipzig, Ende September 1913.

Max Unger.

---

[1]) Das Material, das mir J. S. Shedlock während eines kurzen Aufenthaltes in London freundlichst übergab, war zum größten Teil schon in meinen eigenen Sammlungen enthalten; doch ging gerade er mir immer wieder in uneigennützigster Weise zur Hand.

Inhalt.

Quellenliteratur. [1)]

A. Handschriftliche Quellen.

1. Briefe Muzio Clementis an Artaria & Co. in Wien, Breitkopf & Härtel in Leipzig, W. F. Collard in London, Ignaz Pleyel in Paris und ein Mitglied des Vorstands der Philharmonischen Gesellschaft in London.

2. Briefe der Firma Clementi & Co. an Artaria & Co. und Ignaz Pleyel.

3. Briefe an Muzio Clementi von Breitkopf & Härtel (außerdem eine Anzahl an die Firma Clementi & Co.), von Ignaz Pleyel und Bernhard Romberg.

4. Auszüge aus Büchern der Berliner Nikolaikirche, Französischen und Dorotheenstädtischen Kirche, von St. Pancras Church in London, von Collegiate Church of Saint Peter Westminster und der Archives municipales de Lyon.

5. Das Testament Clementis (Auszug von der Principal Registry of the Probate Divorce and Admiralty Division of the High Court of Justice. [Somerset House, London.])

6. Die Kopierbücher der Firma Breitkopf & Härtel in Leipzig, Reminiscenses von S. Wesley im Brit. Museum, autographische Musikblätter Clementis im Brit. Museum und Auszüge aus den Protokollen und der Matrikel der Königl. Schwed. Akademie der Musik.

B. Gedruckte Quellen.

I. Zeitungen und periodische Schriften.

Die Londoner Tageszeitungen von 1770—1802,[2)] — Allgemeine Musikalische Zeitung, 1798—1848. — Reichardts Musikalisches

---

[1)] Quellen, denen nur einzelne Daten entnommen sind, wurden hier im allgemeinen nicht mit angeführt. Dies geschah jedoch in der Biographie selbst.

[2)] Hauptsächlich Morning Chronicle, Morning Post, Morning Herald und Times. Das vollständigere Verzeichnis s. bei Pohl, Haydn in London, VIII.

Kunstmagazin (1782—91) und Musikalisches Wochenblatt (1792). — Magazin der Musik (1783—87) von C. F. Cramer. — Berlinische Musikalische Zeitung (1805/6). — Quarterly Musical Magazine and Review (London 1818—30). — The Harmonicon (1823—33). — Reichardts Musikalischer Almanach (1796). — Zeitung für die elegante Welt. — Wiener Zeitung (bis etwa 1808). — Morgen-blatt für gebildete Stände (Stuttgart u. Tübingen). — Nouvelles de divers endroits (Bern 1784). — J. G. Meusels Miscellaneen artirtischen Inhalts, 1786. — Monthly Musical Record (London 1871 ff.). — Sammelbände und Zeitschrift der Internationalen Musikgesellschaft (Leipzig 1898 ff.). — Kent's Directories of London. — Journal des Luxus und der Moden. — Der Frei-müthige. — St. Petersburger Zeitschrift, 1803 und 1806. — Vossische Zeitung 1803—1805. — Neue Berlinische Musikzeitung 1850. — Neue Zeitschrift für Musik (1843). — The Portefolio, 1887, Nr. 210. — Journal de Paris 1816/17. — Leipziger Tage-blatt 1821/22. — Niederrheinische Musikzeitung (1854). — Revue musicale (herausgeg. von Fétis, Paris 1826—31).

II. Lexika, Bücher und Schriften.

Artaria, Fr., u. Hugo Botstiber, »Joseph Haydn und das Verlagshaus Artaria«. Wien 1909.

Beckford, Peter, »Letters from Italy to a Friend in England«. II. Vol. Salisbury 1805.

— Will., »Vathek«, herausgeg. von J. O. Paget. London 1899.

Bertini, G., Dizionario storico-critico degli scrittori di musica. 1814.

Bridi, G., »Brevi Notizie intorno ad alcuni più celebri compositori di musica«. . . . Rovereto 1827.

Burney, Ch., »A General History of Music«. 1776—78.

— — »Tagebuch einer musikalischen Reise« usw. (übersetzt von Michaelis).

Busby, Th., »Concert Room and Orchestra Anecdotes«. 3 Bde. London 1825.

Busch, Gabr. Christ. Benj., »Handbuch der Erfindungen«. 1806.

Adalbert von Chamisso's Werke, herausgeg. von Jul. Ed. Hitzig. Leipzig 1839.

Coli, D. Antonio, »Vita di Bonifazio Asioli da Correggio«. . . . Milano 1834.

Dörffel, A., Geschichte der Gewandhauskonzerte. Leipzig 1884.

»Dulons, des blinden Flötenspielers Leben und Meynungen, von ihm selbst bearbeitet«, herausgeg. von C. M. Wieland· II Teile, Zürich 1807/8.

Engl, Joh. Ev., »Joseph Haydns handschriftliches Tagebuch aus der Zeit seines zweiten Aufenthaltes in London 1794 und 1795«. Leipzig 1909.

Ense, Varnhagen v., »Denkwürdigkeiten und Schriften«.

Fétis, Biographie universelle des musiciens.

Gardiner, William, »Music and Friends«. 3 Bde. London 1838.

Gebhard, Fr. Alb., John Field. Eine biographische Skizze. In der Wiener Zeitschrift für Kunst, Literatur, Theater und Mode. 1837. Nr. 39 ff.

Geiger, Ludwig, »Aus Chamissos Frühzeit«. Berlin 1905.

Gerber, »Historisch-biographisches Lexikon der Tonkünstler« (1791/2) und »Neues hist.-biogr. L. d. T.« (1812—14).

Grove, G., Dictionary of music and musicians.

Gyrowetz, A., Selbstbiographie. 1848.

Hainl, F. G., »Da la musique à Lyon depuis 1713 jusqu'a 1852 . . .«. Lyon 1852.

Hase, H. v., »Joseph Haydn und Breitkopf & Härtel«. Leipzig 1909.

Henkel, Heinr., »Leben und Wirken von Dr. Aloys Schmitt«. Frankfurt a. M. 1873.

Hensel, F., »Die Familie Mendelssohn«.

Jahn, Otto, W. A. Mozart.

Kapp, J., Franz Liszt. Berlin 1909.

Karajan, Th. G. v., »Joseph Haydn in London 1791/92«. Wien 1861.

Krauel, R., »Prinz Heinrich von Preußen in Paris während der Jahre 1784 und 1785 bis 1789«. Berlin 1901.

Lenz, W. v., »Die großen Pianofortevirtuosen unserer Zeit«. Berlin 1872.

Lichtenthal, P., »Dizionario e Bibliographica della Musica«. 1826.

Logier, J. B., »A Refutation of the Fallacies and Misrepresentations contained in a Pamphlet, entitled ‚An Exposition of the New System of Musical Education‘ . . .«. London 1818.

»John Bernhard Logiers System der Musikwissenschaft und des musikalischen Unterrichts« (Buch I. 18. vom Verfasser selbst berichtigte Ausgabe [Berlin]).

Marmontel, A., »Les Pianistes célèbres«. Paris 1878.

Mendel, H., G. Meyerbeer, sein Leben u. seine Werke. 1869.

Mendel-Reißmann, Musikalisches Konversationslexikon (1870 bis 1883).

Méreaux, A., »Les Clavecinistes de 1637 à 1790«. Paris 1867.

Aus Moscheles' Leben. Nach Briefen und Tagebüchern herausgegeben von seiner Frau. 1872, 2 Bde.

Naglers Künstlerlexicon.

Neumann, Wilh., »Schriften«. Leipzig 1835.

Nissen, G. N. v., »Biografie W. A. Mozart's«. Leipzig 1828.

Pacchierotti, Giuseppe, »Cenni Biografici intorno a Gaspare Pacchierotti«. Padova 1844.

Parke, W. T., »Musical memoirs«. 2 Bde. London 1830.

Pohl, C. F., Joseph Haydn. 2 Bde. Leipzig 1875, 1882.

— — Mozart und Haydn in London. Wien 1867.

Pougin, A., »Viotti et l'école moderne de violon«. Paris 1888.

Joh. Friedr. Reichardts vertraute Briefe aus Paris, geschrieben in den Jahren 1802 und 1803. Hamburg 1804.

Reichardt, Joh. Friedr., »Vertraute Briefe, geschrieben auf einer Reise nach Wien und den Österr. Staaten zu Ende des Jahres 1808 und zu Anfang 1809«. Amsterdam 1810.

Rellstab, L., L. Berger. Berlin 1846.

Riemann, H., Musiklexikon.

Rimbault, E. F., The Pianoforte, its Origin, Progress usw. London 1860.

Sachs, Curt, »Musikgeschichte der Stadt Berlin bis zum Jahre 1800«. Berlin 1908.

Schilling, G., Universallexikon der Tonkunst. 1835—40.

Schindler, Ant., Biographie Ludw. van Beethovens. 1840.

Schucht, J., Meyerbeers Leben und Bildungsgang. 1869.

Shedlock, J. S., The Pianoforte Sonata. London 1875.

Louis Spohrs Selbstbiographie. 1860/1.

Succi, Emilia, Catalogo degli Autografi e Documenti. . . . Bologna 1788.

Thayer, A. W. (Deiters-Riemann), L. v. Beethovens Leben.

W. Tomaschek's Selbstbiographie. Libussa 1845.

Valla, Léon, »La musique à Lyon au dix-huitième siècle«. Lyon 1908.

Weber, Max Maria v., Karl Maria von Weber, ein Lebensbild. 1866—68.

Allgemeine Deutsche Biographie.

Dictionary of English National Biography.

Dictionary of Musicians. London 1824.

Catalogue de la Bibliothèque de M. Theophile Lemaire. Paris 1896.

Karls Versuche und Hindernisse (Roman von W. Neumann, Varnhagen v. Ense, Ad. v. Chamisso). Berlin und Leipzig 1808.

Musical Biography. London 1814.

Programme der Londoner Philharmonischen Gesellschaft bis 1830.

Einzelne Programme der Leipziger Gewandhauskonzerte.

Viele Erstdrucke von musikalischen Werken Clementis und anderer Komponisten.

I. Abschnitt.

Abkunft, Lernjahre und erste Erfolge.

1752—1780.

Wann Muzio Clementi[1]) das Licht der Welt erblickte, ist bisher noch nicht mit unumstößlicher Sicherheit zu sagen. Sind schon mehrere Angaben des Geburtstages selbst überliefert, so gibt es wohl von 1745 bis 1752 kaum ein Jahr, das nicht einmal für sein Geburtsjahr in Anspruch genommen wurde. Von diesen Jahren seien die wichtigsten samt ihren Vertretern hier aufgezählt: Gerber nennt im Alten Tonk.-Lexikon das Jahr 1746, dasselbe Joh. Friedr. Reichardt unter Angabe des 12. April als des Tages in seinem musikalischen Almanach (1796)[2]). Der unbekannte Übersetzer des Lebensabrisses des Harmonicon (1832) fügt der Ungewißheit anderer Jahre noch die folgende Anmerkung hinzu: »Hat Clementi selbst in Leipzig (1821/2) dem seligen Gottfr. Christ. Härtel, von welchem wir die

---

[1]) In allen Urkunden, die mir vorgelegen haben, ist nur der eine Vorname Muzio enthalten. Es dürfte auf ein Versehen zurückzuführen sein, daß die »Musical Biography« (anonym, London 1814, Vol. II, S. 322) noch einen weiteren abgekürzten hinzufügt und die Vornamen als »C. Muzio« angibt. Die Schreibweise Mucio, die sich nicht selten findet, ist falsch.

[2]) Auch G. Bertini gibt dieses Jahr in seinem Dizionario storico-critico, vielleicht ebenso wie Reichardt nach Gerber. Hugo Riemann hat die oben gegebenen Daten bereits für die 7. Auflage seines Musiklexikons benutzt.

Notiz haben, sein Alter richtig angegeben: so ist er 1750 oder 51 geboren.« (Allg. Mus.-Zeitung 1832). Hinsichtlich des Reichardtschen Datums darf aber auch der Umstand nicht unerwähnt bleiben, daß dieser Berliner Kapellmeister und Schriftsteller, wie wir sehen werden, ein Jahrzehnt vor der Herausgabe jenes Almanachs mit Clementi persönlich bekannt geworden war. Als Geburtstag ohne ein bestimmtes Jahr findet sich im Musikalischen Hausfreund vom Jahre 1822 (Mainz, Schott) der 8. November vor — jedenfalls nur eine kalenderfüllende Verlegenheitsangabe. Dasjenige Jahr aber, welches am meisten Wahrscheinlichkeit für sich hat, ist das Jahr 1752, das das »Quarterly Musical Magazine and Review« und ebenso das »Harmonicon« in ihren biographischen Skizzen angaben. Um die Verwirrung aber vollständig zu machen, setzte diese zweite Zeitschrift bei der Ankündigung seines (am 10. März 1832 erfolgten) Todes hinter die Angabe, er sei 1752 geboren und in seinem 81. Jahre gestorben, mit dem Vermerk ein kräftiges Fragezeichen: »Sein Alter wird so in den öffentlichen Blättern angegeben, aber wir haben guten Grund zu der Annahme, daß er mindestens vier oder fünf Jahre älter war« . . . (a. a. O. 1832, S. 86), eine Behauptung, die von Frau Moscheles, die mit Clementi lange Jahre befreundet war, dahin bestätigt wird, er sei im Alter von 86 Jahren verstorben. (Damit langte man also wieder beim Jahre 1746 an.)

Leider sind verschiedene Anläufe, Clementis Eintrag in die Geburten- oder Tauflisten aufzufinden, erfolglos gewesen. Teils sind die Kirchenbücher in den Kirchen von Rom, wo er geboren wurde[1]), überhaupt nicht mehr

---

[1]) Die Angabe Roms als Geburtsort, die sich ausnahmslos nicht bloß in den gedruckten Quellen, sondern auch in Urkunden findet, könnte zwar insofern in Frage gestellt werden, als dann schließlich in weiterem Sinne auch ein Ort der Umgebung Roms gemeint sein könnte; dem widerspricht aber schon etwas der Umstand, daß Clementi in ganz jungen Jahren den Unterricht römischer Lehrer genoß, vor allem aber auch der Beruf des

vorhanden oder lückenhaft, teils läßt das Entgegenkommen
der kirchlichen Beamten manchen Wunsch offen. Daher
führten weder die Besuche, die ein Freund von mir, der
Maler Erich Heckel, in Gotteshäusern Roms abstattete,
noch verschiedene andere Versuche, unter anderen Um-
fragen, zum Ziel.

Dasjenige Jahr, welchem am meisten Gewicht beizulegen
ist, ist das Jahr 1752 besonders auch aus dem Grunde,
weil es gewissermaßen als urkundlich verbürgt angenommen
werden darf; in einem kleinen handschriftlichen Buche
nämlich, das in der Westminster Abbey in London neben
den Totenlisten bei Beerdigungen in den Kreuzgängen geführt wurde, ist Clementi als im Alter von 80 Jahren,
1 Monat und 15 Tagen verstorben eingetragen. Da sein
Tod am 10. März 1832 erfolgte, so ergibt sich durch
Zurückrechnung für den Geburtstag der 24. Januar
1752.[1]) Solange also kein bestimmter Anhalt in einer
Geburtsurkunde gefunden werden wird, muß dieses Datum
als die größte Wahrscheinlichkeit für sich in Anspruch
nehmend gelten.

Über die Angehörigen Clementis erfahren wir hier und
da nur ganz Zufälliges: Sein Vater, ein Silberarbeiter von
großer Geschicklichkeit, der in erster Linie kunstvolle Ge-
fäße und Figuren für den Gottesdienst herstellte, hieß
Nicolo Clementi, seiner Mutter Magdalene floß offenbar

Vaters als eines Silberarbeiters für die Kirche. Da die Herstellung von Reliquien einen Hauptteil der Beschäftigung dieses
Standes bildete und noch bildet, so dürfte der Beruf nur in
einer großen Stadt, besonders eben in Rom selbst, lohnend gewesen sein.

[1]) Bei dieser Rechnung sind ein paar Kleinigkeiten zu beobachten. Zuerst sind vom Todestag und -jahr 80 Jahre zurück-
zuzählen, wobei sich das Jahr 1752 ergibt, dann vom 10. März
15 Tage und 1 Monat (in dieser Reihenfolge!); dabei ist noch
zu beachten, daß 1752 ein Schaltjahr ist. Hierdurch kommt man
auf den 24. Januar 1752. Bei der Bestimmung seines Alters
am 10. März 1832 wurde natürlich in genau umgekehrter Weise
vom Geburtstag an vorwärts gerechnet.

deutsches Blut in den Adern; wenigstens weist ihr Mädchenname Kayser[1]) durchaus auf diese nördlichere Abstammung hin. Was Muzios Geschwister anbetrifft, so dürfte er nur noch einen älteren Bruder und eine Schwester besessen haben, die Gaetano und Regina hießen. Die Adresse Gaetanos gab Muzio Clementi später (1804) selbst als »in Banchi Vecchi, accanto il Caffé, Roma« an, und dieser einzige Bruder starb auch daselbst am Anfang des Jahres 1807, Witwe und Tochter hinterlassend. Regina Clementi scheint mit einem Manne namens Maltesi[2]) verheiratet gewesen zu sein und war bei der Niederschrift des Testaments von Muzio Clementi (anfangs des Jahres 1832) ebenfalls schon tot, hatte aber auch Nachkommen hinterlassen.

Über Muzios Kinderjahre und seinen ersten Unterricht müssen wir wohl oder übel das Wenige, was im »Quarterly Musical Magazine and Review« darüber enthalten ist, als glaubwürdig hinnehmen, und wir lesen deshalb die kurzen Auslassungen darüber (nach der Übersetzung in der »Allg. Mus. Zeitg.«):

»In sehr früher Jugend zeigte der Sohn eine starke Neigung zur Musik, und da auch der Vater an dieser Kunst sehr viel Vergnügen fand, so verschaffte er ihm zu seiner Bildung den besten Unterricht, der in seinem Vermögen stand. Buroni[3]), ein Verwandter, der nachher die

---

[1]) Diese Namen sind von Clementi bei seiner ersten Vermählung für das Traubuch der französischen Kirche zu Berlin im Jahre 1804 angegeben worden. Nach demselben Eintrag waren damals beide Eltern nicht mehr am Leben. Alle Namen sind in jenem Traubuch französisiert, wovon oben abgesehen worden ist.

[2]) Clementi nennt sie in seinem Testament Regina Clementi Maltesi.

[3]) B u r o n i, gewöhnlich B o r o n i, Antonio (nach Gerber, Altes Tonkünstlerlexikon) 1738 zu Rom geb., Schüler von Padre Martini und dann des Konservatoriums zu Neapel, ging, bereits geschätzter Opernkomponist, 1765 nach Prag, 1766 nach Dresden, wurde 1770 Kapellmeister des Herzogs von Württemberg, kehrte 1780 nach Italien zurück, wurde 1785 Kapellmeister der Peters

ehrenvolle Stelle des Hauptcompositeurs für die Peterskirche erhielt, ward sein erster Lehrer. Im sechsten Jahre lernte er die Tonleiter; im siebenten Jahre lehrte ihn ein Organist Cordicelli[1]) den Generalbaß; im neunten bestand er seine Prüfung, und ward als ein Organist in Rom angenommen. Diese Prüfung besteht in der Aufgabe eines bezifferten Basses aus Corellis Werken, welchen der Schüler als eine Begleitung aufführen muß, worauf er gebunden ist, dieselbe in verschiedene Töne zu versetzen. Dieß vollzog Clementi mit solcher Leichtigkeit, daß er von seinen Examinatoren den höchsten Beyfall erhielt. Zunächst kam er unter den berühmten Santarelli[2]), den letzten großen Lehrer der wahren Gesangschule. Zwischen seinem eilften und

---

kirche in Rom und starb 1797 in diesem Amte. S. a. Burney in seinem ›Tagebuch‹ (II), der mit ihm 1773, sowie Joh. Friedr. Reichardt in der ›Berl. Mus. Zeitg.‹ (1793, S. 54), der mit 1792 zusammentraf. Unter anderen war auch Ad. Gyrowetz für kurze Zeit Schüler von Boroni in der Vokalkomposition. S. dessen Autobiographie S. 19.

[1]) Von Giov. Cordicelli liegen im Prager Konservatorium drei starke Partiturbände (Generalbaß) italienischer Pastoraldramen sowie zwei vierstimmige Oratorien. S. ›Signale für die Mus. Welt‹, 1909, Nr. 34: ›Musikschätze im Prager Konservatorium‹ von Rud. Freiherrn Procházka.

[2]) Giuseppe Santarelli, zu Forli im Jahre 1710 geboren, ein Kastrat, der 1749 in das Colleg der päpstlichen Sänger aufgenommen wurde, war ein ausgezeichneter Kontrapunktist. Er starb 1790 als Maltheser Ritter, eine Würde, zu der er durch Burney kam, der ihn in Rom kennen lernte. (S. dessen ›Tagebuch‹, Übersetzung von C. D. Ebeling, Hamburg 1772, S. 200 ff., 280 ff.) Als Schriftsteller ist er durch sein Werk ›Della musica del Santuario e della disciplina de'suoi cantori‹ usw. (Rom 1764) bekannt geworden (s. Gerber a. a. O.). In einem ›Catalogo . . . degli Autografi e Documenti di celebri o distinti musicisti posseduti da Emilia Succi‹ (Bologna 1888) war ein handschriftlicher Brief Santarellis vom 4. Juni (?) 1766 an den Pater Martini angezeigt, worin er ihm für die Vermittlung der Bekanntschaft mit Georg Benda, dem bekannten Melodramenkomponisten dankt.

zwölften Jahre ward Carpini[1]) sein Lehrer, der tiefste Contra-
punktist seiner Zeit zu Rom. Wenig Monate nachher, als
er diesem Meister anvertraut war, wurde er von einigen
Freunden, und ohne seinen Lehrer zu Rath zu ziehen, bewogen, eine vierstimmige Misse zu setzen, und erhielt für
diese so viel Lob, daß Carpini sie zu hören wünschte.
Sie wurde daher in seiner Gegenwart in der Kirche wiederholt, und Carpini, eben nicht mit Lobe verschwenderisch,
sagte zu seinem Schüler nach seiner trockenen Art: ‚Why
did you not tell me you were about to write a mass?
This is very well, to be sure, but if you had consulted
me it might have been much better‘.

Unter Carpini wurde er in der Komposition von Fugen
und Canons über den Canto fermo geübt, und man hörte
den Lehrer oft sagen: wenn Clementi ein Jahr länger
unter seiner Unterweisung geblieben wäre, so würde er
über seine Prüfung im Contrapunkt hinaus seyn.« —

Es war im Jahre 1766, als ein begüterter Engländer, Sir
Peter Beckford, Besitzer von »Fonthill Abbey« in Dorsetshire,
die ewige Tiberstadt besuchte. Er war ein junger sechs-
undzwanzigjähriger Weltmann, reiselustig und vielseitig gebildet, ein großer Liebhaber von Sport und Jagd. Sein
Vater Julines Beckford war ein Bruder von William Beckford, einem berühmten Lord Mayor, der besonders aber
durch seinen Roman »Vathek« bekannt geworden ist. Aber
auch der Neffe Peter war schriftstellerisch tätig: Sein
Buch ‚Thoughts on Hunting‘ erlebte eine ganze Anzahl

---

[1]) Dieser muß sicher mit Gaetano Carpani, der nach
Fétis um die Mitte des 18. Jahrhunderts an römischen Jesuiten-
kirchen, vor allem an der Kirche del Gesu Kapellmeister war,
gleichgesetzt werden. Mit der Schreibweise der Namen nahm
man es ja bei den Italienern ebenso wenig genau wie bei
anderen Völkern. Unser Gewährsmann bezeichnet ihn überdies
noch als angesehenen Kompositionslehrer und zählt eine ganze
Reihe kirchlicher Manuskriptkompositionen (besonders Messen,
Psalmen und Offertorien) von ihm auf, ein Punkt, der wesentlich dazu beiträgt, die Gleichsetzung beider Namen zu stützen.

Auflagen[1]) und wurde — vorausgesetzt, daß das in dem
Allg. Lit. Anzeiger 1796, S. 505 unter dem Titel »Thougths
upon Hare and Fox Hunting« angeführte mit dem in
Rede stehenden identisch ist — schon damals von einem
gewissen v. Birk ins Deutsche übersetzt. Am wichtigsten
von einigen eigenen Briefsammlungen müssen uns hier
aber seine »Familiar Letters from Italy to a Friend in England« (II Vol. Salisbury 1805) erscheinen. Leider stammen
sie, wie er selbst in der Vorrede mitteilt, zu einem Teile
aus dem Jahre 1787, zumeist aber aus der Zeit vor dem
Einfall der Franzosen in Italien, also erst aus der Zeit vor
dem Jahr 1796. So erwähnt er denn Clementi auch nur
ein einziges Mal in einer Stelle, deren Fortsetzung uns
später als einer von den wenigen Belegen über die reli-
giösen Anschauungen unseres Komponisten von erheblicher
Bedeutung sein wird. Für jetzt fesseln uns nur die
wenigen Worte aus dem 2. Bd., S. 228: ».. the famous
Clementi, whom I found here in the year 1766,
and bought of his father for seven years...« —[2])
Beckford hatte den jungen Musiker auf dem Flügel, auf
dem er zwischen seinem 13. und 14. Jahre sehr große
Fortschritte gemacht hatte, spielen hören, und dies hatte
auf ihn einen solchen Eindruck gemacht, daß er »außer-
ordentliches Verlangen hegte, ihn mit sich nach England
zu nehmen«. (Quart. Mus. Mag. and Rev.)

Nur schweren Herzens ließ der Vater seinen Sohn
ziehen, und hauptsächlich die Rücksicht auf den gerade
damals schlechten Gang seines Geschäftes überwand seinen
inneren Widerstand. Beinahe möchte man aber vermuten,
daß schon in des Vaters Herz die Sehnsucht nach klingen-
der Münze tief eingegraben war; denn wenn man des

---

[1]) Der neuesten von J. Otho Paget mit Einleitung und Anmerkungen versehenen Auflage (London 1899) sind diese Notizen
entnommen; sie enthält auch ein Bild Peter Beckfords.

[2]) Der Brief stammt aus Rom; er ist in der Sammlung
der 78.

großmütigen Mäcens Worte »bought of his father« ganz
wörtlich nehmen darf, so ist Nicolo Clementi noch obendrein für den Verlust seines vielversprechenden Sohnes
mit Geld entschädigt worden, ein Umstand, der nicht zuletzt im Verein mit der Aussicht auf eine sorgenlose, erfolgreiche Zukunft des Sohnes dazu wohl geeignet erscheint, jenen Widerstand mit zu erschüttern. Genug — in
dem genannten Jahre finden wir den vierzehnjährigen
Knaben auf »Fonthill Abbey«, seine Studien eifrig — anscheinend ohne jeden Unterricht — fortsetzend. Wie geregelt seine Arbeitszeit dort eingeteilt war, davon erzählt
Amadée Méreaux in »Les Clavecinistes de 1637 à 1790«
(Paris 1867) anziehende Einzelheiten, die er von Clementi
selbst vernahm, als dieser im Jahre 1820 Paris wegen
geschäftlicher Angelegenheiten besuchte. Bereits 1780
bei Gelegenheit seiner ersten Reise nach der französischen
Hauptstadt hatte er dem Komponisten von »Alexandre
aux Indes« und »Jocaste«, N. J. de Méreaux, dem Großvater
des Obengenannten, einen Besuch abgestattet und über-
trug die freundschaftlichen Beziehungen zu ihm auch auf
den Vater dieses bemerkenswerten Biographen, der bei
Gelegenheit von Clementis Besuch im Jahre 1820 — es
dürfte gegen Ende d. J. gewesen sein — »die Ehre und
das Glück hatte, von ihm eine einzige Lektion zu empfangen,
aber eine Lektion von mehreren Stunden über den ersten
Band seines »Gradus« und über die letzte Sonate, Op. 48[1]),
in h moll, Kalkbrenner gewidmet.« Méreaux hörte ihn also
u. a. von seinen Studien auf der Besitzung seines Gönners
erzählen, was er folgendermaßen mitteilt: »Acht Stunden
täglich widmete er dem Klavierspiel; sah er sich durch ge-
sellschaftliche Verpflichtungen, um Sir Beckford den Willen
zu tun, gezwungen, seine Übungsdauer zu verkürzen, so
merkte er sich den Verlust und holte ihn am nächsten
Tage nach. So hat er manchmal zwölf bis vierzehn Stunden
arbeiten müssen, um sich auf das tägliche Pensum hinauf-

---

[1]) Richtig Op. 46.

zuarbeiten, das er sich auferlegt hatte. Er studierte da die
Werke von Joh. Seb. und Philipp Em. Bach, von Händel
und Scarlatti nach doppeltem Gesichtspunkt: dem des
Fingermechanismus und dem der instrumentalen Komposition.« [1])

Den genannten Komponisten fügt die Biographie im
»Quart. Mus. Magazine and Review« noch Corelli und Paradies hinzu. Aber auch das Studium der Orgel setzte er in
dieser ersten Zeit noch fort, und man geht wohl nicht
fehl, wenn man darauf die Entstehung einiger Orgelfugen
zurückführt. Was er alles während seines Aufenthaltes auf
dem Besitztum Beckfords geschrieben haben mag, entzieht
sich unserer Kenntnis; daß er aber sein 2. Werk, auf das
er mit gerechtem Stolz geblickt haben mag — es wurde
als die Grundlage angesehen, worauf das ganze Gebäude
der modernen Sonate fürs Klavier errichtet worden sei [2]) —
mit 18 Jahren, also 1770 geschrieben hat und bis 1773/4
sein 3. und 4. Opus, darf man — zum mindesten für das
2. Werk — als sicher annehmen. Über sein erstes Werk
und über die Zeit seiner Abfassung schweigt sich sogar
die bisher eingehendste Biographie in jener englischen Musik-
zeitschrift aus. Der Grund dafür ist nicht weit herzuholen:
Als ausgereifter Künstler mußte es Clementi als eine
Jugendsünde betrachten. Doch wollen wir hier nicht versäumen, den Titel zu lesen; trägt doch der Verfasser seinem
Gönner mit diesem ersten gedruckten Kind seiner Muse
eine Dankesschuld ab. Das Werk besteht aus: »Six Sonatas
for the Harpsichord or Piano Forte, dedicated to Peter

---

[1]) Daß sein Leben äußerst geregelt war und für Schlafen,
Mahlzeiten, Erholung und Studien bestimmte Zeiten festgesetzt
waren, daß er aber vor allem versäumte Arbeit durch nächt-
liches Lesen oder, wenn Licht und Feuerung nicht erhältlich
war, durch Üben am Harpsichord nachzuholen trachtete, bestätigt das Harmonicon in seinem 1832 erschienenen »Memoir
of Clementi«.

[2]) »Quart. Mus. Mag. and Rev.«; inwiefern dies stimmt, das
zu untersuchen ist hier nicht der Ort.

Beckford Esqr. by Muzio Clementi, Opera Primo [sic!], London, S. A. & P. Thompson. [1])« —

Neben seinen ersten musikalischen Arbeiten hat Clementi indes im Hause seines Schutzherrn auch den Grund gelegt zu einer gediegenen allgemeinen Bildung. Die Benutzung der guten Bibliothek Beckfords, die gesellschaftlichen Beziehungen, die ihm, wie bereits angedeutet, geboten wurden, die persönlichen Anregungen seines Gönners — all das mag dem regen Jüngling unverwischbare Eindrücke hinterlassen haben. Und wie es noch aus seinen spätesten Lebensjahren berichtet wird, so war er bereits in jenen Jahren eifrig bedacht, seine körperliche Gesundheit und Kraft zu stählen, wozu ihm die Sport- und Jagdliebhabereien Beckfords gewiß Gelegenheiten genug boten. Ja vielleicht hat er sich in diesen Jahren den Grund zu seiner felsenfesten Gesundheit gelegt, die weder seine aufreibenden Reisen noch die Widerwärtigkeiten des Geschickes wanken machen konnten.

Die Fortsetzung der oben angeführten Stelle aus dem Briefe seines Gönners beleuchtet indes noch des jungen Künstlers religiöse Anschauungen näher, die sicherlich im Hause seines im Dienste der Kirche wirkenden Vaters streng katholische gewesen waren. Beckfords Worte verraten nun unzweifelhaft Clementis — wohl erst nach dem Verlassen des Hauses seines Gönners erfolgten — Übertritt zum protestantischen Bekenntnis und schildern zugleich eine Szene, die sich dem ganzen Inhalte nach noch zur Zeit von Beckfords Gönnerschaft ereignete und sehr charakteristisch für das frühe Auftreten einer freimütigen Gesinnung Clementis ist. Die Stelle in diesem Briefe, die

---

[1]) Das Exemplar im Besitz des Brit. Museums ist im Katalog mit der Jahreszahl 1780? (sic) bezeichnet, was — wenigstens für die erste Auflage — sicherlich falsch ist. Das Werk wird wohl, wie es das »Quart. Mus. Mag. and. Rev.« angibt, mit Clementis 21. Jahre, also 1773 veröffentlicht worden sein. — Es sei hier auch erwähnt, daß Clementis späterer Schüler J. B. Cramer einer Miß S. Beckford ein Notturno für Pianoforte mit Begleitung von Violine und Violoncello (Op. 32) widmete (angezeigt in der »Allg. Mus. Zeitg.« 1807, Intell.-Bl. IX).

wegen ihres losen Zusammenhangs mit den dort vorhergehenden Ausführungen etwa wie die Beantwortung einer
vom Empfänger erbetenen Auskunft anmutet, lautet also
mit Übergehung der oben herangezogenen Worte folgendermaßen: »If the famous Clementi .... is not still a
Catholic, the fault is not with me. — I assured the Pope
I would not endeavour to convert him. Meeting him one
Sunday when we were in the country, I asked him —
,Why he did not go to mass' (there was a Catholic chapel
about ten miles distant): he said — ,There was no horse.'
— ,No horse! Why don't you take the grey horse?' — ,O
quello, Signore, scappa via.' — ,Take then the black
poney.' — ,E quello casca subito.' So what with the
horse that ran away, I fear Signor Clementi attended mass
as seldom as you do a sermon. With regard to myself I
am perfectly well convinced, that if it had been absolutely
necessary to salvation to be a Catholic, I should have been
born a Catholic ... — «¹)

Wann Clementi Fonthill Abbey verlassen hat, um in
London das Gebiet seiner Wirksamkeit zu suchen, ist mit
ziemlicher Sicherheit festzustellen: Einerseits teilt Méreaux
a. a. O. mit, daß ihn der Erfolg seines Op. 2, das 1773
veröffentlicht wurde, diesen Entschluß fassen ließ — anderseits erinnern wir uns der wenigen, aber bestimmten Worte
Beckfords, der ihn sich 1766 »auf sieben Jahre von seinem
Vater erkaufte,« so daß wohl das Jahr 1773 unbedenklich
als das seiner Ankunft in London angenommen werden darf.²)

---

¹) Vielleicht meinte das Harmonicon in seinem Nachruf
für Clementi (1832, S. 86), wo es heißt, daß dieser den Anfang
seiner Erziehung einem vom Jesuitenorden verdankt habe, Sir
Beckford, der nach obigen Zeilen zum mindesten ein sehr
gläubiger Katholik gewesen sein muß.

²) Auch das Harmonicon spricht von einer mit dem Vater
Clementis vereinbarten Zeit seines Aufenthaltes bei Beckford
und hebt noch seine Liebe zum unabhängigen Leben hervor,
die auf seine Abreise nach London unmittelbar nach dieser Zeit
bestimmend gewirkt habe.

Obgleich es besonders betont wird, daß er sich ohne den Schutz eines Gönners binnen kurzer Zeit einen guten Ruf als Spieler und Lehrer verschaffte, so sind doch gerade die Forschungsergebnisse aus den ersten Jahren seiner praktischen Wirksamkeit recht spärliche. Im ersten Jahre seines Aufenthaltes in der Themsestadt sind solche Ergebnisse schlechterdings nicht zu verlangen: Die eigentliche Konzertzeit begann in London zeitigstens im Dezember, und es ist wohl, will man die beiden überlieferten zeitlichen Anhaltspunkte ganz genau nehmen, seine Ankunft kaum schon in den Anfang des Jahres 1773 zu verlegen.

Bevor wir jedoch Clementis Tätigkeit in London näher ins Auge fassen, wollen wir wenigstens das Wichtigste von dem dortigen musikalischen Leben in jener Zeit betrachten. Mit Rücksicht darauf, daß hier in der Schilderung des ganzen damaligen Musikbetriebes in London doch nur eine Wiederholung dessen, was der fleißige C. F. Pohl in seinem Werke »Mozart und Haydn in London« (Wien 1867) zusammengetragen hat, geboten werden könnte, da andernfalls eine ganz ausführliche Musikgeschichte der Themsestadt geschrieben werden müßte, sei nur das erwähnt, was am bedeutungsvollsten ins Auge springt. Übrigens sei der Leser noch nachdrücklich auf Pohls Arbeit auch dann verwiesen, wenn bestimmte Namen von Musikern in folgenden Ausführungen lediglich vorübergehend und ohne nähere Vorstellung ihrer Träger genannt werden müssen.

Die beiden wichtigsten musikalischen Unternehmungen bestanden in den von Felice de Giardini, dem namhaften Violinspieler, geleiteten Pantheonkonzerten und den von Joh. Christ. Bach und Carl Friedr. Abel dirigierten Konzerten in den Hanover Square-rooms[1]), den Vorläufern der sogenannten Fachmusiker (professional)-Konzerte. Während

---

[1]) Seit 1775, vorher in verschiedenen anderen Konzertsälen, so 1774 im Carlisle-House. S. Pohl, M. i. L. S. 49.

diese aber schon im Jahre 1764, gleich nach Bachs
erster Übersiedelung nach London (1763), begannen,
wurde das Unternehmen Giardinis erst zehn Jahre später,
also bei Clementis Ankunft in London, eingeleitet. Da,
abgesehen von den Veranstaltungen einiger musikalischer
Vereine und von ein paar Solistenkonzerten, ein weiterer
Wettbewerb nicht bestand, scheinen die beiden Orchester-
unternehmungen ohne sonderliche Anfeindungen, wie sie
später bei Konkurrenzkonzerten leicht entsprangen, neben-
einander geführt worden zu sein: Beide zogen, da von
auswärts herbeigerufene Solisten zu teuer waren, ein und
dieselben Instrumentalisten und Sänger hinzu, machten —
zum Nachteil für den Geschichtsschreiber — auch für die
Reklame nur wenig Aufwand, indem sie auf die Mitteilung
der Programme durch die Presse verzichteten und sich
meist auf die hervorragendsten Mitwirkenden in ihren
Anzeigen beschränkten. Es genüge, von diesen Solisten wieder die wichtigsten in den folgenden Künstlern
namhaft zu machen: die Violinspieler Wilh. Cramer,
Fischer, La Motte,den Cellisten Crosdill, den Harfenspieler
Jones, den Oboisten John Parke, Miss Weichsel als
Harpsichordspielerin und den Sopranisten Rauzzini.
Natürlich waren auch die Leiter der Konzerte, von denen
wir Bach noch als Klavierspieler und Abel als Meister
auf seiner Viola da Gamba nennen müssen, in ihren
Aufführungen solistisch tätig. Im ganzen muß aber der
Eindruck, den man aus den Londoner Tageszeitungen
über das damalige Musiktreiben dort gewinnt, als ziemlich dürftig bezeichnet werden, dürftig vor allen Dingen
der Glanzzeit von Haydns Anwesenheit in London
gegenüber.

　　Es fällt nicht weiter auf, daß auch das Jahr 1774 noch
keine Konzertanzeigen mit Clementis Namen aufweist; denn
sind schon die Ankündigungen von musikalischen Aufführungen an und für sich spärlich genug, so sind die
Forschungsergebnisse über einzelne Künstler, wenn die
Konzerte wirklich angezeigt sind, um so spärlicher, da in

häufigen Fällen die Namen der Mitwirkenden gänzlich fehlen. So konnte es kommen, daß der Name des jungen Pianisten erst im Jahre 1775 in den Zeitungen auftauchte[1]) und zwar bei Gelegenheit des Konzertes zum besten des Harfenisten Mr. Jones (»Professor on the improved Welsh or Pedal Harp«) am 3. April. Clementi spielte an dritter Stelle ein Klavierkonzert (Concerto on the Harpsichord) von einem ungenannten Komponisten, außerdem wirkten, abgesehen vom Konzertgeber, der Oboespieler Mr. Parke (der ältere, John, da der jüngere sich auch schriftstellerisch betätigende William Thomas [*1762] erst 1779 debütierte) und der hochangesehene Cellist Cervetto mit. Eine Kritik findet sich leider zu diesem Konzert nicht. Überhaupt sind Berichte von Aufführungen in den damaligen Tageszeitungen nicht allzu häufig, und wenn sich hier und da schon einmal eine solche findet, so ist ihr Raum — wenigstens was Instrumentalkonzerte anbelangt — gewiß kärglich genug bemessen, so daß es nur selten möglich ist, sich ein bestimmt umrissenes Bild von dem Konzert zu machen. In liebevollerer Weise als dieser Instrumentalkonzerte nahmen sich die Zeitungen schon der allerdings als am vornehmsten geltenden Ancient Concerts[2]) und zumeist auch der von den Musikvereinigungen veranstalteten Vokalaufführungen an, so daß der Ertrag solcher Besprechungen gerade bei ihnen, denen indes Clementi ferner stand, reicher sein würde.

Auf ein Konzert, worin ein gewisser »Signor Clementini« mitwirkte, sei hier noch kurz hingewiesen. Dieser spielte

---

[1]) Auch C. F. Pohl, der seinem Werke »Mozart und Haydn in London« eine »Tabellarische Übersicht sämtlicher in den Jahren 1750 bis 1795 (inkl.) in London öffentlich aufgetretenen Virtuosen und Virtuosinnen« (und zwar beziehen sich die Jahreszahlen meist auf ihr erstes Auftreten) anhängt, gibt das auch von mir gefundene Jahr als das von Clementis erstem Auftreten an. Viele unwichtigere Einzelheiten, deren Quellenangabe hier fehlt, sind übrigens dem gründlichen Werke Pohls entnommen.

[2]) Dies ist hier schon gelegentlich mit vorausgenommen; die Ancient Concerts bestehen erst seit 1776.

in einem Concert of Vocal and Instrumental Music for the Benefit of Signor Bonapace, eines Sängers, der ebenfalls in dem hier zuerst erwähnten am 3. April aufgetreten war, eine Sonata on the Harpsichord. Ist es schon auffallend, daß er mit einem Clementi bekannten Künstler zugleich konzertierte, so ist es das noch mehr, daß der Name wieder für kurze Zeit im Jahre 1778 bei Gelegenheit der Ankündigung von fünf dem Sänger und Komponisten Rauzzini unterstehenden Subskriptionskonzerten auftaucht, während derjenige Clementis bis Anfang 1779 aus den Blättern verschwindet. Das dürfte wohl genügend Grund zu der Annahme bieten, daß jener ein Ersatzname unseres Komponisten ist und daß das Diminutivum bloß eine suggestive Wirkung auf das Publikum ausüben sollte. Führte man ja schon damals mit Vorliebe Wunderkinder (masters) aufs Konzertpodium, denen man glücklicherweise die kurzen Höschen nie, wie es heutzutage denn nun doch einmal — und wenn noch so spät — geschehen muß, auszuziehen brauchte. Übrigens nimmt bereits Pohl (H. i. L. 273), ohne auch nur diese Änderung des Namens zu erwähnen, durchaus keinen Anstoß daran, als er die Veranstaltungen Rauzzinis bespricht, für den Namen »Clementini« den Clementis einzusetzen. Leider ist auch in diesem Falle nur eine Aufforderung zur Subskription in den Zeitungen zu finden: Die Konzerte wurden von Rauzzini veranstaltet und dirigiert und fanden in den Assembly Rooms (Hanover Square) statt; gesanglich wirkten, abgesehen vom Veranstalter selbst, der ein gefeierter Sopranist war, Miss Harrop[1]), eine angesehene Oratoriensängerin, und Signor Rovedino, ein noch geschätzterer Sänger, mit, außerdem der Violinist La Motte, der zugleich mit als Direktor zeichnete, sowie Fischer (Oboebläser), Cervetto, Stamitz (Karl), Decamp

---

[1]) Ihr Benefiz fand in diesem Jahre am 9. April in der Free-Mason Hall statt, bei welcher Gelegenheit Symphonien von Rauzzini und Stamitz zur Aufführung gelangten.

(Flötist) und Baumgarten (Violinist). Was man bisher immerhin mit einem gewissen Vorbehalt aufnehmen mußte, das wird zur Gewißheit mit der ersten Ankündigung der »Rauzzini and La Mottes Concerts« für 1779 im Morning Chronicle vom 22. Februar d. J.; denn außer den oben für das Jahr 1778 angeführten Mitwirkenden steht als einer der Instrumental Performers nicht mehr »Clementini«, sondern Clementi verzeichnet. Das erste dieser Konzerte fand am 19. März statt. Aber noch zwei andere Konzerte lassen sich in diesem Jahre (1779) nachweisen. So spielte Clementi — nun endgiltig unter seinem ungefärbten Namen — am 21. April in dem diesjährigen Benefizkonzert jenes Jones, den er bereits 1775 durch seine Mitwirkung unterstützt hatte, eine Sonata on the Harpsichord in den New Rooms (Tottenham-Street) und zwei Tage später in dem eines gewissen Mr. Noferi (Kammermusikkomponist). Dieses Konzert — in Gestalt einer 12½ Uhr beginnenden Matinée — ist besonders deshalb bemerkenswert, weil darin Clementi mit W. Dance, einem angesehenen Klavier- und Violinspieler, ein ‚Duet upon the Piano Forte‘[1]) vortrug, nachdem ihnen als erste in London die Geschwister Elizabeth und Charles Weichsel in demselben Jahr darin zuvorgekommen waren. Als andere Instrumentalisten traten an demselben Tage der Violinist W. Cramer und außer dem Veranstalter selbst die uns schon bekannten Croßdill und Parke auf.

Sehr anziehend berührt es, daß Clementi sich bereits im folgenden Jahre das erstemal mit in den Dienst einer äußerst nutzbringenden Sache stellt, einer seit 1738 bestehenden und von 1739[2]) an jährlich veranstalteten Konzertaufführung, der ihre künstlerische Unterstützung

----

[1]) S. auch Pohl: Mozart i. L., S. 135. Damit trat Clementi nach den Programmen zum erstenmal als Pianofortespieler auf. Sein kräftiges Eintreten für dieses Instrument wird in der Folge mehr und mehr auffallen.

[2]) Am 20. März Händels »Alexanders Fest« unter des Komponisten Leitung. S. Pohl, M. i. L. S. 30.

Männer wie Händel, Gluck und die meisten anderen zeit-
weise oder immer in London weilenden bedeutendsten
Künstler zuteil werden ließen. Sie fand diesmal am
17. Februar im King's Theatre in Gestalt eines Grand
Concert of Vocal and Instrumental Music statt. Unter
den Mitwirkenden befanden sich in dieser »for the Benefit
and Increase of a Found established for the Support of
Decayed Musicians, and their Families« veranstalteten
Aufführung als Conductor der ältere Cramer sowie als
Solosänger Pacchierotti, der bedeutende Sopranist obiger
italienischen Oper. Clementi spielte ein »Lesson for the
Harpsichord« und zwar an dritter Stelle. Noch von
zwei anderen Konzerten, worin Clementi mitwirkte, wissen
die Zeitungen für dieses Jahr zu berichten: Am 24. Febr.
spielte er eine Sonate im Benefizkonzert des Komponisten
Webbe [1]) in der Free Mason's Hall (Great Queen-Street)
und am 2. März in dem des Signor Piozzi (Sängers und
Gesanglehrers). Was der junge Künstler in diesem
zweiten Konzert spielte, ist indes nicht erwähnt. Bevor
wir Clementis Konzerttätigkeit, die sich von dem nunmehr
ins Auge zu fassenden Jahre 1780 ab, wie wir sehen werden, auch auf das Festland erstreckte, weiter verfolgen,
müssen wir hier auf eine Tatsache eingehen, die, ob für
ihre Richtigkeit auch kein einziger vollgiltiger Beweis
erbracht werden kann, trotz alledem nicht in Zweifel gezogen werden darf. Es betrifft dies seine angebliche
Tätigkeit als Orchesterdirektor von 1777 bis 1780 an dem
bereits erwähnten King's Theatre am Haymarket, der italienischen Oper Londons, was allerdings in einigem Widerspruch, wenn auch nur hinsichtlich der Zeit, zu der Angabe des »Quart. Musical Magazine« steht, das die Heran-
ziehung Clementis zu der Oper als »bald nachdem er
Dorsetshire verlassen hatte« zeitlich näher bezeichnet.

---

[1]) Samuel Webbe d. ä. (1740—1824) komponierte geistliche
und weltliche Musik.

Wie dem auch sei; ein vollgiltiger Beleg ist dafür noch nicht vorhanden. Die damaligen Zeitungen nennen wohl in den meisten Fällen gewissenhaft die einzelnen auftretenden Künstler; wir lesen in der ersten Zeit von Clementis Londoner Aufenthalt von der Direktion eines gewissen Lany (etwa 1775), später von der Giardini's, des berühmten Violinvirtuosen (1777), und ein Jahr darauf sitzt Wilh. Cramer, der sich in kurzer Zeit eine hochangesehne Stellung erobert hatte, am Pult der ersten Violine, Komponisten wie Sacchini und Bertoni sorgen für den Bedarf des Theaters, das in der Hauptsache komische, aber auch tragische Opern und nicht selten auch Komödien aufführt — von einer Mitwirkung Clementis und überhaupt eines Kapellmeisters am Klavier kein Wort. Und selbst das gewöhnlich am Anfang jeder Spielzeit erscheinende Mitgliederverzeichnis schweigt sich darüber aus.

Die Gründe, die für die Richtigkeit der Annahme sprechen, daß der junge Künstler in genannter Weise wirkte, sind allerdings schwerwiegend. So bringt eine »Musical Biography or Memoirs of the Lives and Writings of the most eminent Musical Composers and Writers . . .« (London 1814, printed for Henry Colburn) bereits etwa fünf Jahre vor dem Erscheinen des Lebensabrisses Clementis in der englischen Vierteljahrzeitschrift den Hinweis, daß er »noch sehr jung nach England kam und nach einigen Jahren als ‚Conductor'[1]) der Opern im King's Theatre herangezogen wurde«. Und daß der ungenannte Schreiber dieser Worte aus Nachforschungen oder, wie es vielleicht natürlicher anzunehmen ist, aus der Erinnerung schöpft, geht daraus hervor, daß er, obgleich er sich äußerst kurz faßt, doch auch auf Clementis Engagement bei der Direktion

---

[1]) In dieser Zeit (etwa 1780) wird director und conductor im gleichen Sinne als dirigierender Konzertmeister (Violinist) gebraucht; conductor kann aber auch der Kapellmeister am Klavier sein. Später werden die Begriffe schärfer gefaßt: Der Konzertmeister wird »leader«, der Klavierspieler »conductor«.

der Hanover Square-Konzerte im Jahre 1783/4 hinweist, wovon vor ihm in einer biographischen Skizze noch niemand — soweit bekannt — berichtete. Die beregte Überlieferung ist einer von den wenigen Punkten der Clementischen Lebensbeschreibung im »Quart. Musical Magazine«, die weder unmittelbar als unwahr in Abrede gestellt noch ohne weiteres bewiesen werden können. Die Bemerkung dieser Zeitschrift, daß ihm seine Tätigkeit an der Oper Gelegenheit gegeben habe, seinen Geschmack am Gesang der ersten damaligen Sänger zu vervollkommnen und daß er diesen Vorteil für seinen eigenen künstlerischen Vortrag und seine Kompositionen ausgenutzt habe, klingt übrigens wie aus Clementis eigenem Munde. Äußerte er sich doch im Jahre 1806 seinem Schüler Berger und noch 1827 Anton Schindler gegenüber ganz ähnlich über den pianistischen Vortrag. Am meisten muß aber den Zweifel, ob es mit jener Betätigung seine Richtigkeit habe, die Tatsache brechen, daß W. F. Collard, der spätere treue Freund Clementis, die Sache in der »Apollo's Gift or the musical Souvenir for 1831« eingefügten Lebensbeschreibung des Künstlers ebenfalls erwähnt. Die Wendung allerdings, daß Clementi von Fonthill Abbey aus gewissermaßen unmittelbar an die italienische Oper berufen worden sei,[1] ist wohl nur als Redensart aufzufassen, da dies, wie den anderen Überlieferungen, so auch der Bemerkung Marmontels selbst widerspricht, daß ihn der Erfolg seines zweiten Werkes dazu bestimmt habe, nach London überzusiedeln, eine Bemerkung, die aber ebensowenig das Richtige trifft.

---

[1] A. Marmontel »Les Pianistes Célèbres, Paris 1878, S. 49: »On l'y appelait pour tenir le piano d'accompagnement du Théatre-Italien.«

❖ ❖ ❖

II. Abschnitt.

Fahrten und Abenteuer.

1780—1784.

Der bedeutendste Sänger, den die Londoner italienische Oper damals ihr eigen nannte, war zweifellos der Sopranist Gasparo Pacchierotti.[1]) Im Jahre 1744 zu Rom geboren, begann er 1770 seine Laufbahn zu Palermo; zwei Jahre später ist er als erster Sänger am Theater S. Carlo zu Neapel anzutreffen. Von 1773—78 war er an anderen italienischen Theatern engagiert, siedelte aber noch in diesem Jahre 1778 nach London über, wo er der vornehmste Liebling der Theaterwelt wurde. Kurz vor seinem Londoner Engagement soll er aber auch in Paris aufgetreten sein.

Wenn die letzte Überlieferung wirklich den Tatsachen entspricht, so würde sie die Bemerkung der verschiedenen kurzen Lebensbeschreibungen Clementis, Pacchierotti habe diesen dazu bestimmt, die Seinestadt zu besuchen, nur noch zu stützen geeignet sein.

Über die ersten Reisen, die mit Clementis Aufbruch nach Paris beginnen sollten, hat allerdings verhältnismäßig wenig zutage gefördert werden können. Die damaligen Tageszeitungen des ganzen Festlands sind nämlich noch um vieles unergiebiger als die »Newspapers« der Engländer, und die Aufdeckung neuer verbürgter Nachrichten hängt oft mehr vom Zufall als von unablässigen Forschungen

---

[1]) S. unter anderm: »Cenni Biografici intorno a Gaspare Pacchierotti dettati da Giuseppe Cecchini Pacchierotti«, Padova 1844.

ab. Findet man doch oftmals gerade dort, wo man es am wenigsten vermuten möchte, das wichtigste Material, das man anderswo vergeblich suchte.

Immerhin freute es mich, daß ich Clementis Reisewege, so wie sie allgemein als von ihm eingeschlagen überliefert worden sind, durch mancherlei, wenn auch oftmals noch so vereinzelte verbürgte Belege als im großen ganzen richtig feststellen, aber auch ein paar z. T. noch unbekanntere Fährten, die aus bestimmtem Grunde den bisherigen Darstellungen seines Lebens fehlen, verfolgen konnte. --

Im Jahre 1780, wo wir unsere Schilderung abgebrochen hatten, begab sich Clementi also nach Paris, wo er äußerst überrascht war von der begeisterten Aufnahme dieses viel leichter entzündbaren Volks, als es das englische ist. Seine eigenen Worte, daß »er sich selbst kaum für denselben Clementi in Paris wie in London zu halten vermochte«, die er nach dem Harmonicon später des öfteren ausgesprochen haben soll, sind wohl geeignet, sich von dem lebhaften Eindruck, den sein erster Besuch in der Hauptstadt an der Seine so festhaftend auf ihn machte, ein deutliches Bild zu machen. Daß er vor der Königin spielen durfte, wird von Marmontel, der uns zugleich noch einen wichtigen Zusatz vermittelt, vielleicht gerade aus diesem Grunde unabhängig von der gewöhnlichen Überlieferung in folgenden Worten bestätigt:[1] »Admis à se faire entendre à la cour, la perfection de son jeu charma la reine Marie-Antoinette, qui lui témoigna une bienveillante sympathie, et l'engagea à visiter Vienne, en l'assurant de sa protection auprès de son frère l'empereur Joseph, le célèbre mélomane.«

---

[1] A. a. O., S. 52. Es ist wohl möglich, daß der Pariser Klavierprofessor darüber Näheres wissen konnte. Er nennt zwar — nicht an dieser Stelle, deren Quelle er verschweigt — in seinem Abriß über Cl. nur Herz und Auber als unmittelbare Gewährsmänner; es ist dabei aber durchaus nicht ausgeschlossen, daß die Überlieferung wahr ist.

Daß Clementi bei Hofe gespielt habe, wird auch in einem Aufsatz von G. T. Ferris bestätigt, der in einer englischen Zeitung im Jahre 1883 unter dem Titel »The Great Violinists and Pianists« erschien (ich erhielt ihn als Ausschnitt von A. E. Clementi-Smith in Ascot). Ob aber diese Angabe auf sicherer Quelle beruht, ist recht zweifelhaft; denn merkwürdigerweise berichtet derselbe Verfasser gerade über diesen Pariser Aufenthalt noch ein paar Einzelheiten, die auf recht schwankem Fuße stehen. So z. B., Clementi habe da die Bekanntschaft Glucks gemacht, der seiner Bravour ein warmer Bewunderer gewesen sei; ferner habe er Viotti, den bedeutenden Violinspieler, kennen gelernt, mit dem er ein »Duo concertante, expressly composed for the occasion« gespielt habe. Von all diesen Behauptungen verlautet aber sonst nirgends etwas. Ja mancher gewichtige Grund steht ihnen entgegen, und nur darauf sei hier hingewiesen, daß Gluck anfangs des Jahres 1780 nach Wien zurückkehrte, weshalb er mit Clementi ganz am Anfang dieses Jahres hätte zusammentreffen müssen, daß aber vor allem von einem öffentlichen Spiel Viottis 1780/1 noch nicht die Rede sein kann.[1]) Auch das sei als sehr zweifelhaft dahin gestellt, daß Clementi, wie es Ferris berichtet, von Pacchierotti nach Paris begleitet worden sei.

Hier in Paris fand Clementi auch wieder Muße zur Komposition. Allem Anschein nach waren die Jahre 1774—80 ein sehr schaffensarmer Lebensabschnitt: Nicht ein einziges gedrucktes Werk stammt aus diesen Jahren. Schon auf Fonthill Abbey war er bis zu seinem vierten Opus vorgeschritten, und erst in dieser ersten Pariser Zeit machte er sich, wie die kleinen Lebensbeschreibungen berichten, an sein 5. und 6. Und das findet auch einige Bestätigung

[1]) Leider sind sich die Biographen Viottis gerade über die Jahre 1780/1 nicht einig, indessen fast alle darüber, daß er in Paris erst 1782 zum ersten Mal auftrat. Dies spricht also vor allem gegen die Tatsächlichkeit obiger Zeilen. S. bes. Pougin »Viotti et l'Ecole Moderne de Violon« (1888, Paris, Brux., Londres) S. 21.

in den Tatsachen, daß diese Werke einerseits von dem Pariser Musikverleger Bailleux herausgegeben sind, daß das erste von beiden anderseits einer Mlle Melanie de Rouchechouart gewidmet ist; das andere, »Madame la Comtesse de Sayn et Wittgenstein« dargebracht, trägt außerdem den Aufdruck »Imported and sold Longman & Broderip«, was gewiß nicht der Fall wäre, wenn es in England zuerst gestochen worden wäre. Doch sei demgegenüber nicht verschwiegen, daß auch ein 6. Werk[1]) von Clementi, das etwas andere instrumentale Besetzung als das nur für Klavier allein geschriebene oder nur mit einer Violinstimme ad. lib. begleitete, obiger Gräfin gewidmete Opus aufweist und daher mit diesem nicht identisch zu sein scheint, einer anderen Dame, einer Engländerin, Mrs. Chinnery[2]), gewidmet ist.

Endlich sei noch einer kurzen Notiz aus C. F. Cramers »Magazin der Musik« vom Jahre 1783 (S. 31) nur kurz gedacht. Sie lautet, aus »Paris im December 1783« eingesandt, folgendermaßen:

»Im Concert spirituel hat neulich das Concert des Herrn Clemenenti [sic!], so durch die Demoiselle Candeile auf dem organisirten Piano-Forte gespielt wurde, viel Aufsehen gemacht.«

Es besteht für mich kein Zweifel, daß mit diesem »Clementi« unser Künstler gemeint ist, daß hier ein offenbarer Druckfehler vorliegt, der im Grunde ganz verständlich wird, wenn man bedenkt, daß Clementis Name im Jahre 1783 wohl in England, Frankreich und

---

[1]) Nach dem »Dictionary of Musicians«, London 1824. Schon Gerber klagte über die Verwirrung in den Zahlen Clementischer Werke.

[2]) Die Familie Chinnery war äußerst musikliebend; Viotti fand, als er etwa 1792 zu wiederholtem Male nach London kam, eine gastlich-freundliche Aufnahme in ihrem Hause. (S. darüber mehr bei Pougin a. a. O. S. 78 ff.) Auch Dussek wurde mit den Chinnerys, wie aus der Widmung einer Sonate (Op. 24) ebenfalls an die Frau hervorgeht, näher befreundet.

Österreich, aber noch nicht in Deutschland bekannt war.
Der Hinweis auf das »organisirte Pianoforte« bekräftigt
übrigens diese Ansicht wesentlich. Höchstens könnte man
sich an dem anderen stoßen, daß die junge Dame ein
Concert von Clementi gespielt habe; aber wir werden
auch darauf noch zu sprechen kommen, daß er sich auf
diesem Kompositionsgebiet ebenfalls versucht hat; die obige
Mitteilung gibt uns dann eben die erste Nachricht von
dieser Tatsache. Wer wäre denn sonst auch dieser »Clemenenti« gewesen?

Amélie-Julie Candeille (vermählte Simons-Candeille)
ist nach Fétis 1767 in Paris geboren und bildete sich als
Sängerin, Harfenistin, Klavierspielerin und Komponistin
aus. Obgleich sie nur Schülerin ihres Vaters genannt
wird, so ist es doch nicht ausgeschlossen, daß sie auch
kurze Zeit — was dann 1780/1 gewesen sein mag —
unter Clementis Obhut gespielt hat. Immerhin wäre es
aber auch möglich, daß jenes handschriftliche Konzert
nur durch persönliche Bekanntschaft Clementis mit ihrem
Vater in ihre Hände gelangte. [1])

Die Abreise Clementis aus Frankreich nach Wien, wozu ihm die Empfehlung der französischen Königin gewiß
gelegen kam, wird von der englischen Zeitschrift in den
Sommer des Jahres 1781 gesetzt.

Unterwegs kam er erst nach Straßburg, wo er bei dem
Prinzen Maximilian Joseph von Zweibrücken, dem
späteren König v. Bayern, »eingeführt wurde und die
größte Auszeichnung erfuhr«. Dieser lebte als Inhaber
des französischen Regimentes Elsaß seit dem Jahre 1777
bis zum Ausbruch der französischen Revolution meist in
Straßburg. Als Schirmherr von Künsten und Wissen-
schaften machte er sich ja später genügend verdient.
Nur der Titel eines späteren Werkes von Clementi, der
drei Sonaten Op. 24, erinnert noch an diese Beziehungen

---

[1]) Über das Zusammentreffen mit J. N. Méreaux ist das
wenige Bekannte bereits S. 8 mitgeteilt worden.

zum Hofe von Zweibrücken. Er lautet auf der Ausgabe von Artaria & Co. in Wien: »Tre Sonate Per Clavicembalo o Piano-Forte composte dal Sigr. M. Clementi, op. XXIV, Dedicate a Sua Altezza Serenissima Maria Amalia Duchessa Regnante di Due Ponti Principessa Reale di Sassonia &. &. &.« Diese Herzogin war die Gemahlin des Bruders von Maximilian Joseph, des Herzogs Karl II. von Zweibrücken.

Wegen der verwandtschaftlichen Beziehungen des Hauses von Zweibrücken zu dem Kurfürsten Karl Theodor von Bayern nimmt es nicht wunder, daß Clementis Weg auch über München ging, um so weniger, als dieser Fürst ebenfalls ein eifriger Musikfreund war. Hier in München traf der Virtuos Mitte Novembers d. J. ein. Der »Münchner wöchentliche Anzeiger« enthielt »Mittwoch, den 21sten Windmonat« (Nr. XLVII) die Notiz: »Angekommen bei Herrn Albert, Weingastgeber, zum schwarzen Adler in der Kaufingergasse[1]) Clementi, Kapellmeister von Rom.«

Auch hier in München spielte er, wie berichtet wird, am kurfürstlichen Hofe, und sein Empfang war nicht weniger ehrenvoll als in Straßburg. Sein Aufenthalt in München war jedoch nur kurz, wohl nicht ganz einen Monat lang bemessen; denn bereits am 24. Dezember fand das bekannte Wettspiel mit Mozart in Wien statt.

Lassen wir Clementi, so wie es uns sein späterer Schüler Ludwig Berger 1829 nach einer Besprechung mit seinem Meister im Jahre 1806 überliefert hat,[2]) in dieser wichtigen Angelegenheit selbst zu Worte kommen:

»Kaum einige Tage in Wien anwesend, erhielt ich von

[1]) Später das Hotel Detzer, »Domhotel« genannt, jetzt »Domfreiheit«. — Ich verdanke die obige und diese Notiz den freundlichen Nachforschungen von Fräulein Anna Liedl-München.

[2]) Berlin, im Juni 1829. Die Rechtfertigung Clementis erschien in der »Allg. Mus. Zeitg.«, der »Cäcilia« und der »Berliner Allg. Mus. Zeitg.« S. unten des weiteren.

Seiten des Kaisers [1]) eine Einladung, mich vor ihm auf dem Fortepiano hören zu lassen. In dessen Musiksaal eintretend, fand ich daselbst jemand, den ich seines eleganten Äußern wegen für einen kaiserl. Kammerherrn hielt; allein kaum hatten wir eine Unterhaltung angeknüpft, als diese sofort auf musikalische Gegenstände überging, und wir uns bald als Kunstgenossen — als Mozart und Clementi — erkannten und freundlichst begrüßten.« [2])

Berger bemerkt hier, daß aus dem Fortgang der Er-

---

[1]) Joseph II. war ein großer Liebhaber der Musik. Er pflegte sie fast täglich nach Tische. »Wenn ein grosses, vollstimmiges Konzert war, so spielte er oft das Violoncello dabei. Bei Quarteten und kleineren Parthien aber spielte er das Klavier, und sang manchmal Arien aus den auf dem Theater aufgeführten Opern. Er sang einen angenehmen Baß.« (Charakteristik Josephs II. von Joh. Pezzl. Wien 1790. 2. Aufl. S. 325.) Joseph II. war damals noch Erzherzog. Bei dem Wettspiel waren noch Großfürst Paul von Rußland und dessen Gemahlin zugegen.

[2]) Von den beiden Anekdoten, die die Wiener Allg. Mus. Zeitung 1813, S. 713 und 766 über das erste Zusammentreffen Mozarts und Clementis noch mitteilt, soll hier nur die erste wiedererzählt werden. Für die Tatsächlichkeit ihres Inhaltes scheint es nämlich zu sprechen, daß sie bereits am 7. Februar 1805 in der Berliner Spenerschen Zeitung zuerst abgedruckt wurde und zwar gerade zu einer Zeit, wo Clementi, wie sich zeigen wird, von der Hochzeitsreise mit seiner, aus Berlin stammenden jungen Frau dorthin zurückkehrte. Einen kleinen Widerspruch mit Bergers Darstellung wird der Leser selbst bemerken. Die »Anekdote« lautet: »Ein berühmter Tonkünstler war vom Kaiser Joseph II. nach Wien berufen worden, und wurde wenig Stunden nach seiner Ankunft zu einem Concert nach Hofe bestellt. Er tritt in den Concert-Saal und findet ihn noch leer. Gleich darauf tritt ein Mann herein, grüßt ihn kalt und stellt sich an den Ofen, ohne ihn anzureden. Aus langer Weile setzt sich jener an ein Fortepiano und phantasiert. Nach einigen Minuten setzt sich der andre auch an ein Instrument, und führt jedesmal wenn jener mit einem Thema fertig ist, ein ähnliches aus. So unterhalten sie sich, so machen sie ihre gegenseitige Bekanntschaft, ohne Worte zu wechseln. Doch endlich, bei einer vorzüglich schönen Stelle, fährt der Fremde auf: ,Sie sind Mozart!' ,— Sie sind Clementi!' antwortet der andre, und sie fallen sich in die Arme.«

zählung Clementis (ganz übereinstimmend mit der Angabe Mozarts)[1]) hervorgegangen sei, wie sehr ihn dessen Kunstleistungen entzückt hätten. —

»Ich hatte bis dahin niemand so geist- und anmutsvoll vortragen gehört. Vorzugsweise überraschten mich ein

---

[1]) Bergers Erläuterungen waren veranlaßt durch die Herausgabe der Mozartbiographie von Nissen, die den bekannten Brief Mozarts an seinen Vater vom 16. Januar 1782 mit dem harten Urteil über Clementi enthält. Wie dieser von Mozart in Briefen an seinen Vater vom 12. und 16. Januar 1782 ein »braver Cembalist«, ein »bloßer Mechanikus« genannt wird, der um »keinen Kreuzer Gefühl und Geschmack« besitze, so wird er auch in einem Briefe an seine Schwester vom 7. Juni 1783 ein »Ciarlattano wie alle Welsche« bezeichnet, der über seinen Terzenpassagen »Tag und Nacht geschwitzt« habe. — Im übrigen sei hier auf die ausführliche Darstellung Otto Jahns (4. Aufl. I, S. 724 ff. verwiesen). Doch muß hier und unten im Text noch auf einige Nebendinge, die Jahn zum Teil entgangen sind, hingewiesen werden. Noch ein anderer von Mozarts Erzählung wahrscheinlich unabhängiger Bericht ist enthalten in der zweiten Lebensskizze der Allg. Mus. Zeitg. (1832, S. 653 ff.) von Clementi. Dieser Bericht ist jedoch nicht mit wie fast dieser ganze Gedächtnisartikel aus dem englischen Harmonicon herübergenommen, eine Ansicht, die O. Jahn vertritt, sondern von dem Übersetzer (Rochlitz?) als Zusatz beigegeben. Da dieser Übersetzer mit dem damals bereits verstorbenen G. Chr. Härtel, bei dem sich Clementi ein paarmal in Leipzig aufhielt, über ihn, wie aus dem Aufsatz hervorgeht, Rücksprache genommen hatte, so ist es sehr leicht möglich, daß auch seine Schilderung des Wettspiels auf mündliche Überlieferung zurückzuführen ist, zumal da der Komponist gerade im Jahr 1804, als er Härtel die B dur-Sonate zur Veröffentlichung in der von ihm veranstalteten Gesamtausgabe übergab, in dessen Hause zwei Monate weilte. Dabei ließ er der Sonate einen auf sein Spiel mit Mozart bezüglichen Satz vordrucken, was ihm wohl Anlaß gegeben haben kann, den Verlauf der Begebenheit Härtel oder einem anderen (der Verfasser ist ausgeschlossen; das geht aus dem ganzen Aufsatz hervor) zu berichten. Wir lesen das Hauptsächlichste dieser Überlieferung:

»Die Frage der Höflichkeit, wer den Anfang machen solle, entschied der Kaiser, indem er Clementi mit den auf seinen Geburtsort Bezug habenden Worten: ,tocca all' eglese di dar l'esempio' an das Instrument führte. Clementi, nachdem er eine Zeit lang präludiert hatte, spielte eine Sonate. Auch Mozart

Adagio und mehre seiner extemporierten Variationen, wozu der Kaiser das Thema wählte, das wir wechselseitig, einander accompagnierend, variieren mußten.«

Was Berger über seine Unterhaltung mit seinem Lehrer weiter mitteilt, ist hinsichtlich dessen eigenen Urteils über seinen Entwicklungsgang zu wichtig, als daß es hier übergangen werden könnte. Lassen wir also den späteren Schüler Clementis selbst weiter sprechen:

»Auf meine Frage, ob er damals schon in seinem jetzigen Stile (es war im Jahre 1806) das Instrument behandelt hätte, verneinte er dieß, hinzusetzend: Daß er in jener frühern Zeit sich vorzugsweise noch in großer, brillierender Fertigkeit und besonders in den vor

---

trug eine Sonate vor, aber ohne weitere Einleitung als den Anschlag des Akkords der Tonart. Die Erzherzogin sagte nachher, ihre Lehrer hätten einige Stücke für sie geschrieben, die sie nicht spielen könne, gern aber den Effekt derselben hören möchte; und als sie zwei davon vorzeigte, spielte sogleich Clementi das eine und Mozart das andere vom Blatte. Darauf gab sie ein Thema auf, nach welchem diese beiden großen Meister auf ihr Begehren abwechselnd extemporierten zum großen Erstaunen und Ergötzen der fürstlichen Zuhörer. Der Plan war augenscheinlich vorher ausgedacht und kaum gerecht gegen die großen Meister, die dadurch überrascht in einen Wetteifer und zu einem Vergleiche ihrer Fähigkeit sich gebracht sahen. Der Erfolg war für beide gleich ehrenvoll. . . .« Das Urteil des Kaisers Joseph II. über Clementi und sein Vergleich dieses Künstlers mit Mozart findet sich in einer Unterhaltung Dittersdorfs mit dem Monarchen (J. F. Arnold, Gallerie der berühmtesten Tonkünstler des 18. und 19. Jahrhunderts. Erfurt 1816. 2. Aufl. Teil I. Dittersdorf S. 110 f.): »Kaiser: Haben Sie Mozart spielen gehört? D.: Schon dreimal. K.: Wie gefällt er Ihnen? D.: So wie er jedem Kenner gefallen muß. K.: Haben Sie auch den Clementi gehört? D.: Ich hab ihn auch gehört. K.: Einige ziehen ihn dem Mozart vor, worunter Greybig à la Tête ist. Was ist Ihre Meinung hierüber? Gerade heraus! D.: In Clementis Spiel herrscht bloß Kunst, in Mozarts aber Kunst und Geschmack. K.: Eben das habe ich auch gesagt. Ist es doch gerade, als wenn wir beide aus einerlei Buch studiert hätten. D.: Das haben wir auch, und zwar aus jenem großen Buche: Erfahrung.«

ihm nicht gebräuchlich gewesenen Doppelgriff-Passagen und extemporierten Ausführungen gefallen, und erst später den gesangvollern, edlern Stil im Vortrage durch aufmerksames Hören damaliger berühmter Sänger, dann auch durch die allmähliche Vervollkommnung besonders der englischen Flügel-Fortepiano's, deren frühere mangelhafte Construction ein gesangvolleres, gebundenes Spiel fast gänzlich ausgeschlossen, sich angeeignet habe.

So, scheint mir, erklärt sich Mozart's Urteil, das Jenen als geschmack- und empfindungslos bezeichnet, und deshalb nur zu Mißdeutungen zum Nachteile Mozart's veranlassen dürfte, doch einigermaßen natürlich. Wenigstens kann man bei des Letztern allbekannter Redlichkeit und seinem Geradsinn nicht wohl annehmen, daß irgend eine Nebenabsicht jenem Urteile die Richtung gegeben habe. Es trifft oder verletzt auch nicht im mindesten den nachherigen und jetzt allgemein anerkannten Schöpfer und Ausbilder des schönen Styls auf dem Fortepiano.

Bemerkenswert ist hier noch Clementi's Eigentümlichkeit: auf den Fermaten seiner Sonaten längere und höchst interessante thematisch ausgeführte Zwischenspiele und Cadenzen zu extemporieren, was ihn auch bei jener Concurrenz zur Wahl einer Sonate veranlaßte, die zu dem Zwecke zwar geeignet, aber in anderer Hinsicht doch hinter manchen seiner früheren Compositionen dieser Gattung zurückstand. — Es war folgende; Oeuvres de Clementi, Cahier VI. Son. II.

und wir haben diesem Thema vielleicht das geniale, in seiner Art unübertroffene All° der Ouverture zur Zauberflöte zu danken.

Sollte ich in irgend einer Angabe hier wesentlich irren, so kann ja der in London lebende Muzio Clementi, ein noch rüstiger achtzigjähriger Kunstveteran, wenn er's nötig glaubt, seine gute Feder zur Berichtigung bald eintauchen. So viel über eine Angelegenheit, deren Erörterung in Hinsicht Clementi's ganz überflüssig für diejenigen wäre, die ihn als Componisten und Virtuosen, als Letztern aber besonders in seiner späteren Kunstepoche genau kannten.

Berlin, im Juni 1829.　　　　　　　Ludwig Berger.‹

Eine Schilderung dieses Konkurrenzspiels, die zwar von Jahn nicht übersehen ist, die mir aber deshalb äußerst wichtig erscheint, weil sie die erste Darstellung ist, die es davon gibt[1]), soll hier nicht übergangen werden. Sie rührt von G. Bridi in seinen zu Rovereto (1827) erschienenen »Brevi Notizie intorno ad alcuni più Celebri Compositori di musica . . . .« her. Gewiß klingt da die Erzählung des Vorfalls so, als habe der Schreiber seine Phantasie ziemlich lebhaft spielen lassen, aber man darf dabei doch nicht ganz übersehen, daß auch er aus einer Quelle geschöpft oder von einer mündlichen Überlieferung Gebrauch gemacht haben muß. Wir lesen also seine (a. a. O. S. 51) gegebene Darstellung wenigstens im Original:

»Il Clementi era a que'tempi il suo più gran rivale in Europa come sonatore di fortepiano, e godeva in sommo grado la protezione della gran Principessa delle Russie (ora Imperatrice Madre). Allorchè essa fu a Vienna coll'Augusto [?] suo Sposo a visitare Giuseppe II., gran conoscitore anche della musica, e grande estimatore del Mozart, non poterono i due augusti personaggi essere d'accordo sul merito dei due maestri, preferendosi da Giuseppe II. il Mozart, e della Contessa del Nord il Clementi. Scherzando dunque un giorno S. M. conquesta Principessa sul valore dei due sonatori e continuando ad essere discordi nell'opinione,

---

[1]) Die Biographie von Nissen erschien 1828, also ein Jahr nach der Schilderung Bridis.

l'Imperatore le propose la scomessa di 100 zecchini e di far per questa sonare a prova questi due grandi maestri. Essa tenendosi sicura di guadagnare per la speranza, che il Clementi superebbe il Mozart, accettò, ed ordinò a quello di venire a un'ora destinata a corte nella sua anticamera con qualque pezzo di sua musica degno d'esser prodotto avanti a S. M. L'Imperatore ordinò ugualmente al Mozart di trovarsi alla medesina ora in una separata anticamera vicina alla sala destinata alla musica. Radunatasi dunque l'Augusta assemblea, la Principessa fece entrare il Clementi, il sicchè essa si teneva il pugno la vittoria. Giuseppe II., allora face entrare il Mozart, il quale nell' anticamera separata udita aveva la sonata del suo rivale, ed avuto l'ordine del suo Sovrano di mettersi al fortepiano e di sonare a sua fantasia ciò, che più gli fosse piaciuto, cominciò con una brevè introduzione, e ripigliando poscia il tema di ciò, che sonato aveva Clementi, lo variò, lo maneggiò con tale sublimità e maestria, che riscosse gli elogi della stessa Principessa al sommo grado, la quale poi rivoltasi a S. M. si dichiarò d'aver perduti li 100 zecchini, ed il Clementi rimase di gelo pensando, che il suo rivale aveva improvisato con tanto maggior grado di eccellenza senza essere a niente preparato.«

Daß Clementi selbst großen Wert auf die Feststellung des Umstandes legte, daß ihm das Frührecht auf das Mozartsche Thema zustehe, ersieht man aus dem der Sonate in den Oeuvr. compl. [Cah. VI, 2] (und nach Weckerlin, »Nouveaux Musiciana« Paris 1890, S. 76/7 bereits in der 2. Auflage) vorangestellten Satz, der uns gleich noch von seinem Vortrag der B dur - Toccata bei dieser Gelegenheit berichtet: »Cette Sonate, avec la Toccata, qui la suit, a été jouée par l'auteur devant S. M. I. Joseph II. en 1781., Mozart étant présent.« —

Wie Clementi in Paris in Bailleux für seine beiden letzten Werke einen Verleger gefunden hatte, so suchte er auch an seinem neuen Aufenthaltsort geschäftliche Verbindungen mit dem damals noch sehr jungen Musikverlag Artaria

& Co. anzuknüpfen; so wurden auch wirklich seine Op. 7, 9 und 10, die er während seines nicht allzulangen Aufenthaltes in der Donaustadt komponierte[1]), von diesem Hause veröffentlicht. Daß er auch den Umgang der anderen bedeutenden Wiener Musiker, Haydns, Salieris u. a. anstrebte, ist nur selbstverständlich, ebenso daß er sich auch sonst öffentlich hören ließ, wie denn Dittersdorf ihn nur damals gehört haben kann. An der bereits erwähnten Zusammenkunft mit Haydn schon in dem in Rede stehenden Jahre — nicht erst, wie es Pohl[2]) anzunehmen scheint, 1791 in London — dürfte nicht zu zweifeln sein. Weist doch auch der kurze Dank, den Haydn der obigen Verlagsfirma am 18. Juni 1783 für ihm überreichte Klaviersonaten Clementis abstattete, zwar nicht unbedingt, aber doch vermutlich auf eine persönliche Bekanntschaft beider hin: »für die Clavier Sonaten von Clementi sage ich verbundensten Dank, Sie sind sehr schön. solte der Verfasser in wienn seyn, so bitte bey gelegenheit an denselben mein Compliment.« —

Es wurde bereits darauf hingedeutet, daß die nächste Zeit bisher in ein merkwürdiges Dunkel gehüllt war. Nach der bisherigen Überlieferung mußte man einfach annehmen, daß er sich kürzere oder längere Zeit — dieses mit größerer Wahrscheinlichkeit — in Wien aufhielt. Daß das aber nicht viel länger als ein halbes Jahr möglich gewesen ist, beweist eine kleine Notiz vom Ende August 1782,

---

[1]) Diese Überlieferung des »Quart. Mus. Mag. & Rev.« ist indes verdächtig. Wie wir sehen werden, weilte Clementi nach kaum dreiviertel Jahr, von seiner Ankunft gerechnet, nicht mehr in Wien. Sodann wurden Op. 7 u. 9 (nach dem mir von Artaria & Co. überwiesenen Verzeichnis der bei ihnen erschienenen Werke Clementis) etwa 1783 (vielleicht aber schon 1782), Op. 10 aber erst 1786 oder 1787 veröffentlicht. Die Jahre 1782 bis 84 sind, wie wir sehen werden, — jedenfalls von Clementi selbst so beabsichtigt — in dem Lebensabriß der obigen Zeitschrift überhaupt auffällig lückenhaft. Hier sollten wahrscheinlich Spuren verwischt werden!

[2]) S. Pohl, Joseph Haydn, 1882, II, S. 197.

die ein Lyonnaiser in sein Tagebuch schrieb. Und wenn wir nach dem Wege fragen, den Clementi auf seiner Reise nach Südfrankreich einschlug, so deutet eine Spur nach der Schweiz hin. Zwar nennt unser Gewährsmann Auberlen (»Samuel Gottlob Auberlen's, Musikdirektors und Organisten am Münster in Ulm ... Leben, Meinungen und Schiksale, von ihm selbst beschrieben«, Zürich 1826, S. 49) kein bestimmtes Jahr, in dem er »den Clavierspieler und Componisten Clementi aus Rom (auf seiner Reise nach London)« hörte; aber da Auberlen als junger Mann gerade zu Pfingsten 1782 nach Zürich kam und da, wie aus allem zu entnehmen ist, es nicht nach 1789 gewesen sein kann, so ist man wohl berechtigt zu glauben, daß Clementi kurz nach Pfingsten 1782 [1]) Zürich mit berührte. Die oben genannte, auf Lyon bezügliche Notiz ist enthalten in den »Extraits d'une correspondance du XVIIIᵉ Siècle« von Morel de Voleine in der »Lyon-Revue« (XII, S. 44 f.) und lautet, indem sie sich durchaus nur auf Lyon bezieht [2]):

»29 Août [1782]. Ce soir, je dois aller entendre le fameux Clementi qui est le plus fort de l'Europe pour le clavecin.«

Von welch großer Bedeutung diese unscheinbaren Worte für unsere Betrachtungen sind, kann erst später vollständig ermessen werden. Immerhin muß es schon, obgleich er seinem Namen in kurzer Zeit einen guten Klang auf dem Festland und in London verschafft hatte, auf Bedenken

---

[1]) Es könnte, wie man sehen wird, noch ans Jahr 1784 gedacht werden; aber schwerlich wird er sich da zu einem Konzert haben herbeifinden lassen.

[2]) Nach der schätzbaren Mitteilung von Mr. Léon Vallas in Lyon, Directeur der Revue Musicale de Lyon. — Daß Clementi 1782 — nach Siebigke — und nach Gerber (A. L.) 1783 »bei dem großen Concert des Lord Abington zu London als Concertist auf dem Claviere engagiert« gewesen sei, ist eine Verwechselung mit dieser seiner Tätigkeit im Jahre 1784. Die Quelle beider war sicher Cramers »Magazin d. M.«

stoßen, daß er sich im folgenden Jahre (1783) nur ein einziges Mal und zwar erst am 9. Mai — gegen Ende der Konzertsaison — auf einem Konzertprogramm vorfindet. Doch wollen wir auch über diesen auffallenden Umstand vorläufig hinweggehen und dieses Konzert etwas näher betrachten. Es war ein Benefizabend des bedeutenden Geigers F. Hippolite Barthelemon, dessen kleines Oratorium »Jefte in Masfa« [1]) den Anfang machte. Dann sang seine Frau mit der Oboebegleitung des schon bekannten Fischer, worauf nach einem Trio für Flöte, Violine und Violoncello (Tacet, Barthelemon und Reinagle) und einer weiteren Arie von Mrs. Barthelemon Miss (Cäcilia) Barthelemon, eine Schülerin Schröters (und auch Clementis?), und Clementi mit einer »Lesson on the Pianoforte« folgten. —

Im Herbst des Jahres, in dem wir jetzt stehen, ward der junge Johann Baptist Cramer Clementis Schüler. Eine darauf bezügliche, von Cramer selbst herrührende Stelle, die in dem Nachwort zu dessen späterem Werke, betitelt »Specimens in the fugue style« enthalten war — das Nachwort schloß einen kurzen Abriß über Cramers musikalische Erziehung ein —, wurde viele Jahre später vom »Quart. Mus. Mag. & Rev.« heftig angegriffen. Cramer war des Plagiats eines Clementischen Werks [2]) beschuldigt worden und suchte sich dagegen am Schlusse seiner Skizze zu wehren. Wir lesen am besten die beiden Auslassungen, wobei der Vergleich zeigen wird, daß sie sich im Grunde

---

[1]) Von Barthelemons Tochter wurden später mit Hilfe von Dr. Busby, Clementi, Dr. Crotch u. a. »Selections from the Oratorio of Jefte in Masfa, composed at Florence in the year 1776 for the Grand Duke of Tuscany by the late F. H. Barthelemon, London, publ. by Clementi«, Collard & Collard, der Öffentlichkeit übergeben. S. Pohl, Mozart in L., S. 163, wo auch eine Lebensskizze Barthelemons.

[2]) Der Sonate Op. 2, II. Siehe hierüber meinen Aufsatz in den »Blättern für Haus- und Kirchenmusik« 1909, S. 53: »J. B- Cramer u. Muzio Clementi.«

nicht viel voneinander unterscheiden. In der Hauptsache
sucht Cramer das Verdienst Clementis zugunsten eines
früheren Lehrers und seiner autodidaktischen Bestrebungen
nach einer weiteren Reise Clementis nach Frankreich zu
vermindern. Die Vierteljahrsschrift hatte bemerkt:
»Im Herbst 1783 wurde Joh. Bapt. Cramer, damals im
Alter von 14 bis 15 Jahren, sein Schüler. Er hatte vorher
einige nicht sehr fördernde Stunden von Schröter[1]) erhalten
und studierte den Kontrapunkt unter Abel. Clementi wohnte
zu dieser Zeit in der Titchfieldstreet, und der junge Cramer
pflegte ihm fast jeden Morgen seinen Besuch abzustatten, und zwar bis zum folgenden Jahre, wo Clementi
nach Frankreich zurückkehrte.« Cramer jedoch gibt

---

[1]) Joh. Sam. Schröter, einer der ersten, die in England
das Pianoforte öffentlich spielten (1772), *1750, Bruder der
Sängerin und Komponistin Corona Schröter; er verheiratete
sich — wahrscheinlich 1781 — heimlich mit der Tochter eines
reichen Kaufmannes, seiner Schülerin; »reitzte aber durch diesen
Schritt«, so berichtet Gerber (N. L.), »die Anverwandten des
Mädchens so sehr wider sich, daß sie ihn mit dem furchtbaren
Kanzleihofe bedrohten. Um aus dieser Verlegenheit zu kommen,
ging er die Bedingung ein, für jährliche 500 Pfd. Sterl. seine
Ansprüche auf das Mädchen aufzugeben und nie wieder in einem
öffentlichen Konzerte zu London zu spielen. Um den Gratula-
tionen seiner Bekannten auszuweichen, begab er sich nun aufs
Land.« An Stelle des verstorbenen J. C. Bach, wurde Schröter
1782 zum Musiklehrer der Königin ernannt. Pohl berichtet
übrigens, daß die Verheiratung Schröters mit dem Mädchen
durch sein Gelöbnis, nie mehr öffentlich aufzutreten, zustande
gekommen sei, weiß aber obige »Loskaufung« durch keinerlei
verbürgten Beweis zu erhärten, weshalb diese Nachricht mit Vorsicht aufzunehmen ist. Auch hätte Clementi (S. u. S. 45) sicherlich diesen Fall, wäre er in solcher Weise ungünstig verlaufen, nicht
als Beispiel herangezogen. Schröter verstarb 1788. Über den
Flirt von Mrs. Schroeter mit Joseph Haydn, der ihr auf ihren
Wunsch Klavierunterricht erteilte, s. Pohl, a. a. O. S. 217 ff. u.
262. — Über Clementis Kompositionen soll Schröter, nach
seiner Ankunft in England befragt, erklärt haben, daß sie
nur vom Verfasser selbst oder vom Teufel gespielt werden
könnten.

die Schilderung seines Studienganges wörtlich folgendermaßen:[1])

»Ich muß vielleicht erwähnen, daß ich mit 11 Jahren
und früher (1782) einige sehr nützliche Stunden von dem
verstorbenen und mit Recht berühmten Spieler Mr. Schroeter
empfing und bald nachher den Vorzug genoß (im Herbst
1783), Schüler von Mr. Clementi zu werden, unter dem
ich einige Monate studierte, eine Zeit, während der er
mich verschiedene Sonaten ausschließlich von seiner Komposition lehrte. Ich werde über diese Gunst immer glücklich und bereit sein, diesem Herrn meinen aufrichtigen
Dank abzustatten. Mit 13 Jahren sah ich mich im Klavierspiel mir selbst überlassen, und ich wurde allmählich mit
den Werken der besten Komponisten für mein Instrument,
nämlich mit denen von Händel, den Bachen, Dom. Scarlatti, Müthel, Paradies, Clementi, Haydn, Schroeter und
endlich von Mozart bekannt und studierte sie. Auch hielt
ich stets an der Gewohnheit fest, jede sich mir nur bietende
Gelegenheit zu ergreifen, mit aller Aufmerksamkeit jedem
ausgezeichneten Spieler meines Instruments zu lauschen,
der entweder England besuchte oder da etwa ansässig war.
Ich nehme mir die Freiheit, Ihnen einige Übungsstücke
im fugierten Stil anzuschließen, die ich unter Mr. Abels
Aufsicht geschrieben habe, und stelle es vertrauensvoll
Ihrem lauteren Urteil anheim, ob nicht der Haupteinfluß,
dem ich den größten Teil dessen, was ich etwa in meiner
Kunst erreicht habe, verdanke, von den Unterweisungen
herrühre, die ich von dem verstorbenen C. F. Abel erhielt.«

Es sei hier nicht näher auf die Entgegnungen des »Quart.
Mus. Mag.« eingegangen. Nur kurz sei erwähnt, daß sie
in den folgenden hauptsächlichsten Punkten gipfelten:
Cramer habe während seiner Studien bei Clementi bereits
in reiferem und aufnahmefähigerem Alter gestanden, die

---

[1]) Nach dem Abdruck des »Quart. Mus. Mag. & Rev.«; ein
Exemplar der »Specimens in the fugue style« konnte ich nicht mehr
auffinden, ebensowenig wie jene Cramersche Sonate, das von
der Zeitschrift angegriffene »Plagiat«.

Verdienste dieses Meisters seien bedeutender und allgemeiner anerkannt gewesen als die Schröters, endlich sei er von Clementi fast täglich unterrichtet worden. [1])

Wir wenden uns von den allerdings für die Zeit, wo wir jetzt stehen, wichtigen Mitteilungen der Zeitschrift, die sich in dieser Frage Cramer-Clementi stark auf die Seite Clementis hinneigen, weg und nehmen noch von einer ähnlich tendenziös gefärbten Bemerkung Cramers über die Handhabung seines eigenen Spiels und Unterrichts, Kenntnis, wobei gleich wieder etwas Ungünstiges für Clementi mit abfällt. Von Bedeutung ist dabei, daß er bei dieser Gelegenheit auf den Vortrag seines Lehrers mit zu sprechen kam. Es muß aber gleich vorausgeschickt werden, daß die Worte Cramers auch von W. v. Lenz (Die großen Pianofortevirtuosen unserer Zeit aus persönlicher Bekanntschaft, Berlin 1872, S. 31) einen stärkeren tendenziösen Anstrich erhalten konnten, als ihnen ihr Urheber bereits gegeben haben mag. Dieser war bereits hochbetagt, als ihn Lenz (im Jahre 1842) in Paris aufsuchte.

»Auf meine Bitte«, berichtet Lenz, spielte »Cramer die 3 ersten Etüden [von Chopin]. Es war trocken, hölzern, rauh, ohne Cantilene in der dritten, in D-dur, aber ab-

---

[1]) Eine Ansicht, die im Bezug auf Schröter von der Bestätigung Cramers sehr abweicht, wird von dem allerdings manchmal nicht recht zuverlässigen »Dictionary of Musicians« (London 1824) vertreten: »Dieser bedeutende Musiker (Schröter) besaß indes bei all seinem guten Geschmack und seiner bezaubernden Spielweise, zum Unglück für seinen Schüler, nicht den energischen Charakter eines Lehrers, und die Ausbildung Cramers ging infolgedessen nicht so schnell vorwärts, wie sein Vater und seine Freunde sich bestimmt erhofft hatten. Es war daher eine gebieterische Pflicht für seinen Vater, einen eifrigeren und tätigeren Lehrer für seinen Sohn zu erhalten, und glücklicherweise fiel die Wahl auf Clementi.« — Ganz ähnlich stellt sich die Sache dar in »Apollos Gift or the Musical Souvenir for 1831«, von Muzio Clementi und J. B. Cramer selbst herausgegeben. Die offenbare spätere Verstimmung zwischen beiden war also nur vorübergehend.

gerundet und magistral. Der Eindruck, den ich empfing, war ein peinlicher, ein äußerst peinlicher! — ....

Ich fragte ihn, ob er ein absolutes Ligato in jener 3. Etüde etwa nicht indiziert fände? — Er hatte die Gruppen in der Oberstimme »abgesäbelt«, nicht einmal die Baßfortschreitungen unterbunden, ich wollte Ohren und Augen nicht trauen! — ‚Wir waren nicht so ängstlich', antwortete Cramer, ‚wir legten nicht soviel hinein, das sind Übungen; Eure Accente und Intentionen hab' ich nicht, Clementi spielte ebenso seinen Gradus ad Parnassum, wir verstanden es nicht besser, und schöner wie Field, der ein Schüler von Clementi war, hat Niemand auf dem Klavier gesungen; mein Vorbild war Mozart, schöner hat Niemand componirt! Jetzt bin ich vergessen und ein armer Elementarlehrer, in einer Vorstadt von Paris, wo sie die Etüden von Bertini spielen, ich selbst muß in den Etüden von Bertini lehren! Sie können's hören, wenn Sie wollen, acht Pianos auf einmal!'« —

Die Stelle mußte deshalb hier ganz wiedergegeben werden, weil eine gewisse Verbitterung Cramers herausgelesen werden muß, die auch auf die Erklärung von Clementis Spielart ihren Schatten werfen mußte. Mit Rücksicht auf die Zeit seines Studiums bei seinem alten Lehrer mochte er wohl — aber auch nur bis zu einem gewissen Grade — in seinem Urteil über ihn recht haben, hinsichtlich Clementis späterer Lebenszeit, auf die er ja eigentlich mit dem Hinweis auf den Gradus ausdrücklich anspielt, war es jedoch sicher verfehlt oder wenigstens stark übertrieben. Das ist erstens aus Ludwig Bergers gewiß ernst zu nehmender Rechtfertigung Clementis, die bereits mitgeteilt wurde, unbedingt zu folgern, zum andern stünde die Mitteilung noch mit ein paar anderen zum Teil unanfechtbaren Überlieferungen über des Meisters Vortragsweise in Widerspruch.

Brechen wir nun hier ab und nehmen wir von Clementis Konzerttätigkeit, die im folgenden Jahre 1784 außerordentlich umfangreich werden sollte, nähere Kenntnis, versagen es uns aber auch nicht, auch die Wirksamkeit seines jungen Schülers (der indes bereits im Jahre 1781 zum ersten Mal aufgetreten war) dabei etwas mit zu berücksichtigen.

Es mußte für den jungen Meister eine schöne Genugtuung sein, daß er so bald nach seiner Rückkehr nach der Themsehauptstadt, die ihn wohl hauptsächlich aus materiellen Gründen immer wieder anlockte und die ihm nach und nach zur zweiten Heimat geworden war, zu einem erst im Jahre 1783 gegründeten Institut hinzugezogen wurde: Den »Hanover Square Grand Concerts«, den Londoner Konzerten der Fachmusiker (Professional Concerts), wie sie nach zwei Jahren, von ihrer Gründung ab gerechnet, bezeichnet wurden. Hochgestellte Musikliebhaber wie der Prinz von Wales und allen voran der einflußreiche Graf von Abingdon[1]) und seine Gemahlin u. v. a. m. unterstützten die gute Sache mit tätiger Teilnahme. Für das Jahr 1784 wurden sämtliche Mitwirkende — man wird manchen bekannten Namen, aber auch viele neue dabei entdecken — im Morning Chronicle vom 28. Januar wie folgt bekannt gegeben:

»The instrumental performers are as follow:
The band.

Mr. Graff, composer; Mr. Cramer, leader of the band; Mr. Ramm, first hautboy; Mr. Zuke, second hautboy; Mr. Schwartz, first bassoon; Mr. Baumgarten, 2^d bassoon; Signor Payola, 1st french-horn; Mr. Pieltain jun., 2^d french-horn; Mr. Florio and Mr. Decamp, flutes; Mr. Clementi, harpsichord; Mr. Kempffer, grande basse; Messrs. Garibaldi, first, King, second, and Sharp, third basse; Mr. Cervetto, first Violoncello; Messrs. Scola, second, and Smith, third violoncello.

---

[1]) Ein Berichterstatter, der über dieses Unternehmen dem (Hamburger C. F.) Cramerschen »Magazin« gerade in diesem Jahre schreibt — wir werden darauf zurückkommen — nennt es dort gemeinhin »das große Concert unter der Oberdirection des Lord Abington«. Über diesen Kunstfreund s. Pohl, H. i. L., S. 16.

Violins.

Messrs. Borghi, Salpietto, Soderini, Shield, Condell, Dance, Vidini, Gehot, Lanzoni, Howard, and Chabran; Mr. Blake, first tenor; Messrs. Napier, second, Hackwood, third and Parkinson, fourth tenor«.

Die Subscription betrug für die zwölf Concerte, die angekündigt wurden, 6 Guineen — gewiß ein nicht niedriger Eintrittspreis. Von den Billetts waren, wie besonders mit betont wurde, Damenkarten auf andere Damen, Herrenkarten auf andere Herren, übertragbar. Das erste Konzert fand am 11. Februar statt, die übrigen folgten, wie das die Tageszeitungen anzeigten[1]), am 18. d. M., am 3., 10., 17., 24. und 31. März; weitere fanden noch am 21. und 28. April und endlich am 6. und 19. Mai statt.

Gleich das Programm des ersten Abends weist Clementis Namen auf; im zweiten Teil spielte er nach einer »neuen Symphonie« von Haydn eine Sonate. Der von den Aufführungen in recht anerkennenden Worten sprechende Berichterstatter für Cramers Magazin schreibt darüber:

»Das 1ste Concert, den 11ten Februar, ward mit einer großer Ouverture von Graaff eröffnet, die zur Introduction eine vortreffliche Würkung that und allen Beifall erhielt. Hr. Clementi ließ sich auf dem Flügel mit einer Sonate, Hr. Ramm mit einem Concert auf der Oboe, und Hr. Schwartz ebenfalls auf dem Basson hören« .... Miß Franchi und Lusini sangen; Cramer und Kämpfer spielten ein Duo (Violine und Baß); ».... ohngeachtet der strengen Kälte, war die Gesellschaft sehr zahlreich, und unter den

---

[1]) Auch hier finden sich nicht sämtliche Programme in den Anzeigen; da man auf die Konzerte subscribierte, hielt man es jedenfalls besonders gegen Ende der Saison nicht mehr nötig, sie weiter mitteilen zu lassen. Cramers »Magazin d. M.« bringt aber gerade in diesem Jahre so ausführliche Berichte über diese Konzerte, daß das Hauptsächlichste leicht ergänzt werden kann. Die wenigen in den Londoner Zeitungen fehlenden Daten wurden jener Zeitschrift entnommen.

vielen Vornehmen beiderley Geschlechts, auch der Prinz
von Wallis gegenwärtig.«

Im dritten Konzert trat der Künstler wiederum mit
einer Sonate auf. Es wird in Cramers »Magazin« wie folgt
geschildert:

»Das 3te Concert, den 3ten März, zeichnete sich mit
einer neuen, hier noch nicht gehörten, originellen Simphonie
von Haydn aus, die Kennern das Geständniß abnöthigte,
sie sey die Einzige in ihrer Art, und sie bey einem andern
Concert wieder zu hören, war schon der allgemeine Wunsch,
ehe sie noch geendigt ward. Herr Clementi spielte eine
Sonate auf dem Piano Forte, wobey ein jeder sagen mußte,
daß seine Hand unnachahmliche Fertigkeit und Ausdrücke
zeigte. Stamitz [Karl] vortrefliches Oboen- und Basson-
Concert ward von den Herren Ramm und Schwartz meisterhaft ausgeführt, und beide bliesen ihre Stücke auf diesen
Instrumenten auf eine sehr einnehmende und gefällige
Art . . . .«

Leider ermangelt das 4. Konzert einer eingehenden Besprechung, die uns umso willkommener wäre, als hier
der junge (»Master«) Cramer von seinem Lehrer Clementi
das erste Mal[1]) der Musikwelt von London vorgestellt wurde.
»Duetto, for two Pianofortes by Master Cramer and Mr.
Clementi« heißt es in der zweiten Abteilung des Konzert-
zettels, und damit wird zugleich, wie es scheint, zum erstenmal von einem vierhändigen Spiel auf zwei Klavieren in
einem Londoner Konzerte eine bestimmte Nachricht mitgeteilt. Bereits das nächste, am 17. März stattfindende weist
Clementi wieder solistisch mitwirkend auf. Es fing, wie
uns das deutsche »Magazin der Musik« berichtet, »mit
einer Symphonie von Haydn an, die für ein Meisterstück
in seiner Art gehalten ward. Herr [W.] Cramer spielte ein
Violin-Solo. Herr Clementi zeigte in einer Sonate beym
Piano Forte seinen Geschmack, Delicatesse und große

---

[1]) Er war schon 1781 zum ersten Mal öffentlich aufgetreten;
hier »das erste Mal« unter Clementis Leitung gemeint.

Fertigkeit des Spiels; so wie Herr Schwartz im Basson Concert. Miß Cantelo sang einige schöne Arien, und eine schöne Simphonie von Bach machte den Schluß.‹ Daß auch der Sänger Harrison, ein angesehener Tenor, dessen lyrische Stimme wegen ihres Schmelzes allenthalben gerühmt wird, Clementi mit einer Arie an 3. Stelle (in der ersten Abteilung) vorausging, sei der Vollständigkeit halber nach dem Programm erwähnt.

Vom nächsten, dem 6. Hanover Square Concert, ist kein Programm zu finden. Aus der kurzen Kritik in der Zeitschrift des Hamburgers C. Fr. Cramer kann man aber entnehmen, daß Clementi darin nicht solistisch tätig war: »Das 6te Concert, den 24sten März, gab wieder eine neue Simphonie von Haydn, dann ein Quintet für den Contrabaß von Graaff, ein Oboe-Concert von Zuck und Ramm. Teska sang eine Arie mit vielem Geschmack und Annehmlichkeit.‹

Bis zum fünften Konzerte hatte Clementi nicht weniger als viermal das Podium als Solist betreten. Da muß es denn recht auffallen, daß er seitdem in diesem Jahre nicht ein einziges Mal mehr vertreten ist. Vielmehr ermangeln das 6. und 7. Konzert der Klaviervorträge ganz, während vom 8. berichtet wird: ». . . . Mademoiselle Vuet spielte eine Sonate auf dem Piano Forte, mit vielem Geschmack und Fertigkeit, und läßt mehr Großes von ihren Talenten erwarten, da sie noch jung ist . . .‹ und vom 9.: ». . . Danzes [1]) Sonate auf dem Piano Forte fand vielen Beifall.« Wieder im folgenden spielte »der junge Cramer ein schönes Clavier-Concert mit vorzüglicher Fertigkeit und großem Beifall«. Endlich bringen die letzten beiden Abende je eine Klaviersonate von Dance (11. Konzert) und Graff (12. Konzert).

Clementi aber weilte um diese Zeit — das letzte war am 19. Mai — längst nicht mehr in England. Der folgende

---

[1]) W. Dance, Violin- und Klavierspieler, nicht zu verwechseln mit Franz Danzi. S. des weiteren bei Pohl, H. i. L.

Bericht aus dem Cramerschen »Magazin« gibt uns über sein Tun und Treiben näheren Aufschluß :[1])

»Nachricht von dem Clavierspieler Clementi. Bern im Okt. 1784.

Den 18. Heumonat war ein Ball auf dem Lande unter einem Zelt, dem Ihro Königl. Hoheit, der Prinz Heinrich in Preußen, auch beywohnten. Jedermann drängte sich herbey, diesen Helden zu sehen; es kam auch ein Fremder in einem Frak, der ihm bis auf die Schuhe gieng, mit einem langen Bart und grauem, rundem Hut. Er arbeitete sich durch bis zum Zelt; die Wache trieb ihn zurück. In einer Stunde kam er wieder, rasirt, prächtig gekleidet. — Macht Plaz! schrie die Wache, diesem fremden Herrn! Man führte ihn in ein Zelt, gab ihm Thee zu trinken und hieß ihn mit tanzen.«

Prinz Heinrich von Preußen war damals gerade auf einer Reise durch die Schweiz nach Paris begriffen. Wir sind hier instand gesetzt, die obige Schilderung, soweit sie den Prinzen, den bekannten Musikliebhaber, betrifft, durch eine Notiz aus einem zeitgenössischen Blatt zu erhärten; sie ist den damals in Bern erschienenen »Nouvelles de divers endroits« vom 21. Juli 1784 entnommen.

»De Berne, le 20 juillet.

Le Prince Henri de Prusse, sous le nom de Comte d'Oels, est arrivé dans cette ville le samedi soir 17 du courant, y a passé le dimanche, et en est reparti le lundi matin pour Neuchatel. Pendant ce court séjour S. A. R. a visité l'Arsenal, les Hopitaux, la Bibliothéque, et tout ce qu'il y avoit d'intéressant à voir. Le dimanche soir, Elle s'est rendue à une promeuade aux portes de la ville, où Elle a captivé les coeurs de toutes les personnes qui ont eu l'honneur de lui être présentées, par son affabilité et sa politesse.«[2])

---

[1]) Die folgenden Ausführungen mit z. T. wörtlicher Benutzung meiner Arbeit »Muzio Clementi in Bern« (Schweizerische Musikzeitung, 1911).

[2]) Der Bruder Friedrichs des Großen war ein warmer Verehrer der Musik und Dichtkunst; er versuchte sich auf diesen

Wie man sieht, werden nicht bloß Tag, Tageszeit und Örtlichkeit (auf dem Lande — aux portes de la ville), sondern auch dem Prinzen gemachte Vorstellungen durch diesen kurzen Bericht beglaubigt. Da uns schon diese Übereinstimmungen durchaus keinen Zweifel an der Wahrhaftigkeit auch des übrigen Berichtes des Cramerschen »Magazins« aufsteigen lassen können, lesen wir dessen ausführlichen, aber fesselnden Wortlaut weiter:

»Dieser Fremde war der berühmte Musikus Clementi, dem Küffner[1]) ein Opus dedicirte, und ein anderer seine Landkarten [?]. Totus, tantus, quantus Musicus, und noch mehr! μουσικωτατος! — wie es Aristophanes nimmt, eruditus & doctus.

Er kam von Lion, wo er wider die Meinung des hochdenkenden Hrn. Imbert Colomes seine 18 jährige Tochter, die eine große Schönheit seyn soll, solange platonisch liebte, bis sie mit einander einig wurden, davon zu gehen, um sich an einem erlaubten Ort trauen zu lassen. Der

---

Gebieten auch selbst. Sein damaliger Kapellmeister war J. A. P. Schulz (von 1780—87). Von Rheinsberg, wo er residierte, reiste der Prinz Ende Juni unter dem obigen Namen mit Dienerschaft und dem 24jährigen Leutnant v. Tauenzien über Halle, Basel, Bern, Lausanne, Genf und Lyon nach Paris. (S. R. Krauel »Prinz Heinrich von Preußen in Paris während der Jahre 1784 und 1788 bis 1789«, Berlin 1901.)

[1]) Damit ist wohl Joh. Jak. Paul Küffner (*1713 zu Nürnberg) gemeint. Erst Organist an der Walburgiskirche seiner Geburtsstadt, wurde er 1750 Hofcembalist beim Fürsten von Thurn und Taxis zu Regensburg. Sein Tod wird allgemein als den 12. Juli 1786 daselbst erfolgt hingestellt. Ob irgend ein Versehen vorherrscht, wenn die »Miscellaneen artistischen Inhalts 1786« (herausg. von J. G. Meusel) S. 319 folgende Todesanzeige bringen: »Am 12. Juli starb in Nürnberg der dortige beste Landkarten- und Schriftstecher, Hr. Paulus Küfner, in einem Alter von 72 Jahren«, oder ob Paul Küffner auch das Stechereihandwerk betrieb, ist nicht entschieden. (S. auch die auffällige, gleich folgende Erwähnung, daß ihm »ein anderer seine Landkarten« widmete. Weder diese noch obiges Werk konnte ich ausfindig machen; vielleicht ist das ein bloßes Versprechen geblieben.)

Vater setzte ihm nach, meldete sich beym Gouverneur zu Chamberi, der ließ ihn aufhalten; als er aber aus den Briefen die wahre Beschaffenheit sahe, gab er ihm auch für seine Post-Pferde einen Paß. — Verständige Männer sagen: Herr Colomes hätte sich eines Mannes, der in diesem Jahrhundert eine Epoche macht, nicht zu schämen, der wirklich von seinen Interessen reichlich leben kann; an andern Orten nehme man das nicht so genau. Schröter habe eine reiche Engländern entführt, und sich in Schottland copuliren lassen, demohngeachtet sey er jetzt bey der Königin Klaviermeister. [S. Anmerkung S. 35.]

Dieser Clementi wollte beym Klaviermacher Howard ein Fortepiano in Zins nehmen, dafür mußte er ihm seinen Namen sagen, und dieser sagte es mir wieder. ‚Es komme ein Fremder zu ihm, so simpel er auch gekleidet sey, merke man doch an ihm etwas Erhabenes: er heiße Klemm oder Clemens, und spiele wie einer mit drey Händen.‘

Ich dachte gleich: das ist Clementi! Nachher kam er wieder und verbot ihm, seinen Namen zu entdecken. Es war zu spät: ich paßte dem Kuttemann auf, und bekam ihn in meine Mausfalle. Wir kamen aber so finster zusammen, wie beim Milton jene drohende Wolke auf dem caspischen Meer.

Es war ihm recht ärgerlich! ... daß er verrathen war; recht wild und grimmig sah er mich an, bald mein abgeschniztes Haar, bald meinen Schulmeisters Rock. Ich bin es nicht gewohnt, mir trotzen zu lassen, und konnte mich nicht enthalten, ihn wie ein Samojede anzugreffen. Nach und nach konnten wir uns einander leiden, und endlich nahm er gar seine holdselige römische Miene hervor; kam mit mir, meine Bibliothek zu sehen. Weil wir nun viel, sehr viel einander zu sagen hatten, blieb er zum Mittagessen, und weil wir mit disputiren und schreyen nicht fertig werden konnten, blieb er gar bei mir über Nacht.

An hiesiger Mittagsglocke nahm er wahr, daß sie anstatt der Quinte, die Quart (Decime) [?] zum Mitklang hatte.

Ich wollte hier meinen eigenen Ohren nicht trauen, und bat unsern Howard, auf das zu achten; er merkte das nämliche. Wann nun hier kein Schade an der Glocke ist, könnte das des Rameau's System verdächtig machen.

Wir sprachen viel von Rameau, Tartini und des Testori[1] Musica ragionata. Aus diesen allen hat er sich ein eigenes System erwählt, das er mit der Zeit, nebst seinen eigenen Entdeckungen, bekannt machen will. Er lachte über den Bemetzrieder[2] und des Ximéues[3] Buch über die alte Music.

In seiner Composition, absonderlich im langsamen, zeigte er mir, wie die Mittelstimme den Gesang führe; das habe er dem Rameau abgelernt. In den lateinischen Autoren habe er gefunden, seiner Composition die eigene Wendung zu geben; aus der Geometrie die Consistenz der Gedanken. Die Art, ihre Episoden an einem unbiegsamen Ort anzubringen, sey sehr merkwürdig für einen Componisten, und der Spruch des Quintilians: Si non datur porta, per murum erumpendum.

---

[1] Carlo Giovanni T.s (etwa 1714—1782) Mus. rag. erschien 1767 mit 3 Supplementen (1771, 73, 82).

[2] Anton B. (1743—1816), bis 1780 meist in Paris lebend, von da (Fétis 1782, Riemann 1780) in London, erregte durch seine Veröffentlichungen von theoretischen und praktischen Werken ein gewisses Aufsehen, das meist durch sein reklamesüchtiges Charlatanwesen sowie durch die eigenartige, aber oberflächliche Art seiner Darstellung hervorgerufen wurde. S. bes. Fétis.

[3] Wahrscheinlich Eximeno, ein spanischer Jesuit, der im Jahre 1774 zu Rom ein Werk »Dell'Origine e délle Regole della Musica« veröffentlicht hatte. »Er besitzt mehr Sprachgewandtheit als Kenntnis der Musik« sagte schon Burney (History IV, S. 575) über ihn. J. S. Shedlock, der den Hamburger Bericht zum größten Teil (ins Englische übersetzt und kommentiert) im »Monthly Musical Record«, August 1894, wiedergab, denkt bei obigem Namen an Franciscus de Cineros Ximenes (* 1457); dieser hat sich jedoch nur als Komponist betätigt, nicht als Theoretiker. Der Schulmeister dürfte den Namen ein wenig mißverstanden haben. Eximeno erscheint in allen Punkten sehr auf den oben beschriebenen Mann passend.

Das wäre die rechte Art, einen Autor ohne Diebstahl nachzuahmen; in einer Sache, an die er selbst nicht dachte. So sagte Raphael Mengs über die Mahlerei: Meditando la trauia lasciata del intendimento del Autore, e farsi capace di produrne altri somiglianti, senza guida, wann auch das Original weggenommen wird, tolto davanti l'originace. Dieses und das bekannte anch'io son pittore, gehört also auch hieher. — Das wäre, nach Mengs Meinung, nicht nur von Composition, sondern auch Invention. Clementi kann das desto eher leisten, da er im doppelten Contrapunct ein solcher Meister ist. Ein italiänischer Capellmeister[1]) zeigte mir vierstimmige Fugen von ihm, die er schon in seinem zwölften Jahre machte.

Sieht man seine geschwinde Octavengänge für die nämliche Hand, so sollte man glauben, sie seyn nicht nett zu spielen; er macht aber so gar dergleichen Octaven Triller immer weit mehr, als geschrieben stehn, und jede Note ist aufs deutlichste von der andern abgelöst; mit einer solch unnachahmlichen Begeisterung, immer wachsend und abnehmend, unvermerktem lentando, rubando &c. daß es unmöglich wäre, solches auf dem Papier auszudrucken.

Zu etlichen hat er seine eigene Fingersetzung, seine unmittelbar auf einander folgende Triller, macht er sehr wunderbar, auch mit $^8/_1$ $^4/_2$ $^5/_1$. So wie ihn, hab ich auch noch niemand gehört, des Domenico Scarlatti seine Sonaten spielen. Vorher kannte ich sie nur halb. Vom mechanischen und physischen der Instrumente des Friderici, Stein, Pascal, Mertin, Stodart und Broad-wood, hat er eine vollständige Kenntniß. Gleich neben diese setzt er unsern Howard, wollte auch auf keinem andern von den hiesigen spielen; seine Arbeit, sagt Clementi,

---

[1]) Damit ist wahrscheinlich Carpini gemeint, der ja Clementi in dessen 11. und 12. Jahre Fugen schreiben ließ und seines Standes auch Kapellmeister war (s. oben S. 6). Höchstens wäre noch an Buroni zu denken, da er lange Jahre in deutschen Ländern tätig war. Aber es ist ja leicht möglich, daß der Schulmeister nach Italien gekommen war.

sey sinnreich, einfach, nett und fleißig. Für sich selbst bestellte er bey ihm ein ganz kleines, nach seinem eigenen Riß zu $3^1/_4$tel französischen Schuhen in der Länge und einem breit. Es soll schier so stark werden, als ein grösseres; wann es aber ein klein wenig länger wäre, (welches wunderbar ist), würde die Stärke wegfallen.

Von diesem Howard werde ich Ihnen ein andermal einen neuen Plan von der Temperatur überschicken.

Clementi findet Fehler und ihre Ursachen, die 100 andern entgehen; der Baß muß ihm gedämpft seyn wie der Discant; die Dämpfung muß aber in der Mitte ein wenig hohl aufliegen, damit der Ton nicht verdrückt werde, wie in der Fräulein Paradis ihrem.

Wegen des Hebels der Hämmer hat er seine eigene Speculation; wegen der Tastatur, ihrer behörigen Balancen und Ausmessung, ist er sehr häklig, z. E. die sonst guten Portugesten zu Lion, des Donzelaque seyn gar nicht recht, die halben Töne zu hoch etc., alle Flügelförmige sollten drey Saiten haben; Broad-wood in London machen jetzt auch kleine zu 3 Saiten.

Seine Art zu stimmen ist auch etwas neues.

$\begin{smallmatrix}e\\c\end{smallmatrix}$ im Baß ein klein wenig hoch schwebend.

$\begin{smallmatrix}gis\\e\end{smallmatrix}$ sehr hoch

$\begin{smallmatrix}hes\ [his]\\gis\end{smallmatrix}$ oder $\begin{smallmatrix}c\\as\end{smallmatrix}$ noch höher.

Das übrige, quintenweis, schien gleichschwebend.

Für sein schlechtestes Opus giebt er das dritte aus, er habe sich hier mehr nach einem andern, als nach seinem eigenen Geschmack richten müssen.

Nun aber noch etwas von seiner Historie oder seinem Character. Ich könnte wohl noch vieles von seiner Theorie sagen, aber die Leute hatten es von jeher lieber, wenn man ihnen etwas erzehlt.

Drei Wochen lang lebte er ganz verborgen, weinte immer, gieng nirgends hin, als in die öffentliche Bibliothek, und arbeitete den ganzen Tag in der Mathematik immer auf einem Fleck, in sich selbst verschlungen, in Meinung, seine Sehnsucht damit aufzutrocknen; als aber das nichts helfen konnte, machte er sich wieder reisefertig, schrieb auch seinem Vater, er solle ihn in Rom erwarten.

Sein Vater, der ein eifriger Catholik ist, schickte ihm ein geweihetes Zettelchen, ein Bollettino contra le Tribulazioni, (wider die Schwermut.) Direte sagt er in seiner pecorella smarritca, iuque [cinque?] Pater noster e dieci Ave Maria per le anime di Purgatorio, tenendo giorno e notte questo sacrato Bollettino, che v'invio sul core, e sarete infallibillmente guarito della vostra Melancolia.[1]

Der Sohn muß nicht so fromm seyn als der Vater, denn er ließ es bey mir liegen.

Damals hatte man, um seine Geliebte ihm abspenstig zu machen, und damit man ihn von Bern wegbringen könnte, einen alten Kunstgriff wieder aufgewärmt: »Er sey mit der Gemahlin eines Milords davon gegangen, er habe eine Frau in Neapolis und eine in Preußen.«

Auch hatte man ihm unter der Hand die Flucht gerathen; aus diesen Reden konnte er nicht klug werden, und meinte gar, es könne eine Eifersucht darunter liegen. Ce Bruit, schrieb er mir, ne m'effraie pas; je voulois m'en aller, mais à présent il faut que je reste; er habe nichts gethan, dessen er sich schämen müßte, seine Geliebte auch nicht. Objet charmont et doux (sagte er aus der Pucelle d'Orleans) vous avès bien peché malgré vous! Ma non mi par ben chiro se sia un Crime, che dia Ombra, non essendo legitime ragioni per cerminuo [?]; gia sento il Lupo.

Cur, inquit, turbulentam fecisti mihi Aquam bibenti?

Non si creda però che come l'agnello timeans, mi lascierò mettere le unghil addosso: anzi mi sarò apertamentè conoscere per quel che suono.

Er entdeckte sich sogleich der Polizey, daß er nicht ein

---

[1] Die italienischen Zitate sind an manchen Stellen von dem Schulmeister verderbt worden.

Verwandter vom Komponisten sey, (wie die Leute bisher glauben ließen) sondern der nämliche, den man jetzt im Verdacht habe. Es wurde ihm erlaubt, welches nicht leicht geschieht, in hiesige französische Zeitung (die immer durch die Censur eines Herrn vom großen Rath gehen muß) setzen zu lassen: »daß er gegen obige Erdichtungen Zeugnisse von den Herren Ambassadeurs aufweisen werde, die auch seinen Character genugsam rechtfertigen sollten.«

Die Folge seiner Entdeckung war, daß er in vornehmer Gesellschaft, wider seine Neigung, aufgeführt wurde.

Da zeigte er sich mit einem freymüthigen Anstand, sich immer selbst gleich, und brillierte nicht nur als Musikus, sondern in jedem Fach.

Aber einem Einsamen, der schlafen gehen möchte, ist es nicht gedient, wenn man ihm Lichter anzünden will. L'Intenzione di questo soggiorno (sagte er mir) non fù che per ragion di riposo, ma vogliono turbarlo; und verreißte.«

Dieser fesselnde Bericht des unbekannten Berner Schulmeisters ist hier aus verschiedenen Gründen vollständig mitgeteilt worden. Erstens ist er schon an und für sich deshalb äußerst wertvoll, weil er zweifellos die erste bemerkenswerte biographische Schilderung über Clementi — wenn auch nur über einen einzigen, kleinen Abschnitt aus seinem Leben — darstellt. Und gar lange Zeit hin galt er für die Biographen als Hauptquelle. Zweitens bedeutet er aber auch die liebevollste, eingehendste Darstellung, zu der ein paar Wochen aus des Komponisten Leben je gemacht worden sind. Endlich hat der Bericht die Ursache zu einer strittigen Frage, ob Clementi nämlich die Tochter jenes Imbert Colomes wirklich geheiratet habe, abgegeben, ja er ist überhaupt als erdichtet bezeichnet worden. Und diese beiden Punkte sollen hier in der Hauptsache einer möglichst sachlichen Kritik unterzogen werden.

Da die Unwahrheit der ganzen Geschichte natürlich eine Erörterung der erwähnten Streitfrage ohne weiteres überflüssig machen würde, soll hier zuerst der Beweis für die Tatsächlichkeit des Vorganges gebracht werden. Natürlich

kann das nicht jede Einzelheit betreffen, sondern in der Hauptsache die Lösung der folgenden Fragen: Ist Muzio Clementi
— wie es noch nicht nachgewiesen ist — wirklich um
die fragliche Zeit in Bern gewesen? Beruht die Überlieferung, daß ein M. Imbert Colomes in Lyon 1784 eine
18 jährige Tochter hatte, auf Wahrheit, und hatte Clementi
zu ihr irgend welche Beziehungen? Sobald wir dies alles
bejahen können, müssen wir den obigen Bericht ohne Bedenken, ja unbedingt — abgesehen natürlich von etwaigen
Mißverständnissen seines Verfassers — als verbürgt annehmen.

Wir haben bereits anfangs gesehen, daß die äußeren
Umstände über den Prinzen Heinrich von Preußen mit
auffallender Genauigkeit stimmen. Damit ist aber vor-
erst nur wenig getan. Ein Berichterstatter, welcher absichtlich — etwa aus Mißgunst — irreführen wollte, müßte
natürlich für die Richtigkeit wenigstens der äußerlichen
Bedingungen besonders sorgen. — Aber, so muß man sich
wohl mit Recht fragen, woher kennt der Schreiber des
Berichts, obgleich noch nichts Näheres über Clementis
Lebensgang verlautete, alle jene Einzelheiten: seine Beschäftigung mit Klavierbau und Musiktheorie, mit römischen
Klassikern, ja seine Beherrschung der lateinischen, italienischen und französischen Sprache? Gerade als Briefschreiber
werden wir ihn als in den letzten beiden gewandt und
seine Vorliebe für lateinische Zitate noch genügend kennen
lernen. Selbst die Tatsache, daß er sich abwechselnd verschiedener Sprachen bedient, findet sich mitunter in seinen
verbürgten Briefen.

Es hat dem Verfasser der vorliegenden Arbeit selbst
große Freude gemacht, die Wahrheit der in Frage stehenden Schilderung außer mit diesen sehr für sie sprechenden, mehr psychologischen Erwägungen mit einem unum-
stößlichen gedruckten Dokument nachweisen zu können, und
zwar mit der Auffindung jener im Berichte erwähnten
Anzeige, die der Künstler mit Hilfe der Berner Polizei,
wie es die Überlieferung bestätigt, »in hiesige französische
                                                          4*

Zeitung setzen ließ.« Diese, die »Nouvelles de divers endroits«,[1]) die wir bereits zu Rate zogen, enthält nämlich in ihrer Nummer vom 24. Juli desselben Jahres — also nur sechs Tage nach dem »Ball auf dem Lande« — folgende Anzeige:

»Quelques personnes mal intentionées ayant fait courir un faux-bruit contre le Sr. Clementi, Maitre de Chapelle, Romain, pour aliéner la bonne volonté de ses amis: savoir, qu'il étoit marié à une femme en Prusse, à une autre à Naples, et qu'il a voulu enlever la femme d'un grand Seigneur en Angleterre, d'où ajoute-t-on, il a été chassé. Le Sr. Clementi déclare, que tout celà est de pure invention et qu'il prendra des mesures par le moyen de MM. les Ambassadeurs auprès de ces Cours respectives, qui justifieront amplement son caractere. NB. Le Sicur [? Signor?] Clementi n'a jamais été ni à Naples, ni en Prusse, et il compte de partir pour Londres en peu de temps.«

Bevor hieraus die wichtigsten Folgerungen gezogen werden sollen, seien gleich noch die Ergebnisse unmittelbar angefügt, die über Imbert Colomes, der wirklich gelebt hat und zwei Töchter besaß, ans Licht gebracht werden konnten:[2])

Imbert-Colomès — so sein eigentlicher Name — war ein großer Musikliebhaber in Lyon; die Rechnungen der Académie des Beaux-Arts (eine Gesellschaft, die wöchentlich ein Konzert mit Chor und Orchester gab) berichten, daß er im Jahre 1765 Mitglied dieser Gesellschaft war, der er auch ein beträchtliches Stück Geld zuwandte. Die »Bibliothèque de la Ville de Lyon« besitzt einige Partituren, die ihm gehört haben, in erster Linie Sonaten von Mozart.

---

[1]) Ich erhielt ein (wahrscheinlich nur noch einziges) Exemplar von der Stadtbibliothek in Freiburg (i. Üchterl.) in freundlicher Weise zwecks Einsicht zur Verfügung gestellt.

[2]) Durch die höchst freundlichen Nachforschungen von M. Léon Vallas in Lyon. S. a. dessen »La musique à Lyon...« I (Lyon 1908).

Er vermählte sich am 15. November 1764. Am 21. Mai 1766 wurde ihm eine Tochter geboren: Marie-Françoise-Victoire; eine zweite, Cathérine-Sophie, am 13. Juni 1769.[1]) Jene war natürlich Imbert-Colomès' im Jahre 1784 »18 jährige Tochter, die eine große Schönheit sein soll«.

Nach einem Vergleiche aller dieser Daten mit dem Berichte wäre es abgeschmackt, noch irgend welche Zweifel an seiner Wahrhaftigkeit zu haben. Gäbe es sonst einen vernünftigen Anlaß, der zur Erklärung der ohne weitere Kenntnis der näheren Umstände höchst seltsam anmutenden Anzeige in den Berner »Nouvelles«, ohne dem ganzen Eindruck Zwang anzutun, besser dienen könnte als die Schilderung des Schulmeisters? Noch ist aber nicht der verbürgte Beleg dafür erbracht worden, daß der Künstler das Mädchen wirklich kannte. Dazu braucht man nur die Titel und Widmungen der in Lyon (und Paris) gestochenen Sonaten Clementis Op. VIII und der in London herausgegebenen Op. XIV und XV zu lesen: a) Trois Sonates pour le Forte-Piano ou le Clavecin composées par Muzio Clementi, œuvre VIII.[2]) (A Lyon Chez Castaud, Libraire, Éditeur et M d de Musique, Place de la Comédie. A Paris chez le S. Cornouaille, Rue et Montagne S te Genevieve, vis-à-vis du College de la Marche. Et chez tous les M ds de Musique. Imprimé par le Sueur A. P. D. R. Gravé par Noël). Sonata I. Dédiée à M lle Nancy D'Auenbrugger par l'Auteur. Sonata II. Dédiée à M lle Victoire Imbert par l'Auteur. Sonata III. Dédiée à M lle Artaud par l'Auteur. b) Three Duetts for two Performers on One

---

[1]) M. M. Brisac, Conservateur der Bibliothèque du Palais des Arts in Lyon, der mir ebenfalls zur Klärung der Sache freundlichst beistand, fügte dem hinzu, daß eine der Töchter von Imbert-Colomès sich später mit einem Comte de Montrichard verehelichte — welche? ist unbestimmt.

[2]) Ein Exemplar auf der Leipziger Stadtbibliothek. — Oeuvr. compl. Cah. I Nr. VIII. In diesen fehlen Widmungen und Opuszahlen.

Piano Forte. Dédiés à Mademoiselle Marie Victoire Imbert Colomés de Lyon by Muzio Clementi. Op. XIV.[1]). Printed for the Author & to be had of him at No 20 Goodge Street, Tottenham Court Road. c) Three Sonatas for the Piano Forte with an Accompagnement obligate for a Violin.[2]) Dédiées à Mademoiselle Marie Victoire Imbert Colomés de Lyon by Muzio Clementi. Op. XV. Printed for the Author etc. . . .

Also nicht weniger als sieben Sonaten sind dieser Geliebten des in den Jahren stehenden Künstlers gewidmet, wo der Mann, wenn überhaupt je, am ernsthaftesten zu erwägen pflegt, ob er eine Genossin für seinen Lebensweg wählen soll, vorausgesetzt, daß seine sonstigen Lebenslagen dem Schritte entsprechen. Bei Clementi waren alle nur wünschenswerten Bedingungen für die Verwirklichung eines solchen Planes vorhanden: Der Ruhm des neben Mozart bedeutendsten Klaviervirtuosen wie des beinahe ebenso großen Komponisten und sicherlich recht gute aus seinen Konzerten und seiner Anstellung in London sowie nicht zuletzt aus seinen Kompositionen und seinem Unterricht fließende Einkünfte.

Wie hat man sich nun, soweit sich dies heute überblicken läßt, die ganze Entwickelung der Lyonnaiser Liebesgeschichte Clementis vorzustellen?

Zu diesem Zwecke müssen wir kurz auf seine Reisen auf das Festland zurückschauen. Bereits aus unseren obigen Betrachtungen wissen wir, daß die Biographie des »Quart. Musical Magazine« über sein Verweilen in Lyon sowohl 1782 als auch 1784 vollständig schweigt. Es ist infolgedessen aber auch nicht ausgeschlossen, daß sich unser Virtuose auch zu anderen Zeiten, die hier nicht genauer angegeben werden konnten, in Lyon, einer, wie wir

---

[1]) Oeu. compl. Cah. IV, Nr. I—III.
[2]) Oeu. compl. Cah. X, Nr. VII und VIII und Cah. XII, Nr. IV.

sahen, sehr musikliebenden Stadt, aufgehalten haben kann. Da ist es denn zunächst schon auffällig, daß zwischen seiner von der englischen Vierteljahrsschrift sicherlich richtig als im Sommer 1781 erfolgt angegebenen Abreise von Paris und seiner Ankunft in München am 15. November, wenn man für jene den Spätsommer annimmt[1]), zum mindesten ein Vierteljahr liegt, während er dann bereits nach nicht viel mehr als einem Monat in Wien eintrifft. Sein Weg ging über Straßburg, allerdings der geradeste, den man sich denken kann, was wieder gegen eine etwaige Bekanntschaft Clementis mit Marie Victoire Imbert-Colomès schon 1781 spräche.[2]) Das eine aber ist sicher, daß er die junge Schönheit spätestens während seines Aufenthaltes in deren Heimat im Jahre 1782[3]), der mit größter Wahrscheinlichkeit bis in den Anfang von 1783 währte, kennen gelernt hat, ja wie wir annehmen dürfen, ihr Unterricht im Klavierspiel erteilt hat.

Wird bereits von seinen Lektionen in London vor seinem Weggang 1780 überliefert, daß er dafür »eben so belohnt wurde wie J. C. Bach«, und wird es noch manchmal zu vermerken sein, daß der oder jener während des zufälligen Aufenthaltes des Meisters in seiner Stadt ein paar Stunden oder, wenn er länger dauerte, mehr unter seiner Leitung studierte, so wird es sich auch Imbert Colomès nicht haben nehmen lassen, seine Tochter oder beide dem Unterrichte des berühmten Clementi anzuvertrauen. Ist die Tatsächlichkeit dieser Annahme sehr glaubwürdig schon bei der Erinnerung daran, daß Imbert Colomès eine so bedeutende Rolle im Musikleben von Lyon spielte, und bei der Vermutung, daß jenes Konzert, worin der junge

---

[1]) Die Zeitschrift sagt, er habe sich in Paris »bis zum Sommer« aufgehalten.

[2]) Sie wäre damals erst 15 Jahre alt gewesen. Das wäre aber kaum ein Hindernis gewesen. Man muß sich nur daran erinnern, daß beiden südliches Blut in den Adern floß.

[3]) S. S. 33 den Auszug aus der »Lyon-Revue« über Clementis Auftreten in Lyon, 29. Aug. 1782.

Meister 1782 aufgetreten war, möglicherweise eins der
von der »Académie des Beaux-Arts« wöchentlich veranstalteten war, worauf jener Lyonnaiser Bürger so ent-
scheidenden Einfluß gehabt haben soll — so kann der
Beweis für diese Vermutung indes wohl unumstößlich erbracht werden. Durch die schon oft herangezogene Lebensbeschreibung Clementis im »Mus. Mag. & Rev.« erfährt man
bereits, was wir durch die oben mitgeteilten Widmungen
unter a) bestätigt finden, daß nämlich der Komponist seine
3 Sonaten Op. 8 in Lyon stechen ließ — die einzige Gelegenheit, wobei der Name dieser Stadt in der Skizze
zur Sprache kommt.[1]) Aber auch ein Beleg dafür, daß
die Sonaten sicher vor Clementis zweiter Reise nach Lyon
(wenn sein Besuch 1782 der erste in dieser Stadt war) gestochen worden sind, womit zugleich durch die Widmung
für das Zustandekommen der Bekanntschaft Marie Victoires
mit Clementi gebürgt ist, kann dokumentarisch aufgewiesen
werden. Er ist in den »Sammelbänden der Intern. Musik-
Gesellsch.« VIII, S. 465[2]) mitgeteilt und lautet:

»13 janvier 1784 privilège général pour 10 ans, du
31 décembre, à Sr. Castaud, marchand de musique à Lyon,
pour une série d'oeuvres musicales, dont les auteurs ne
sont pas nommés, sauf: 6 quatuors de J. Amon, 3 Sonates
de Clementi, un concerto de Gresnich, un recueil d'airs
du même, une Sonate pour Clavecin et violon d'Albertini.«

---

[1]) »In Wien schrieb er 3 Sonaten, Op. 7, verlegt bei Artaria,
3 Sonaten Op. 8, zu Lyon erschienen, und 6 Sonaten Op. 9 und
10 ebenfalls bei Artaria.« Was übrigens der Grund dafür war,
daß Clementi dieses Op. 8 nicht mit bei Artaria verlegen ließ,
ist nicht bekannt. Es ist kaum zu glauben, daß sie den Stich
etwa verweigert haben könnten, da Clementi bereits einen Welt-
ruf besaß und diese Sonaten den anderen in nichts nachstehen.
Hatte diese Maßnahme des Komponisten vielmehr etwas mit
etwaigen schon früher mit Lyon angeknüpften Beziehungen
zu tun?

[2]) Michel Brenet: La librairie musicale en France de 1653
à 1790 d'après des Registres de privilèges. Die Auszüge scheinen
in verkürzter Form wiedergegeben zu sein.

Niemand wird sich ohne Zwang bemüßigt sehen, die Gleichsetzung dieser freilich nicht näher bezeichneten Sonaten mit dem hier in Rede stehenden Op. 8 anzuzweifeln: Dieses Werk ist das einzige frühere, von jenem Castaud und überhaupt damals in Lyon verlegte Werk Clementis, worauf ich während der ganzen Dauer meiner Studien über diesen Komponisten gestoßen bin.

Aus den hier aufgewiesenen Tatsachen müssen wir nun folgende Schlüsse ziehen: Clementi lernte die junge Dame aus Lyon spätestens in ihrem 16. bis 17. Lebensjahre, 1782/3,[1]) kennen und schätzen. Vielleicht darf daraus, daß die ihr gewidmete zweite Sonate in Op. 8 zwischen zwei anderen (die ebenfalls jungen Damen dargebracht zu sein scheinen) ihren Platz gefunden hat, gefolgert werden, daß seine Zuneigung zu ihr ursprünglich noch nicht jenen hohen Grad der Leidenschaft besaß. Erst nach und nach mag sie sich so sehr gesteigert haben, daß er zu dem Entschluß kam, das Mädchen mit ihrem Einverständnis zu entführen. Daß er von Imbert-Colomès mit seiner Bitte um die Hand des Mädchens — ob noch während seines ersten Aufenthaltes in Lyon oder erst 1784, sei dahingestellt — schlechtweg abgewiesen worden war, ist. ja aus dem Bericht deutlich genug zu erkennen.

---

[1]) Das Jahr 1783 natürlich immer mit einem gewissen Vorbehalt. Wenn jedoch der Verfasser der Schrift »De la Musique à Lyon depuis 1713 jusqu'à 1852, Discours de Réception prononcé en Séance publique à l'Academie de Lyon par F. George Hainl [Lyon, 1852]« nicht — was allerdings bei der ganzen Fassung des folgenden Wortlauts ferner liegt — aus Cramers »Magazin« schöpft, so wird die Annahme eines längeren Aufenthalts von Clementi, natürlich 1782 [83?], wesentlich erhärtet (Wichtig für das bekannte Konzert des Künstlers ist auch der Anfang der Stelle): Jusqu'en 1788 il n'y eût de concerts publics que ceux donnés dans votre salle du Concert. Jarnowik, célèbre violiniste, et Ponto, célèbre corniste, furent les derniers artistes qui s'y firent entendre. Lyon renfermait alors un grand nombre d'habiles artistes: les professeurs de clavecin, Clementi, ... puis Bender etc.«

Es sei hier nicht auf jede Einzelheit in dem Bericht des
braven Schulmeisters eingegangen; doch sei es erlaubt,
noch ein paar kurze Worte über die verschiedenen von
ihm erwähnten Zeitpunkte, soweit das möglich ist, zu verlieren.

Wenn man die allerdings im ersten Augenblicke recht
romantisch angehauchte Geschichte unvoreingenommen liest,
so steht man sicherlich unter dem Eindrucke, daß sie in
frischer Erinnerung von ihrem Verfasser niedergeschrieben
ist. Dies kann auch nach den paar zeitlichen Anhalts-
punkten, die sie einschließt, durchaus stimmen. Zwar scheint
die Zeitfolge in dem Bericht nicht überall vollständig ge-
wahrt zu sein: So sieht es aus, als ob Clementi nicht
gleich am Tage der Ankunft (worauf man diese das Ganze
einleitende Notiz beziehen könnte) dem Prinzen Heinrich
vorgestellt worden sei, sondern erst nach einem kürzeren
Aufenthalt in Bern. Auf ein längeres — wenigstens einige
Monate währendes — Verweilen Clementis in dieser Stadt
deuten mehrere Umstände hin; so seine Absicht, ein Klavier
in Zins zu nehmen und einige unmittelbare Zeitangaben:
1) »Drei Wochen lang lebte er ganz verborgen . . .«,
2) ». . . als aber das nichts helfen konnte, machte er sich
wieder reisefertig, schrieb auch seinem Vater, er solle
ihn in Rom erwarten.« 3) »Sein Vater . . . . schickte ihm
ein geweihtes Zettelchen . . . .« 4) »Damals hatte man . . . .
einen alten Kunstgriff wieder aufgewärmt . . .« (Hieran
schließt sich, nach der Antwort aus Rom — wenigstens
muß man das aus der gegen Ende des Berichts wohl
im ganzen eingehaltenen Chronologie folgern —, kurze
Zeit nachher seine Meldung bei der Polizei und die Anzeige in der Berner »Französischen Zeitung« vom 24. Juli
an). Nimmt man für einen Brief von Bern nach Rom
etwa $1/_2$ Monat Zeit in Anspruch, so erhält man für den
Briefwechsel Clementis mit seinem Vater ungefähr einen
Monat; seine Zurückgezogenheit soll drei Wochen gewährt
haben: Somit bekäme man samt den nötigen Verzögerungen
unter Punkt 4) als seine Aufenthaltsdauer bis zu dem Tag

der Anzeige, dem 24. Juli, eine Zeit von rund zwei Monaten — vielleicht etwas mehr.[1]) Seit dem Monat Mai
wird Clementi also, wenn anders des Schulmeisters Bericht
zeitlich stimmt, in Bern geweilt haben.

Das kann auch seine Richtigkeit haben, wenn man das
Datum des Konzertes, worin er in London das letztemal
spielte, in Rücksicht zieht.

Hier soll gleich der einzige überlieferte Grund für
seinen frühzeitigen Rücktritt von den Hanover Square-
Konzerten — wir werden keinen Anlaß haben, an der allerdings ziemlich unbestimmt gehaltenen Nachricht zu zweifeln
— mit eingefügt werden. Die oben bereits erwähnte
anonyme, englische »Musical Biography« (1814) berichtet
darüber: »He was also engaged for two seasons, in 1783[2])
and 1784, to perform at the concerts in Hannover Square;
but some unpleasantness having taken place betwixt the
managers and himself, he retired, with a determination to
go abroad.«

Ob die Schuld dieser Mißhelligkeiten auf der Unternehmer oder seiner Seite lag, ist dabei offen gelassen, ebenso
aber auch, ob sein Entschluß, abzureisen, bereits vor oder
nach dem Bruche mit der Konzertdirektion reifte. Wie die
Dinge sich verhalten — er muß ziemlich bald nach seinem
letzten Auftreten am 17. März abgereist sein —, liegt es
nicht allzu fern, zu vermuten, daß der Anstoß dazu
von dem Künstler selbst ausgegangen ist. Als selbstverständlich muß man wohl annehmen, daß rege schriftliche
Beziehungen zwischen ihm und Victoire unterhalten wurden.
Wahrscheinlich war also beider Plan bereits fertig, als

---

[1]) Diese Zeitfolge ist durchaus nicht bindend. Denkt man
sich z. B. die unter Punkt 4) angeführten Worte als vom Berichterstatter zeitlich nicht peinlich angegeben, so würde sich die
Korrespondenz zwischen Clementi Sohn und Vater um etwa
einen Monat verschieben lassen; Muzio Clementi würde sie dann
ungefähr zur Zeit der Veröffentlichung der Anzeige haben ein-
setzen lassen.

[2]) Daß diese Behauptung für dieses Jahr nicht den Tatsachen entspricht, wissen wir bereits. (S. o. S. 33.) ·

Clementi London verließ, eine Annahme, die noch wesentlich dadurch gestützt wird, daß andernfalls die Zeit vom Monat April, wo er zeitigstens in Lyon eintreffen konnte, bis zum Mai zur Reife eines solchen Entschlusses doch wohl allzu kurz gewesen wäre.

Etwas möchte ich als recht auffällig an der ganzen Schilderung des Schulmeisters nicht übergehen. Unwillkürlich muß man sich nämlich fragen: Welches ist eigentlich der augenblickliche Aufenthaltsort der Geliebten Clementis? — Es ist, als gehe der Berichterstatter selbst um diese naheliegende Frage herum; er scheint sie selbst nicht beantworten zu können. Gesehen hat er das Mädchen jedenfalls nicht. Das geht aus den Worten: ».. . die eine große Schönheit sein soll« zur Genüge hervor. Es wäre aber sehr leicht möglich, daß Clementi das Mädchen in Bern verborgen hielt. Wie wäre aber dann die Stelle in dem Berichte zu verstehen, die von seinem Fleiße in der Berner Bibliothek spricht, »in Meinung, seine Sehnsucht damit aufzutrocknen«? Wie müßte man sich die Worte, die von seiner trübsinnigen Gemütsstimmung zeugen, erklären, wenn sein Mädchen in Bern selbst weilte? Daß sie, wenigstens zur Zeit der Verbreitung der Verleumdungen gegen Clementi, noch nicht nach Hause zurückgekehrt oder geholt war — was man für späterhin natürlich als doch noch geschehen annehmen muß —, ist eigentlich selbstverständlich. Vielleicht wäre dann nur noch der schon flüchtig gestreifte Gedanke möglich, daß sich das Mädchen, um nicht entdeckt zu werden, irgendwo in Bern oder in dessen Nähe verborgen hielt, wobei man sich aber zu der an sich sehr natürlichen Annahme entschließen muß, daß Clementi selbst dies dem Schulmeister verheimlichte, womit zugleich dessen Unklarheit über alles, was die Geliebte des Künstlers angeht, erklärt wird.

Es wird schwer halten, jemals den Schleier, der zwar durch die hier mitgeteilten Nachforschungen bedeutend durchsichtiger geworden ist, noch vollständig zu lüften. Begnügen wir uns vorläufig mit dem Nachweis von der

Tatsächlichkeit der einstigen Existenz einer »Unsterblichen Geliebten« Muzio Clementis.

Aber noch sind wir nicht zu Ende mit den Ausführungen über diese allem Anscheine nach tiefinnerliche Liebe des jungen Meisters. Nichts anderes nämlich als diese Schilderung des Berner Bürgers ist daran Schuld gewesen, daß ein meiner Ansicht nach bloßes Gerücht von einer Verehelichung Clementis mit den schönen Lyonnaiser Mädchen aufkommen konnte. — Oder vielmehr möchte ich dies der Flüchtigkeit gewisser Geschichtschreiber und Lexigraphen aufs Konto setzen; denn ein aufmerksamer Leser kann auf keinen Fall aus dem Bericht eine Bestätigung einer zwischen beiden eingegangenen Ehe herauslesen. Wenn auch Gerber mit seinen Worten (A. L.) recht hat, daß die im »Cramerschen Magazin« enthaltenen Ausführungen »etwas unordentlich mitgeteilt seien, so sind sie doch noch so klar aufgesetzt, daß wenigstens an deren Hand unbedingt nicht auf eine solche Verbindung beider geschlossen werden darf. Einzig der Satz ». . . bis sie mit einander einig wurden, davon zu gehen, um sich an einem geheimen Ort trauen zu lassen . . .« kann zur Ursache der Fabel geworden sein. In dem ganzen übrigen Bericht ist aber nirgends von einer tatsächlichen Eheschließung die Rede. Stets spricht der Erzähler nur von einer »Geliebten« des Künstlers, dessen eigene angeführte Worte diese Bezeichnung auch einschließen, und da diese Hinweise natürlich zeitlich dem Inhalt der oben herangezogenen Worte angehören, so machen sie auch die Annahme einer bereits eingegangenen Verehelichung, wenigstens zur Zeit des Erlasses in jener Berner Zeitung, zu nichte. Ein anderes ist es natürlich, ob sich Clementi noch später mit ihr verheiratet hatte, d. h. etwa um die Zeit seiner Einführung in die Gesellschaft seines damaligen Aufenthaltsortes. Ist dies schon an und für sich wenig wahrscheinlich, so wird es das noch weniger, wenn man seine eigene Antwort auf eine ihm bei seiner Vermählung im Jahre 1804 vorgelegte Frage liest: »Ob er

schon verehelicht und wie die Ehe getrennt wurde.« Sie
lautet ganz lakonisch: »Nein.« Welchen Grund hätte
er noch nach genau zwanzig Jahren haben sollen, eine
früher etwa eingegangene Ehe zu verheimlichen? Diese
großen Zweifel an einer solchen Verbindung im Jahre 1784
werden nur noch bestärkt durch seine den Tatsachen ent-
sprechenden Angabe im Jahre 1811 bei seiner zweiten
Vermählung, daß er nämlich ein »widower« sei.

Welch blühenden Unsinn die allzu üppig sprießende
Phantasie eines gedankenlosen Geschichtsschreibers erzeugen
kann, das beweist uns das »Chronologische Verzeichnis
vorzüglicher Beförderer und Meister der Tonkunst« (Mainz
1831) von G. C. Grosheim, der uns erst Clementi vorstellt
als einen »Italiäner, der sich mit der deutschen Instrumentalmusik befaßte und ihr nachahmte, so daß ihn seine Landsleute »Il turbatore della Musica«[1] nannten. Wir verdanken
diesen Renegat«, fährt er fort, »einer klösterlichen Einsamkeit, in welche er nach der Entführung einer reichen
Lyoneserin flüchten mußte. Hier widmete er sich insbesondere dem Clavier. Nach der Versöhnung mit der
Familie der Gattin, lebte er in Frankreich, England und
Deutschland.« Der Vergleich dieses Mixtum compositum
mit unseren eingehenden früheren Ausführungen wird die
Unhaltbarkeit dieser Behauptungen, soweit sie sich auf biographische Dinge beziehen, genügend klarlegen. Wieviel
von der »klösterlichen Einsamkeit«[2] Clementis (die man
sich doch wohl nur auf seine ganze Lebenszeit nach der
Lyonnaiser und Berner Liebesgeschichte gedacht wissen
kann, nicht auf den nur kurzen Aufenthalt in der letzten
Stadt) der Wahrheit entspricht, wird uns ja gerade der
ganze nächste Abschnitt seines Lebens in London zeigen.

Über die weitere Entwickelung oder vielmehr wahr-

---

[1]) Sicher nach Pietro Liechtenthal »Dizionario e Bibliographia
della Musica«, 1826.

[2]) Wahrscheinlich auch ein Trugschluß aus dem Berner Bericht, wo es kurz vor Ende heißt: »Aber einem Einsamen, der
schlafen gehen möchte usw. . . .« (S. o.!)

scheinliche Auflösung der Liebesbeziehungen zu dem
Mädchen ist nichts bekannt. Aber das Eine darf man
ohne große Bedenken annehmen, daß diese Beziehungen
— wenigstens noch für die nächste Zeit —, wenn auch
wahrscheinlich nur schriftlich, sehr lebhafte waren. Hier
hilft uns wieder einmal die, wenn man von dem Liebes-
erlebnis absieht, ziemlich verläßliche Lebensskizze im
»Quarterly Mag. & Rev.« aus: »Im Jahr 1784 kam Clementi
wieder nach England zurück und gab bald darauf sein
13., 14. und 15. Werk heraus.«

Da er nur kurz vor Beginn des Herbstes — frühestens
— zurückgekehrt sein kann, so darf man annehmen, daß
die letzten beiden Werke um die Wende des Jahres 1784
erschienen. Wir kennen ihre Widmungen bereits: à Mademoiselle Marie Victoire Imbert Colomés. Sie war also
weder im Sommer in Bern noch im Winter in London
eine Madame Clementi geworden. Aber die Liebe des
Künstlers war, wenn man sich den Scherz erlauben darf,
ihre Stärke proportional der Anzahl der ihr gewidmeten
Werke zu setzen, gegen das Jahr 1782 um vieles größer
geworden, sowie natürlich, wenigstens um die Zeit dieser
Veröffentlichung, von einem Bruch des Verhältnisses mit
ihr noch keine Rede sein konnte. Aber wie das geschehen ist, das ist in ein undurchdringliches Dunkel gehüllt, das schwerlich — und wenn wirklich, dann nur
zufällig — gelichtet werden wird. Als wahrscheinlich darf
man immerhin annehmen, daß der Vater Colomès gegen
die Verbindung seiner Tochter mit einem Musiker einen
dauernden Widerstand aufrecht erhielt und daß denn
Victoire endlich wohl oder übel nachgegeben hat.

Abgesehen davon, daß wir bei Gelegenheit einer von
Joh. Friedr. Reichardt herstammenden Nachricht nur noch
einmal vorübergehend auf die Angelegenheit zu sprechen
kommen werden, muß sie hier als soweit als möglich erledigt betrachtet werden.

❖ ❖ ❖

III. Abschnitt.

Auf dem Gipfel des Virtuosenruhms und der freiwillige Abstieg.

1785—1802.

Bereits im Jahre 1783 melden die Londoner Zeitungen von einem »Benefit of Mr. Parke«, [1] einem Freunde Clementis, worin seine junge Tochter Miss Parke (»ten years old«) sowohl als Sängerin wie als Klavierspielerin mit einem »Duett, Piano Forte, composed by Mr. Clementi auftrat. (Als Teilhaberin stand ihr dabei eine Miß Reynolds zur Seite.) Als Miss Parke's Lehrer im Klavierspiel wird Dance [2] genannt. Es ist aber doch, wenn man die Tatsache erfährt, daß dasselbe Mädchen in den beiden Benefizkonzerten ihres Vaters 1785 ebenfalls Clementische Werke auf dem Programm stehen hat, sehr naheliegend, zu glauben, daß sie auch des Komponisten Unterweisungen genossen hat. Sie ist auch als einzige in den Konzertanzeigen zu entdecken, die seine Werke öffentlich spielte. Am 1. April 1784 hatte sie zum Konzert ihres Vaters »A favourite Sonata, composed by Mr. Clementi« (jedenfalls die bekannte, Op. 2, II, die auch unter diesem Titel einzeln erschien) auf dem Programm, und im folgenden Jahre ist sie es ganz allein, die mit einer »new Sonata, composed by

---

[1] Sicherlich der ältere der Brüder John und William Thomas, da seine Tochter in diesem und seinen späteren Benefizien mitwirkte. Die Brüder (S. bereits S. 14) sind 1745 und 1762 zu London geboren. Obiges Benefiz fand am 29. April 1783 statt.

[2] Nach C. F. Pohl, H. i. L.

Mr. Clementi« (am 3. April) an seinen Namen, wenigstens soweit die Zeitungen es zu verfolgen gestatten, erinnert. Von einem persönlichen Auftreten Clementis ist nirgends eine Spur zu finden.

Ist das ein bloßer Zufall — oder weilte Clementi noch gar nicht in London?[1]) — Aber das ist sicher, daß sich ihm im nächsten Jahre 1786 ein weites Gebiet vielseitiger Tätigkeit eröffnete — als Komponist, Kapellmeister und Solist in den Grand Professional Concerts in Hanover-Square, die sich bereits 1784 bis zu seiner abenteuerlichen Lyonnaiser Reise seiner Mitwirkung versichert hatten.[2]) Am 27. Januar d. J. 1786 verschiebt die Direktion ihr erstes vorher früher angesetztes Konzert im »Morring Heiald« auf einen späteren Tag mit den Worten:

»The Committee most respectfully informs the Nobility and Gentry (at the desire of many of the Subscribers, and on account of the celebration of her Majesty's birth-day being put off) the first Concert is postponed till Monday the 6th of February, when it will positively commence.

Principal Composer, Mr. Abel.

Composer and Performer, Mr. Clementi.

Vocal performers, — Signor Tenducci, Signor Babini, Miss Cantelo, Miss Madden, and Signora Ferrarese.

Principal Instrumental performers, — Messrs. Cramer, Fischer, Cervetto &c. &c.«

Die Aufführungen, die seit dem Jahre 1785 »Hanover Square Grand Professional Concerts« genannt wurden, be-

---

[1]) Ich weiß wohl, daß diese Annahme der in der Chronologie sonst sehr genauen Biographie des »Quart. Mag. & Rev.« und vor allem seiner eigenen Absicht (nach seiner Anzeige in der Berner Zeitung), bald nach London zurückzureisen, widerspräche. Führte er vielleicht anfangs wirklich ein Einsiedlerleben in London?

[2]) Die Verstimmung, die zwei Jahre vorher zwischen der Direktion und Clementi Platz gegriffen hatte, schien sich also gehoben zu haben.

gannen mit einer Symphonie von Haydn. Pohl bemerkt, daß, wie aus dem Morning Herald ersichtlich ist, die Konzertgesellschaft bereits damals mit dem Wiener Meister, der ihr auch einige Symphonien zur Aufführung übermittelte, in Verbindung trat. Gleich in diesem ersten Konzerte ist aber auch Clementi neben Abel, der die zweite Abteilung mit einer Ouverture (Symphonie) einleitet, mit einer das Programm abschließenden »New Sinfonia« als Komponist vertreten. Über eine andere Symphonie (New Overture) im dritten Konzert am 10. Februar finden sich sogar einmal ein paar auf ihre Aufführung bezügliche Worte im Morning Herald: »Der kenntnisreiche Clementi führte eine glänzende Ouverture voller kunstreicher Modulation auf, womit dieses Konzert beendet wurde.« Im nächsten (am 27. Febr.) tritt er wieder einmal mit einer Klaviersonate auf. Symphonien von ihm werden noch im 6. (13. März), 8. (27. März), 11. (1. Mai) und 12. Konzert (8. Mai) gespielt; davon sind nicht weniger als drei mit »New Simphonie« (im 8.) oder »New Overture« (im 11. und 12.) bezeichnet, und wenn man dieses »New« ganz wörtlich nehmen darf, daß also die Symphonien in jedem einzelnen Falle zur Uraufführung gelangt wären, so führte in diesem einen Jahre der fleißige Komponist bis fünf Symphonien zum ersten Mal auf. Davon wurden, wohl noch in diesem Jahre, zwei: Nr. I in B, Nr. II in D, bei Longmann & Broderip als Op. 18 gedruckt;[1] aber auch in Deutschland wurden sie bei André (ums Jahr 1800) als Op. 44 und nach Gerber in Frankreich (in welchem Verlage?) veröffentlicht. Auf diese und spätere Symphonien einzugehen wird anderswo der Ort sein. Außer in dem schon oben erwähnten 4. Konzerte trat der Künstler aber auch weiterhin — im 9. (3. April) und im letzten Konzerte als Klavierspieler mit je einer Sonate auf.

---

[1] Sie sind im »Morning Chronicle« vom 11. Juni 1787 angezeigt; da dies unter dem Titel »New Music« geschah, so ist es leicht möglich, daß sie erst in diesem Jahre herauskamen. Doch sind derartige Bezeichnungen meist wenig verbindlich zu nehmen.

Das Programm der letzten (12.) Aufführung dieses Jahres
1786 soll hier seinen Platz finden:

First Act.

New Overture, Sigr. Clementi.
Concerto, Bassoon, Mr. Parkinson.
Song, Sig. Tenducci.
Sonata, Piano Forte, Sigr. Clementi.
Song, Signora Ferrarese.
Concerto, Hautboy, Mr. Fischer.

Second Act.

Concerto Violin, Mr. Cramer.
Song, Sig. Tenducci.
Solo, Viola di Gamba, Mr. Abel.
Song, Signora Ferrarese.
Sinfonie, Mr. Abel.

To begin at Eight o'clock.

Noch einmal taucht Clementis Name nicht lange vor
Schluß der laufenden Konzertzeit in einem Wohltätigkeits-
konzert »For the Benefit of the Westminster Lying-in-Hospital«
auf. Es fand am 26. Mai in den Great Rooms, Hanover
Square statt; Clementi spielte eine Pianofortesonate, außerdem sind Madame Mara und ihr Gatte, der Cellist John
B. Mara, der Oboebläser Fischer, der Sänger Babini und
als Dirigent Salomon tätig.

Bevor wir weiter mit den Ausführungen über des jungen
Meisters Erfolge fortfahren, wird es am Platze sein, das
Urteil, das sich ein junger Virtuos auf der Flöte, der
bekannte Friedr. Ludw. Dulon (* 14. Aug. 1769, † 7. Juli 1826),
über ihn gebildet hatte, nach »Dulons, des blinden Flötenspielers Leben und Meynungen, von ihm selbst bearbeitet«
(hgb. v. C. M. Wieland, Zürich 1808, 2. Th., S. 325/6)
zu vernehmen. Auf seinen Reisen war er am 13. März
1786 nach London gekommen und blieb da konzertierend
die ganze Saison über; seine Meinung von Clementi, den
er zu dieser Zeit zu hören Gelegenheit hatte, ist zwar
nicht besonders hoch, aber in Hinsicht auf den Maßstab

der Innerlichkeit, dessen Anlegung bei einem blinden Künstler
um so weniger überrascht, gewiß äußerst sachlich. Wir
sehen in seinem Bericht nur das Urteil der Mozart, Dittersdorf u. a. erhärtet.

»Es ist . . . . Clementi,« läßt sich Dulon vernehmen, »der
als einer der fertigsten Clavierspieler, die mir je vorgekommen
sind, mich zur Bewunderung hinriß; übrigens aber meine
Empfindungen nicht rege machte. Es gieng mir mit seinem
Spiele gerade so wie mit seinen Compositionen. So
meisterhaft ich diese auch von ihm und vielfältig von
andern vortragen hörte, so sahe ich mich zwar genöthigt,
der Kunst, die darin liegt, meine Achtung zu zollen, allein
mein Inneres blieb ungerührt. Es ist immer eine schöne
Sache um die Eigenheit der Gedanken; doch wenn sie in
bloßer Kunst oder Künstelei besteht, wobey die Seele nichts
empfindet, so ist mir (ich gestehe es aufrichtig) eine gefühl-
volle Sonate von Pleyel oder Hofmeister, trotz den
Reminiscenzen, die man bisweilen darin antrift, doch bey
weitem lieber als die bizarren Eigenschaften Clementis.
Es kann immerhin sein, daß ich durch dieses Geständniß
in den Augen manches seyn wollenden, vielleicht auch
wirklichen Kenners, nicht eben in einem sehr vortheil-
haften Lichte erscheinen werde . . . .«

Wie gesagt, wird Dulon mit seinem Urteil über den
Virtuosen Clementi von damals zum größten Teil recht
gehabt haben, mit der ästhetischen Würdigung seiner
Kompositionen ist dies jedoch, wie die Zeit, die einen Hofmeister nnd Pleyel fast ganz der Vergessenheit hat anheim
fallen lassen, gelehrt hat, nicht im geringsten der Fall gewesen.

Das zuletzt behandelte Jahr 1786 ist für Clementi vielleicht das ertrag- und ehrenreichste von allen gewesen, die
er in der Zeit seiner künstlerischen Vollreife in London
verlebte. Es bedeutet für ihn daher eine große Einbuße,
daß er bereits im folgenden Jahre aus unbekanntem Grunde
nicht mehr in den Veranstaltungen der »Fachmusiker« mit-
zuwirken hat, den Konzerten, die sich im Laufe von nur

wenigen Jahren zu der höchsten Bedeutung im Musikleben der Stadt emporgeschwungen hatten. Cramer der ältere bleibt im kommenden Jahr nach wie vor Dirigent, am Klavier führt einzig Dance den Vorsitz. Nur in einem Konzert ist Clementi — unabhängig von jenen Aufführungen — als Solist wie als Komponist und sicher auch, wenn es das Programm auch nicht verzeichnet, als dirigierender Kapellmeister tätig: im ersten Konzert der Mara am 8. Februar. Das Programm lautet vollständig:

Act I.

Symphony, Haydn;
Song, Harrison;
Concerto, Salomon;
Song, Mara;
Sonata, Clementi.

Act II.

Symphony, Clementi;
Concerto, Graff;
Song, Harrison;
Concerto, Mara;[1]
Song, Mara.

Die knappe Kritik im Morning Chronicle erwähnt Clementi mit keiner Silbe. Es war das erste der sechs Subskriptions-Konzerte, die die Mara in diesem Jahre in Hanover Square veranstaltete. Was man aus obigem Programm bereits schließen darf, daß nämlich Salomon als Dirigent (leader) und Clementi wieder in dreifacher Ausübung, als conductor (Klavierspieler), Komponist und Solist auftritt, dessen versichert uns — wenigstens was ihn als Komponisten anlangt — mit Bestimmtheit C. F. Pohl (H. i. L., S. 81), der zugleich Clementis Mitwirkung in einem Konzert einer Sängerin Miss Harwood in diesem Jahre angibt.[2]

---

[1]) Natürlich der Gatte der Mara (Cellist).
[2]) Ich habe weder von diesem Konzert noch von denen der Mara — außer einigen Anzeigen der letzten, doch ohne Programme und Mitwirkendenliste — eine Spur entdecken können. Viel-

Es ist eine auffällige Tatsache, die sich nur feststellen, nicht näher erklären läßt, daß sich hier Clementi nach der Seite der »Pantheon-Concerte« hinwandte. Diese bildeten gegen die Professional-Concerte ein Konkurrenzunternehmen, das allerdings keine allzu große Gefahr bedeutete; denn trotz allen möglichen Anstrengungen gelang es der Direktion doch nicht, ihr Unternehmen zu halten. In diesen Konzerten war Madame Mara bereits 1785, dem letzten Jahre der Aufführungen, engagiert gewesen. Es scheint demnach, als ob ihr eigenes Unternehmen daraus hervorgegangen sei, wie denn auch Salomon bereits in den Pantheonkonzerten als leader tätig gewesen ist. Ob Clementi aber auch für das folgende Jahr 1788 als Kapellmeister und Komponist von der Mara engagiert war, ist unbekannt und um so unbestimmter anzunehmen, als auch ein Wechsel in der Direktion eintrat: Anstatt Salomon ist der Geiger und Komponist Raimondi genannt.

Indes sieht man Clementis Namen wieder einmal in den Hanover Square Professional Concerts auftauchen, indem er gleich im ersten am 11. Februar eine Pianofortesonate vorträgt. Über diese Konzerte verbreitet sich W. T. Parke, der sehr geschätzte Oboespieler, in seinen Musical memoirs (London 1830, Vol. I S. 102) mit folgenden Worten: »Mr. Harrison and Mrs. Billington were the singers. The concertos were by Cramer on the violin, and Clementi on the pianoforte. Cramer displayed all that rich powerful tone, neat execution, and commanding style, which so eminently distinguished him; and Clementi that rapid and surprising execution which proved that he was truly ambidexter, his left and keeping pace with his right in the most difficult passages.« Am 11. März ist Clementi im Benefiz für Salomon, der selbst ein Violinkonzert spielt, wieder einmal als Komponist am Anfang der 2. Abteilung mit einer Overture vertreten. Endlich findet man ihn wieder

---

leicht sind die Zeitungen, die in manchen Jahrgängen recht morsch geworden sind, lückenhafter geworden. — Übrigens gibt Pohl a. a. O. S. 342 an, Madame Mara habe **12** Konzerte gegeben.

einmal im Dienst einer wohltätigen Veranstaltung aufgeführt, in einem Konzert am 11. Juni »For the Benefit of the Eleven remaining of Eightheen Children of Mr. Napier [1]), Musikseller, in the Strand«. Es fand im Kings Theatre statt »by permission of the Lord Chamberlain, and at the respect of many Gentlemen, friends of Mr. Napier. Assisted by the Members of the Professional Concert, the Opera Band, and other distinguished Professors, who have liberally offered their Services.« Außer Clementi, der in der ersten Abteilung eine Klaviersonate vorträgt, findet man eine Anzahl meist schon bekannter Namen vertreten, unter denen nur Cramer (d. ä.) als Dirigent, Salomon als Solist, Mrs. Billington geb. Weichsel, Raimondi, Parke, Blake (Violaspieler) hervorgehoben seien.

Wiederum nur als Solospieler tritt Clementi im Professional Concert im Jahre 1789, am 17. Febr. auf; das Programm verzeichnet da am Ende des ersten Teils eine »Concertata« für Pianoforte, die wir wohl ebenfalls als eine Sonate annehmen dürfen. Einen Monat später, am 13. April, wirkt er wieder nur solistisch im Benefiz des »New Musical Found« mit. In diesem Konzert, das im ganzen 300 Mitwirkende aufwies, darunter Cramer d. ä. als Leader, Dr. Hayes und Dr. Miller als Conductors, [2]) Madame Krumpholtz (Harfenistin), Parkinson (Bassoon) und Signora Storace (die berühmte Sängerin, in einer »Scena«), spielte er wiederum eine Sonate auf dem »Grand Pianoforte«. Eine seltene Unterbrechung in seinen gewöhnlichen Sonatenvorträgen bildet die von ihm geleitete Wiedergabe eines Trios seiner Komposition, das als »New Concertante for the Piano-Forte, Violin and Violoncelllo obligato« auf dem Programm verzeichnet ist. In diesem Benefiz für Salomon am 5. Mai d. J. wirken u. a. noch Miss Abrams, Mrs.

---

[1]) Dieser wird derselbe Napier sein, der, ein Violaspieler, jährlich, wie viele andere Künstler, sein Benefizkonzert gab.

[2]) Diese und Cramer waren lange Zeit ständige Mitwirkende der im Jahre 1786 entstandenen Wohlfahrtseinrichtung.

Ambrose und Mr. Harrison mit, die die Soli in einer Kantate von Friderice[1]) singen; außerdem wurde ein Violinkonzert des Benefizianten und ein »Chorus on his Majesty happy Recovery« (Komponist?) aufgeführt. — Sonst ist Clementis Name in diesem Jahre mit einem »Concertante for the Pianoforte« auf dem Programm des Benefizkonzertes des Geigers Borghi und auf dem von Raimondis Konzert am 3. Juni mit einer Sonate erwähnt; endlich tritt er nochmals am 10. Juni ebenfalls mit einer Sonate im Benefiz von Lee auf.

Das Jahr 1790 kann hier in Kürze erledigt werden; es ist nicht reich an Konzerten, worin Clementi hervortritt. Aber um so wichtiger müssen die beiden hier nachweisbaren Konzerte uns erscheinen, als er darin mit je einem Klavierkonzert an seinem Instrument sitzt: Das erste Mal am 22. Februar im 2. Professional Concert (andere Mitwirkende: Miss Cantelo, Parkinson, die Brüder Parke, Blake, Cervetto), das andere Mal in einem Benefiz von Harrison am 14. Mai. Während sein Vortragsstück an dem zweiten Abend nicht von seiner eigenen Komposition zu sein scheint — sein Name ist im Gegensatz zu den in diesem Konzert auftretenden Komponisten, die mit großen Lettern gedruckt stehen, mit kleinen aufgeführt[2]) —, so wird dies aber für den ersten gelten. — Von Clementi als Klavierkonzertkomponisten ist bisher wohl nichts bekannt. Pohl erzählt wohl davon, daß sein Schüler Field wiederholt Konzerte von Dussek und Clementi gespielt habe, doch scheint das in Hinsicht Clementis auf einen Irrtum zu beruhen.[3]) Daß aber der Künstler dennoch mindestens eins komponiert hat, ist durch »L. Berger [späteren] Elève de Clementi« bestätigt, der

---

[1]) Wohl Federici.
[2]) Diese Ansicht ist natürlich nicht durchaus maßgeblich, jedoch wahrscheinlich.
[3]) Ich habe sämtliche in den Zeitungen vermerkte Konzertnummern Fields ausgezogen, aber nichts darüber entdecken können. S. Pohl, H. i. L., S. 234.

in einem Exemplar des 5. Bandes der Gesamtwerke des
Meisters vermerkte: »Die erste Sonate [in C-dur] war ursprünglich ein Konzert, die 2te [in g-moll] eine Symphonie.«[1]) Ob dies nun gerade das von Clementi in obiger
Aufführung der Fachmusiker gespielte gewesen sei, wird
schwer zu entscheiden sein. — Mit dem kurzen Hinweis
auf einen noch blutjungen Künstler, den damals noch nicht
elfjährigen Violinspieler Franz Clement, der in diesem Jahre
in London zum ersten Mal aufgetreten war, sei das Jahr
1790 abgeschlossen. Clementi war, wie es scheint, über
ihn hoch entzückt. Er schrieb ihm ein paar kurze, aber
inhaltschwere Worte in sein Stammbuch, das sich jetzt in der
K. K. Hofbibliothek in Wien befindet. Sie lauten nach
der mir von der Verwaltung freundlichst übersandten Abschrift auf der ersten Seite des Blattes 81 wie folgt:
      »Legitimo Figlio di Apollo, onorabi'e Clement!
      Tu sorpassi tutto quel che si puo dir di te!
      Londra questo di   sono il tuo Ammirator
      30 Giugno 1790.   Clementi.«
    Die folgenden Jahre von 1791 bis 1796 bildeten für
die ganze zweite Hälfte des 18. Jahrhunderts den Glanz-
punkt im Londoner Konzertleben. Was früher Lord
Abingdon nicht geglückt war, den neben Mozart damals
bedeutendsten, ja viel mehr als jenen anerkannten Komponisten Haydn für die Professional Concerts zu gewinnen,
das gelang dem tatkräftigen und redegewandten Unternehmer Salomon, nachdem er es selbst auch vergeblich
mit schriftlichen Unterhandlungen versucht hatte, durch
seinen persönlichen Besuch in Wien. Konnte man bereits
früher ab und zu Bemerkungen machen, die, zwar versteckt
aber doch deutlich genug, auf gegenseitige Befehdungen
der konkurrierenden größeren Konzertunternehmungen
schließen ließen, so gestaltete sich dies in der kommenden

---

[1]) Das Exemplar befand sich im Besitz von Hugo Riemann,
der es dem Musikwissenschaftlichen Institut der Universität zu
Leipzig stiftete.

Zeit beinahe zu einem offenen Kampf, woran sogar die
Zeitungen, in Parteien gespalten, teilnahmen. Unter denen,
die dem alten Haydn bei seiner Ankunft ihren Besuch ab-
statteten, befand sich natürlich auch — er hatte ihn ja
schon in Wien kennen gelernt — Clementi, den Gyrowetz
denn in seiner Selbstbiographie neben Giornovichi, Dussek,
Cramer, Crosdill und Yaniewicz mit namhaft macht. Wie
Clementi Haydns Kompositionen schätzte, davon wird von
einem Berichterstatter des »Quart. Mus. Mag. & Rev.« (1826,
S. 306), der sich des Pseudonyms »Senex« bediente, eine
kleine Anekdote mitgeteilt. In welches Jahr ihr Inhalt zu
verlegen ist, ist zwar ebenso unbestimmt zu entscheiden,
wie die Frage, ob sie in die Zeit des Londoner Aufenthalts von Haydn selbst gehört, aber es wird hier doch
die geeignetste Stelle dafür sein. Der Berichterstatter erinnerte sich also eines Gesprächs, das er in Willi's rooms
nach der Beendigung einer Haydnschen Symphonie vernahm. Irgend jemand bemerkte Clementi gegenüber, daß
das Werk nahezu fünfundzwanzig Minuten Zeit in Anspruch genommen habe, worauf dieser erwiderte: »Had
it lasted an hour, I should not have thought it a minute
too long.«

Wenn nun auch Salomon den Wiener Meister für seine
Konzerte gewonnen hatte, so konnten sich dennoch — ein
Zeichen für Haydns schon damals große Volkstümlichkeit
in England — die »Professional« seiner Kompositionen
nicht entschlagen, und es spricht nur für seine große Sach-
lichkeit in künstlerischen Dingen, wenn man liest, daß er
dem gegnerischen Lager zu seinem ersten Schlag sogar
eine von ihm komponierte M. S. Symphonie zur Aufführung überließ und den »Fachmusikern«, deren Konzert er
beiwohnte, sogar das Kompliment machte, »daß er bei
keiner Gelegenheit sein M. S. Concerto [Symphonie] so ausgezeichnet habe vorführen hören« [Pohl, a. a. O. S. 116].

Es ist hier überflüssig, näher auf diese Glanzzeit Londons einzugehen. Pohl hat davon ein so eingehendes Bild
gezeichnet, daß eine ausführliche Schilderung nur eine

Wiederholung der von ihm gegebenen Darstellung sein und zu viel Raum beanspruchen würde. Dann überstrahlte die Sonne eines Haydn auch die Bedeutenderen von den in London ansässigen Musikern derart, daß ihre Wertschätzung immerhin Einbuße erleiden konnte. So scheint es auch mit Clementi gewesen zu sein. Gerade Salomon hatte den bedeutenden Pianisten, wie wir sahen, mit mancher Aufgabe betraut. Durch das Engagement Haydns war indes einerseits das Amt des Klavierspielers (conductor) besetzt, andererseits die Nachfrage nach Symphonien viel geringer. So mag es denn gekommen sein, daß sein Name nur zweimal in diesem Jahre 1791 auf den Programmen der Salomonkonzerte, und zwar auf dem vom 25. März (3. Konzert) mit einer Symphonie als Anfangstück und auf dem vom 23. Mai (4. Konzert) mit einer »New Overture« verzeichnet ist. Die »Professional» schweigen sich ganz über ihn aus.[1]

Dem steht merkwürdigerweise Th. v. Karajan in seiner Schrift »J. Haydn in London 1791—1792« (S. 83) gegenüber, der von Aufführungen Clementischer Symphonien in den gegnerischen Professionalkonzerten wissen will. »Statt Haydns Compositionen«, so berichtet er, »wurden dagegen neue von Muzio Clementi zur Aufführung gebracht, kurz Alles aufgeboten, um neben den Concerten Haydns mit Ehren bestehen zu können. Clementi komponierte nun eine neue Sinfonie, welche, zur Aufführung gebracht, entschieden gefiel. Da will man aber Haydns Arbeiten drücken und läßt in der zweiten Abteilung desselben Concertes auf die neue, beifällig aufgenommene Sinfonie Clementis eine längst veröffentlichte Haydns folgen, in der Erwartung, sie werde weniger ansprechen. Gerade aber das Gegenteil tritt ein, denn sie gefällt nur um so mehr, und nun ist auch noch Clementi

---

[1] Pohl erwähnt noch (S. 162), daß in den Jahren 1791 und 1792 in einem Marionettentheater »Fantoccini« (Théatres des varietés amusantes) in Saville-row auch Sinfonien und Ouverturen von Haydn, Stamitz, Clementi, Gretry aufgeführt wurden, was hier als nebensächlicher auf sich beruhen soll.

wegen der für ihn unglücklichen Wahl im höchsten Grade
erbittert. Kurz der Wetteifer beider Verbindungen wurde
auf diese Weise immer mehr noch gesteigert.«

Weder Pohl noch der Verfasser weiß von diesem Vor-
gang etwas zu berichten; man wird aber bei der sonst
unbedingten Glaubwürdigkeit Karajans gut tun, ihn nicht
geradezu für aus der Luft geschöpft zu erklären. Immerhin sei es dahingestellt, ob dabei nicht doch ein Versehen
des Erzählers — etwa eine Verwechslung mit einem andern
Jahre — vorliegt.

Nachdem die Direktion der Fachmusikerkonzerte nun
mehrfach versucht hatte, Vater Haydn durch Honorar-
überbietungen auf ihre Seite zu locken, dieser aber mit
standhaftem, redlichem Charakter jegliche Versuchung von
sich gewiesen hatte, stellte sie ihm endlich mit der
kommenden Saison 1792, nachdem sie sicher mit I. Pleyel
schon im letzten Jahre unterhandelt hatte[1]), diesen seinen
Schüler gegenüber, den damals so hochgeschätzten Komponisten. Gleich am Anfang des Januars zeigte der
»Morning Chronicle« an: »Der Konzertausschuß gestattet
sich ehrerbietigst, das allgemeine Publikum zu benach-
richtigen, daß der berühmte Mr. Pleyel in der folgenden
Konzertzeit zugegen sein wird; er hat zwölf neue musikalische Instrumentalstücke, eins für jeden Abend, zu kom-
ponieren und ihre Aufführung am Klavier zu leiten.«

Bereits am 23. Dezember war er in London eingetroffen, schon am 24. berichtet Haydns Tagebuch (das
auch seine Ankunft verzeichnet), daß er bei ihm speiste.
Und während Haydn an Marianne v. Genzinger nach
Wien (am 17. Januar 1792) berichtete: »Pleyel zeigte sich
bey seiner ankunft gegen mich so bescheiden, daß Er
neuerdings meine liebe gewann . . . . . wir werden unsern
Ruhm gleich theilen und jeder vergnügt nach Hause

---

[1]) Die Programme der Professional concerts weisen bereits
1791 ab und zu Pleyelsche Werke auf, vor allem aber auch
handschriftliche Symphonien.

gehen,« setzte der Kampf der beiden Konzertdirektionen schärfer denn je ein.

Clementi erscheint in den beiden konkurrierenden Konzerten je einmal, auf dem Programm Salomons gleich am 24. Februar (2. Konzert). Er führte hier eine Overture (Symphonie) auf, Gyrowetz ein M. S.-Quartett, Haydn selbst zum erstenmal seinen Chor »the storm«. Im Professional hingegen kam Clementi erst im 11. Konzert zu Wort: Eine Overture seiner Komposition machte den Anfang, Sign. Lazzarini folgte mit einer Arie, Pleyel war mit einem »New Quartetto M. S.« (Cramer, Borghi, Blake, Smith) sowie im zweiten Teil mit einem Concertante M. S. (für zwei Violinen, beide Cramer) vertreten. Außerdem sang Mrs. Billington, J. B. Cramer spielte ein Klavierkonzert, andere Mitwirkende waren Signora Negri (Gesang) und Mr. Lindley (Violoncello). Den Schluß machte ein »Finale« von Haydn, der niemals von den Programmen der Fachmusiker verschwand.

Bevor hier die weitere Konzerttätigkeit Clementis betrachtet wird, soll bei Gelegenheit einer kurzen Nachricht Joh. Friedr. Reichardts, die er in seiner Musikalischen Monatsschrift vom 1. August 1792 (S. 38, 2. Stück) unter dem Titel »Zusätze und Berichtigungen zum Gerberschen Lexikon der Tonkünstler« anbrachte, noch einmal ein kurzer Blick rückwärts geworfen, aber auch zugleich eine Behauptung des Schlusses dieses Berichtes widerlegt werden, der das gegenwärtige Jahr angeht. Reichardts Worte lauten:

»Clementi hält sich itzt für beständig in London auf, will aber nicht mehr Musiker von Metier sein, weil sein Stand als Hauptursache angegeben wurde, daß der reiche Kaufmann Colomes in Lyon ihm nicht seine Tochter geben wollte. Er zieht indes vortreffliche Schüler dort, worunter vorzüglich der junge Cramer verdient genannt zu werden, und läßt seine Arbeiten selbst stechen und in seiner Wohnung verkaufen. 1786 beschäftigte er sich eben so viel mit der Astronomie als mit der Musik. Es ist vielleicht manchem deutschen Leser lieb Clementis Adresse in London zu wissen, um sich von seinen schönen Arbeiten kommen zu lassen. Denn um auswärtige Correspondenten und Commissarien zum Absatz ihrer Werke bekümmern sich die Londoner und Pariser Autoren nicht; haben es auch bei ihrem großen und kunstbegierigen Publikum nicht nötig. Die Adresse ist: No 20, Goodge Street, Tottenham Court Road at London. Ein Künstler, der diesen Artikel sieht, versichert mich: Clementi sei nach Spanien gegangen.«

Auf die Behauptung, daß Clementi durch den Widerstand Imbert Colomes' veranlaßt worden sei, sich geschäftlichen Dingen zuzuwenden, wird nicht allzuviel zu geben sein. Etwas auffällig erscheint es allerdings, daß gerade diejenigen Werke, die er nach seiner Rückkehr aus Bern im Jahre 1784/5 veröffentlichte (Op. 13, 14 und 15), in Clementis Selbstverlag erschienen, und es ist sicher eine dieser Ausgaben gewesen, die Reichardt zur Unterlage seiner »Beiträge« hatte. Aber bereits die folgenden Werke wurden wieder bei andern Verlegern abgesetzt. Noch lange Jahre vergingen, bis sich Clementi endgiltig entschloß, selbst Herausgeber zu werden, und dazu wird ihn wohl vor allen Dingen eine ihm angeborene Liebe zum Geld bestimmt haben, die, wie späterhin oft berichtet wurde, in einen unglaublichen Geiz ausartete. Der Hinweis soll hier nicht fehlen, daß Reichardts Kenntnis von dem Beruf des Lyonnaiser Bürgers — das kann nicht aus Cramers »Mag. d. Mus.« geschöpft sein — seinen Zeilen das Ansehen ausreichender Begründung gibt; doch darf dies wohl für den Zusatz, Clementi sei (natürlich 1792) nach Spanien gegangen, nicht beansprucht werden. Von einer solchen Reise ist nichts bekannt, ganz abgesehen davon, daß der Künstler noch spät in der Saison im 11. Professional Concert seine Symphonie aufführen ließ, wobei seine Anwesenheit wohl vorauszusetzen ist. —

Mehr als zur Zeit von Haydns Aufenthalt in London scheint Clementi wieder in das öffentliche musikalische Leben gezogen worden zu sein, als jener im Sommer 1792 wieder in das heimatliche Wien zurückgekehrt war; ja sogar das Amt Haydns am Klavier in den Salomonkonzerten scheint man Clementi übertragen zu haben; mehr als ein Umstand deutet darauf hin. Zwar berichten die Zeitungen dieses Jahres 1793 nichts ausdrücklich dafür, aber auch nichts dagegen. Was alles dafür spricht, soll hier nicht vorausgenommen werden; es ergibt sich aus den folgenden Betrachtungen. Doch sei schon hier eine Stelle aus einer »Berichtigung als Beitrag zur Geschichte der Musik« [1]) mitgeteilt, die, wenn auch nicht unbedingt, so doch wesentlich dafür spricht, daß Clementi den dauernden Vorsitz am Klavier bei den Salomonkonzerten im Jahre 1793 innehatte: »Die erwähnten [für Salomon komponierten Haydnschen] Symphonien habe ich, im zweiten Jahrgange, im Winter 1793 gehört, und wie in dem so eben berührten Andante der Paukenschlag erfolgte, wurde abermals das ganze Auditorium auf das Heftigste erschüttert, was besonders bei den Damen der Fall war. Diesesmal hatte jedoch Clementi Haydns Stelle bei dem Flügel eingenommen, und kann ich hier noch anführen, daß ich nie etwas Vollkommeneres gehört habe, als diese Konzerte...«

Hatten die »Fachmusiker« als »occasional performers« schon eine ganze Anzahl Künstler anzeigen können — Dussek, Miss Parke, Cramer d. j. (Klavier), Signora Storace, Miss Parke, Miss Poole, Mr. Nield und Madame Dussek (geb. Miss Corri), endlich Giornovichi (die letzten werden für ständig engagiert gewesen sein) —, so zeigte gleich das Programm des ersten Salomonkonzerts (am 7. Februar), wie man sich anstrengte, das Unternehmen auf der Höhe zu erhalten:

Part I.

Grand Overture, M. S. Gyrowetz.

Aria, Signor Bruni (being his first Performance at any Concert in this country).

---

[1]) Sie wurde eingerückt von dem Klavierlehrer J. Chr. Firnhaber in den »Freimüthigen« 1825 (S. 960) und wurde durch eine falsch überlieferte Anekdote über die Symphonie mit dem Paukenschlage von Haydn verursacht. S. darüber meine »Haydn-Studien«. I. Musikal. Wochenbl. 1909. Nr. 24, S. 317/8.

Concerto, Oboe, Sigr. Besozzi (being his first Performance in this Country).

Aria, Madame Mara.

New Concerto, Violin, Signor Viotti (being hist first public performance in this country).

Part II.

Grand Overture, M. S. Haydn.

Scena, Signor Bruni.

Concertante M. S. for Violin, Tenor, Violoncello, Oboe & Bassoon — Gyrowetz.

Scena, Madame Mara.

Grand Symphony M. S. Haydn.

Der folgende Abend Salomons machte die Subskribenten seiner Konzerte mit einem jungen Talent, dem elfjährigen August Bertini, bekannt, der, ein Schüler Clementis, diesem auch den Weg in die Öffentlichkeit verdankte. Das Programm dieses am 14. Februar veranstalteten Konzertes zeigte sein Auftreten (in der ersten Abteilung) folgendermaßen an: »Sonata Pianoforte — M. Bertini, Being his first performance in this country — Clementi.«

Benoît Auguste Bertini ist im Jahre 1780 zu Paris geboren. Er wandte sich, nachdem er bereits von seinem Vater den Anfangsunterricht genossen hatte, im Januar 1793 nach London, wurde da von Clementi im Klavierspiel und vor allem auch in der Komposition sechs Jahre lang unterrichtet und lehrte später seinen Bruder Henri (* 1798), der berühmter als er selbst wurde, nach seines Lehrmeisters Methode.

Der Bericht seines Namensvetters Ab. Giuseppe Bertini über Clementi ist, soweit er ihm von obigem Bertini selbst übermittelt wurde, so fesselnd, daß er hier nicht übergangen werden darf:

»Ecco quello che un degno allievo di Clementi (Mr. Bertini di Parigi) ha scritto al suo illustre maestro: ‚I pezzi che Clementi ha composti fannosi rimarcare per la saviezza del piano e la dispositione dell'idée. Il suo stile in generale è severo e sempre puro; le sue composizione sono brillanti, dotte, aggradevoli. Egli ha fatte molte sinfonie, che sono ammirate dagl'intendenti. La sua esecuzione è brillante edi moltissimo gusto, nè stanca giammai il sentirlo sul forte-piano: Egli improvisa in maniera a far credere che il tutto sia scritto. Alla testa de'suoi allievi distinti che ha formati, por si debbono Cramer, Field, madama Bartholozzi ed altri. Clementi, mentre era in Francia, era molto economo ne'suoi abiti; in sua casa viveva con somma sobrietà, ma amava moltissimo di essere ben trattato in casa altrui. Aveva dello spirito, delle cognizioni; era affabile, obbligante, buon amico, e incapace totalmente di gelosia e d'invidia.'« [1])

Wir werden manchen der kleinen Züge, die hier Bertini beschreibt, an späteren Stellen bestätigt finden.

Als Komponist trat Clementi eine Woche nach dem zuletzt angeführten Konzert wiederum mit einer »New Overture, M. S.« hervor; sie wurde mit solchem Erfolg aufgeführt, daß man sich entschloß, sie an dem folgenden Abend, am 28. Februar, zu wiederholen. Gleich am Anfang des ersten Teils verzeichnete das Programm: »By particular desire, the New Overture M. S. Clementi, as performed last Thursday.« Der Morning Chronicle bringt von dem Konzert eine Kritik, deren Kürze schon daraus ermessen werden kann, daß sie Clementis Werk mit keinem Worte erwähnt. Daß der Krumpholtz, die ein Harfensolo vortrug, »leider eine Saite sprang«, scheint dem Berichterstatter wichtiger gewesen zu sein. Von den übrigen für uns hier beachtenswerten Konzerten muß vor allem des Benefizkonzertes von Yaniewicz am 17. April gedacht werden: ,Leader of the Band Mr. Salomon. Mr. Clementi will be at the Harpsichord.' Mr. Dusseck (sein Name ist meist so geschrieben!) spielte ein Klavierkonzert, Mrs. Dusseck sang zwei Arien.

---

[1]) Choron & Fayolle brachten in ihrem Lexikon, obgleich sie schreiben, Bertini habe ihnen den Bericht selbst mitgeteilt, nur die französische Übersetzung der Stelle.

Sehr wahrscheinlich ist es, daß der Künstler auch im
Benefizabend Viottis am 26. April als Kapellmeister tätig
war. Jedenfalls setzten sich die andern Mitwirkenden aus
denen der Konzerte Salomons zusammen, der selbst auch
dirigierte. Da der leitende Klavierspieler nicht genannt ist,
liegt es wohl sehr nahe, an Clementi zu denken, zumal da
das Benefiz allem Anschein nach, wie es Salomon mit
seinen bedeutendsten Mitwirkenden (so auch mit Haydn) zu
halten pflegte, vertraglich vereinbart war.

Den Ruhm als Solospieler tritt nun Clementi mehr
und mehr an seine besten Schüler ab, besonders natürlich an Cramer und Bertini. Kurz vor der Neige der
Konzertzeit prangt der neue Schüler Clementis noch einmal auf einem Programm eines Wohltätigkeitskonzertes für
einen Chevalier D'Houdetot (am 21. Mai): »Concerto
Grand Pianoforte, Master Bertini, aged 11 years, Bertins[1].«
— Mit dem letzten Salomonkonzert am 27. Mai wird
auch Clementi seine öffentliche Tätigkeit in diesem Jahre
1793 abgeschlossen haben.

Durch die zweite Reise Haydns nach London wurde
Clementi natürlich wieder, wenigstens im ersten Jahre, in
den Salomonkonzerten überflüssig! So tritt er denn in
den beiden kommenden Jahren, besonders eben im ersten,
1794, beinahe ganz in den Hintergrund. Pohl erzählt, daß
er damals in den in London sehr beliebten »Readings
and music« (S. 238) den Komponisten Raimondi als
Kapellmeister am Klavier unterstützt habe. (Ich habe darüber
nichts entdecken können). Ende der Konzertzeit wirkte er
wieder einmal im Benefizkonzert Barthelemons mit, worin
auch der junge John Field, dessen noch häufig gedacht
werden wird, eine Sonate spielte. Field, von dem wir nicht
genau wissen, wann sein Unterricht bei Clementi begann,
hatte als »Master Field« schon früher, am 23. Mai, Mr. Lee

---

[1]) Dieser Komponistenname soll wohl auch »Bertini« heißen,
Allerdings ist nun nicht ganz gewiß, ob das Konzert vom Vater
oder Sohn herrührte.

in dessen Konzert, das »mit Erlaubnis des Lord Chamberlain« stattfand, mit einem Klavierkonzert unterstützt; Bertini[1]) war indes bereits am 12. Mai im letzten (12.) Salomonkonzert von neuem vor die Öffentlichkeit getreten. Mit dem folgenden Jahre verlegte Salomon seine Abende ins King's Theatre; er gab diesmal deren nur neun unter dem Namen »Opera Concerts«. Als Komponisten nannte er in seiner Ankündigung gleich vier: »Dr. Haydn, Mr. Martini, Mr. Bianchi, Mr. Clementi, von denen es mindestens zwei neue Musikstücke für jedes Konzert geben wird.« Indes sind nur die Programme der vier ersten Konzerte in den Zeitungen aufzufinden, und Clementi ist darin nur einmal, im 2., am 16. Februar, nachweisbar. Die Mitwirkenden und ihre Vortragsstücke waren wie folgt: Overture M. S., Frederici. Song, Sign. Brida; Andreozzi.[2]) Duetto, Mr. Salomon and Mr. Viotti; Viotti. Song, Madame Morichelli, composed here for the occasion; Martini. New Grand Symphony, composed for the occasion, Clementi (1. Teil). — Grand Overture, M. S., Dr. Haydn. New Cantata, Madame Banti, composed for the occasion; Bianchi. Concertone, Double Bass, Dragonetti; Dragonetti. Song, Madame Banti; Bianchi. Finale (2. Teil). —

Madame Mara gab in diesem Jahre zwei eigene Konzerte; im ersten wirkte Clementi am Klavier und als Komponist mit einer »New Grand Overture, M. S.« mit, Yaniewicz an der ersten Violine. Das Programm findet sich bei Pohl S. 235/6. Haydn notierte sich gerade hierüber zwei verschiedene Stellen in sein Tagebuch:

»Den 24. Mertz 795 gab Mara in Hannover Square ihre Benefice Music. geniewish Dirigirte. Clementi sass am clavier. Sie mußte die Zech bezahlen.« Und das andere Mal: »Den 24ten Mertz 795 gab Mara, da Sie aus Bath

---

[1]) Er ist »Bertim« gedruckt. Es ist aber ohne Zweifel der obige gemeint: Die Zeitungen wimmeln von Druckfehlern in den Namen.

[2]) Ein zweiter Name nach einem Vortragsstück bedeutet hier immer den Komponisten.

zurück kam — ein Benefice Melodien in Hannovers Room.
Sie hatte aber nicht mehr denn 60 persohnen. man sagte,
daß sie niemals besser sang, als damahls. Janiowich dirigierte. Mr. Clementi saß am Klavier, machte seine grosse
neue Sinfonie ohne beyfall. nach geendigtem Concert gab
Madame Mara im nebenzimmer ein Soupé. nach 12 Uhr
kommt der Mr. Mara ganz dreist zur thüre [herein], trat
vor, und begehrte ein glas wein. Da Madame Mara die
Raserey Ihres Mannes wohl einsah, welche da entstehen
konnte, wendete sich an Ihren Advokaten, [welcher] soeben
am Tische war und welcher sagte zu Mr. Mara: Sie wissen
unsere Gesetze, Sie werden die Güte haben, augenblick-
lich, dieß zimmer zu quittieren, ansonst Sie morgen 200 *ll*
zu bezahlen haben. der arme verließ die Gesellschaft.
Madame Mara, sein weib, fuhr den andern tag mit Ihrem
Cicisbeo nach Bath, allein Ihr eigensinn, denke ich, macht
Sie verächtlich bey der ganzen Nation: Mr. Florio. — « [1])
　　Über ein zweites Konzert erfährt man einzig aus dem
Tagebuch Haydns (Die Zeitungen schweigen darüber):
　　»Madame Mara gab ein 2tes Concert unter dem nahmen
des Hrn. Flautenspieler Ash. [2]) das Hauß war ziemlich voll.
ich saß am Clavier.« —
　　Bevor Haydn London verließ, erhielt er von seinen
Verehrern manches Andenken zum Zeichen ihrer Hoch-

---

[1]) Maras Gatte, mit dem sie früher sehr oft konzertiert hatte,
war ein Trunkenbold. Ihre Ehe wurde 1799 geschieden; der
Mann verkam in Holland. Oft hingen die Zeitungen den meist
wohl durchaus begründeten Klatsch über die beiden an die
große Glocke. — Mr. Florio, der »Cicisbeo«, der Mara, war der
langjährige Begleiter auf ihren Konzertreisen; sie begünstigte
ihn, den wir als Flötisten bereits kennen, und sang Lieder von
ihm, obgleich er nicht gerade gerühmt wurde.
[2]) Ash [oder Ashe] ist von Haydn richtig geschrieben; Joh.
Ev. Engl, der 1909 Haydns Tagebuch mit Anmerkungen veröffentlichte und nach dem die Tagebuchstellen hier gegeben sind,
will »Ashley« ergänzen; die Familie Ashley besitzt keinen Flötenspieler, während Ash(e) ein bekannter Vertreter dieses Instru-
mentes war. —

schätzung. Auch Clementi fehlte nicht; sein Geschenk bestand in einem Becher aus Kokosnuß, der mit kunstvoller
Silberarbeit beschlagen war. Es war nicht das letzte
Mal, daß er dem alten Meister von Angesicht zu Angesicht
gegenübertrat. Noch einmal werden wir, kurz vor dessen
Tode, darauf zu sprechen kommen. —
   Es gelang Salomon nicht mehr, Haydn zu erneuter
Mitwirkung in seinen Konzerten zu bewegen. Clementi
nahm daher im Jahre 1796 wiederum den Platz am Flügel
ein, und gleich in der ersten Anzeige, die die Mitwirkenden nannte (Morning Chronicle« vom 23. Januar d. J.),
wird, nachdem »außer einem äußerst vorzüglichen ausländischen Sänger, mit dem Herr Salomon in Unter-
handlung steht,« die Mara, Braham, Miss Dufour und Herr
Juliac aufgeführt sind, weiter gemeldet: »Mr. Clementi will
be at the Pianoforte, and furnish the concert with new
Compositions.« Die hauptsächlichsten sonstigen in der Ankündigung angeführten Instrumentalisten waren, natürlich
außer Salomon selbst: Janievicz (Violine), Parke (Oboe),
die Damen Dussek und Delaval (Harfe) und Dussek und
J. B. Cramer (Klavier).
   Bei der Erwähnung dieser Konzerte in seinen »Musical
Memories« gedenkt W. T. Parke einer von Clementi
selbst vorgetragenen Sonate, wovon ich allerdings keine
Spur entdecken konnte. Wenn, wie es bei Parke scheint,
diese Sonate im ersten Konzert gespielt wurde, müßte
irgend eine Programmänderung vorgenommen worden
sein, vorausgesetzt, daß die Notiz des genannten Ge-
währsmannes nicht auf einem Irrtum beruht; denn
das Programm dieses ersten Abends vom 18. Februar
schließt lediglich folgende Kompositionen und Solisten ein:
»New Ouverture to Windsor Castle« von Salomon, eine
von Miss Dufour vorgetragene Arie, ein Cellokonzert, von
Schramm gespielt, eine Arie der Mara, ein »New Concerto« für Klavier von J. B. Cramer, und im letzten Teil:
eine »Grand Ouverture« (M. S.) von Haydn, eine von
Juliac gesungene Arie, ein »New Concerto« von Janiewicz,

eine »Scena« der Mara und das übliche Finale. Lesen wir aber trotzdem die wenigen Worte von diesem angeblichen Sonatenspiel, sowie die längere sich daran schließende Schilderung, die ein paar Proben Clementischer Zerstreutheit bietet, wovon wir sonst nur seltene Nachrichten haben (a. a. O. I, S. 216ff):

»Clementi .... performed a sonata with his accoustumed brillancy of execution. Clementi, owing to intense study, had become an extremely absent man; so much so that he had gone out in the morning with a black and a white stocking on; but because he had never gone out without any at all, some of his friends considered his absence were affectation. But I am inclined to think the following fact will prove they were in error. Clementi and Crosdill[1]) were together on a visit in the summer to the Earl of Pembroke at his fine seat at Wilton.[2]) A prominent ornament in this park is a beautiful and extensive sheet of water, in which, one sultry evening, they agreed to recreate themselves in the water a certain time, Crosdill retired to the dressing rooms, erected on the margin of the lake; but Clementi, expressing his intention to remain longer, the former having dressed himself, and being one of those who entertained doubts whether Clementi's absence was real or assumed, determined to embrace the opportunity, which then offered of ascertaining the circumstance, and therefore privately conveyed Clementi's shirt into the house; of which frolic he informed Lord Pembroke, who appeared to enjoy the joke exceedingly. At the expiration of half an hour Clementi returned, perfectly dressed as he believed, and while he was expatiating largely on the pleasure he had received by his immersion, a gentle-

---

[1]) John Crosdill war einer der innigsten Freunde Clementis. Er war 1755 zu London geboren, studierte unter B. Cooke und J. Robinson, ging vom Violinspieler mehr und mehr zum Cellisten über, heiratete 1790 und zog sich darauf ins Privatleben zurück. Er starb im Oktober 1825 zu Escrick, Yorkshire.

[2]) Wilton liegt in Wiltshire, südwestlich von London.

man and his lady (friends of the peer) arrived on an evening visit. After the usual introductions had taken place, the lady expressed a desire to hear Clementi play one of his own sonatas on the pianoforte, to which he readily assented. Having taken his seat, and fidgeted a little in his peculiar way, he played the first movement of one of his most difficult pieces, and was about to begin the adagio, when, being oppressed whit heat, he unconsciously unbuttoned nearly the whole of his waistcoat, and was proceeding, when the lady, greatly surprised, hastily retired to the farthest part of the room, while Lord Pembroke, almost convulsed with laughter, apprised Clementi of his situation, who, staring wildly, darted out of the room, and could not by any intreaties be prevailed on to rejoin the party.«

Nach dieser kleinen lustigen Unterbrechung wollen wir zur Erzählung der weiteren Mitwirkungen Clementis in den diesjährigen Konzerten Salomons zurückkehren. Clementi hatte sich, wie der Leser gemerkt haben wird, nach und nach des solistischen Auftretens entwöhnt. Dem kann gleich hinzugefügt werden, daß, falls Parke mit seiner obigen Behauptung recht hat, jener Vortrag einer Sonate Clementi zum letztenmal auf das Podium als Solospieler in einem öffentlichen Konzert führte, wenigstens soweit wir Kenntnis hiervon haben können. So verzichtete der erst in den besten Mannesjahren stehende Meister, nachdem er seit Mozarts erst vor wenigen Jahren erfolgtem Ableben keinen Nebenbuhler mehr auf der ganzen Erde gehabt hatte, freiwillig auf den Ruhm des bedeutendsten lebenden Pianisten zugunsten anderer Absichten, die wir schon angedeutet haben und uns später noch eingehend genug vor Augen führen werden.

Wir treffen den Meister also dieses Jahr nur noch als Kapellmeister am Klavier sowie als Komponisten an, in dieser Eigenschaft jedoch auch nur mit einer einzigen neuen Symphonie im dritten Konzert, die auf lange Jahre hinaus die letzte von ihm neu aufgeführte sein sollte. Lesen wir das

Programm dieses dritten Abends vom 3. März (das Konzert fand in Hanover Square statt):

Part I.
Overture, Kozeluch.
Song, Mr. Braham.
Concerto Oboe, Mr. W. Parke.
Song, Madam Mara.
New Grand Symphony (M. S.) Clementi.

Part II.
Grand Overture M. S., Haydn.
Song, Mr. Braham.
Concerto P. F. Mr. Dusseck.
Scena, Madame Mara.
Finale.

Noch findet sich die Nachricht von der Aufführung einer für das vorige Jahr komponierten Symphonie im 6. Konzert (31. März), dessen Programm anziehend genug ist, um es ebenfalls ganz zu sehen:

Part I.
Overture, Kozeluch.
Song, Mr. Braham,
Concerto Bassoon.
Song, Madam Mara.
Grand Symphony (M. S.), Clementi.

Part II.
Grand Overture (M. S.), Haydn.
Song, Mr. Braham, with Bassoon obl. by Mr. Holmes.
Concerto, Piano Forte, Mr. J. Cramer.
Scena, Madam Mara.
Finale.

Die Besprechung des Morning Chronicle vom 3. April ist zwar wie üblich nicht sehr ausführlich, aber doch in ihren Einzelheiten fesselnd genug:

»A grand Symphony by Clementi, written for the Opera Concert last Season, was performed with alterations this [sixth] evening; and produced a very sensible and captivating effect. The second movement was loudly encored; and not only the Musicians and Conoisseurs, but the whole room, were equally warm in their expression of pleasure and approbation.

Braham delighted his hearers in his second Song; in which he was accompagnied with great effect by Holmes, on the Bassoon.

Madame Mara is not yet quite recovered her usual powers, though enough so to be heard with no common degree of pleasure.

Mr. J. Cramer every time he is heard establishes the conviction, that, for brilliancy of execution and delicacy of touch, no man, perhaps, is his superior.

The enjoyment of the whole evening was great; and it is but justice to say, that the Public are highly indebted to the spirit, talents and taste of Salomon, and that he has established a very charming and capital Concert.«

Noch fand ich von diesem Jahre die Ankündigung des letzten Salomonkonzertes vom 18. Mai, das aber ein Extraabend gewesen zu sein scheint, da es als Benefiz des Konzertveranstalters angekündigt wurde. Dieser ist endlich samt Clementi, der natürlich bei jenem Konzert am Klavier saß, der Leiter des Benefizes von Mr. Ashe am 6. Juni, worin Madame Mara und Mr. Braham wieder mitwirkten und Haydn's »Grand Manuskript Sinfonia, The Surprize« aufgeführt wurde, wie es hieß, »by permission of Mr. Salomon«, dessen Eigentum sie mit den anderen Londoner Symphonien geworden war. Außerdem kündigt die ausführlichere eigentliche Anzeige — das Genannte wurde einer Vorankündigung entnommen — an, daß das Programm »(by particular desire) the new Concerto, Pianoforte, composed for, and performed at Mr. Jarniwicz's Concert, with the most enthusiastic applause, by Mr. Cramer«, von diesem selbst gespielt, enthalten solle. —

Wir können uns über die Konzerte vom Jahre 1797 ab kurz fassen, da sich Clementi mit dem zuletzt besprochenen auf lange Zeit hinaus überhaupt jeglicher öffentlichen künstlerischen Wirksamkeit begab. Es wäre dazu für ihn, da er ja, wie gesagt, auf solistische Tätigkeit schon vorher verzichtet hatte, in diesem Jahre auch wenig Gelegenheit vorhanden gewesen; denn weder Salomon noch die Fachmusiker waren geneigt, ihre Konzerte anzukündigen. Die beiden Londoner Reisen Haydns waren eben ein Höhepunkt im Londoner Konzertleben gewesen, der sicher viel mit Schuld daran war, daß die musikalische Welt die Konzerte weniger besuchte. Wen hätten die einzelnen Institute auch an Stelle eines Haydn verpflichten sollen? Mozart war heimgegangen, Beethoven auswärts noch so gut wie unbekannt; die einheimischen Komponisten konnten sich, abgesehen davon, daß überhaupt nur ein auf dem Festland erworbener Ruhm das nötige Aufsehen hätte erregen können, nicht im geringsten mit einem Haydn messen. So mußte denn die Londoner Konzertflut stauen. Daher soll von der mäßigen Anzahl Konzerte von 1797 nur ein Benefizabend Salomons festgestellt werden, und das nächste Jahr sei ganz überschlagen.

Es ist nun an der Zeit, eines neuen Schülers Clementis zu gedenken, der vielleicht der bedeutendste war, der aus seiner Schule hervorging. Es ist John Field[1]), der bereits 1794 (in Mr. Lees Benefizabend am 23. Mai) zum erstenmal aufgetreten war (vgl. oben S. 82/3). Doch damals war er schwerlich schon in Clementis Lehre; denn erst das Jahr 1799 verzeichnet ihn — in der Zwischenzeit scheint er sich hauptsächlich seiner Ausbildung gewidmet zu haben — als »Pupil of Mr. Clementi«.

Von diesem Jahre 1799 ab war der junge Field ziemlich häufig als Solist in den verschiedenen Konzerten tätig. So enthält das Programm der Aufführung, die am 7. Februar d. J. für den »New Musical Fund« im Haymarket-Theater stattfand und fast ausschließlich Händelsche Werke aufwies (Leader: Cramer, Organist: Greatorex), seinen Namen in

---

[1]) Sein Vater kam etwa 1792/3 von Bath nach London und wirkte an einem Theater als Instrumentalist.

der zweiten Abteilung mit folgenden näheren Angaben:
»Concerto, Grand Forte Piano, Master Field (a Pupil of
Mr. Clementi), being hist first public Performance at this
Theatre (composed for the occasion) — Field.« Außer-
dem wirkte er in den Benefizkonzerten von »Master Pinto [1]),
pupil of Mr. Salomon,« am 27. Mai sowie von einem
Mr. Hyde am 5. Juni mit je einem Konzerte mit, dessen
Komponist, da nichts weiter angegeben, er möglicherweise
wieder selbst war. [2])

Im nächsten Jahre, 1800, als die Zeitungen die Anzeige
von zwölf Subskriptionskonzerten Raimondis in Willi's
Rooms bringen, sind unter den gelegentlich auftretenden
Solisten auch Mrs. Dussek und Master Field mit aufgezählt.
Der Unternehmer selbst wirkte als Dirigent, ein F. Damiani
als Harpsichordspieler. Bereits am zweiten, am 21. Februar
stattfindenden Abend, wo auch Frau Mara zweimal das
Podium betrat, hatte man Gelegenheit, ein Konzert auf
dem Klavier von Field spielen zu hören. Daß er aber
schon nicht mehr bloß gelegentlicher Solist des Unternehmens war, beweisen die übrigen Konzertzettel, worauf
sein Name sehr oft vertreten ist, und zwar gleich wieder
am 7. März mit folgendem Wortlaut der Anzeige: »Concerto
Piano Forte, Master Field (by particular Desire the same
as on the 2^d Night), of his own composition«; dann hörte
man ihn am 21. März mit einer Sonate, am 25. April mit
einem »new Concerto« und ebenfalls mit einem Konzert

---

[1]) Pinto, George Frederic, geb. 1786, ein Freund Fields,
dem er auch eine Sonate widmete, starb mit jungen Jahren infolge einer Erkältung, die er sich während einer Konzertreise
nach Birmingham zugezogen hatte, in little Chelsea-London
(23. März 1806, s. Pohl, H. i. L. S. 239 f.). Der gleich zu erwähnende Hyde wird der Komponist und Trompeter gewesen sein.

[2]) Ein im Brit. Museum liegender, an Clementi von Bernhard Romberg, dem bekannten Cellisten und Komponisten, gerichteter Brief vom 30. Aug. 1802 aus Petersburg verrät, daß
dieser auf seiner Reise nach London im Jahre 1799 auch Clementi
kennen gelernt hatte und sucht mit ihm geschäftliche Beziehungen
anzuknüpfen.

am 6. Mai in diesen Subskriptionsaufführungen. Und als Raimondi seinen eigenen Benefizabend (am 19. Mai an derselben Stelle) hatte, ließ er es sich nicht nehmen, wiederum den jungen Künstler zum Spiel eines Klavierkonzertes heranzuziehen. Aber auch andere Benefizveranstalter sicherten sich seine Mitwirkung, so Salomon an seinem Abend am 10. März, wo auch Frau Mara sang und Master Field also mit Master Pinto zusammen »auf besonderen Wunsch« eine Sonata Concertante spielte. Gerade eine Woche später, als ein Mr. Lebedeff aus Rußland, ein Cellist, ein »Miscellaneous Concert« gab, wirkten beide Jünglinge wieder mit, diesmal jeder einzeln mit einem Konzerte für sein Instrument, ferner ist Field als Spieler eines Konzerts und Begleiter eines »Glee« in dem Abend von Mr. Hyde am 26. Mai und in dem von Mr. Lee am 6. Juni wiederum als Spieler eines Klavierkonzertes auf dem Konzertzettel vertreten. Endlich war er als Mitwirkender in der Aufführung eines Harmonic Lyceum (Leader: Raimondi) und zwar als Begleiter eines von einem Mons. de Marin komponierten und auf der Violine gespielten »Duetts« (also wohl einer Violinsonate) sowie als Solospieler einer Sonate beschäftigt.

Im nächsten Jahre trat er nicht so häufig wie 1800 hervor; indes ist eine einigermaßen vollständige Feststellung der Abende, wo er mitwirkte, schon deshalb ausgeschlossen, weil in den Zeitungen eine Anzahl Programme der von Salomon für 1801 angekündigten Subskriptionskonzerte fehlt. Außer Fields Auftreten in zwei Oratorienaufführungen unter Leitung von Ashley, und zwar am 25. Februar am Schluß der ersten Abteilung des »Messias« mit einem Klavierkonzert und am 6. März am Schluß der zweiten Abteilung der von Ashley wiederholten »Schöpfung« mit einem gleichen Werk, konnte deshalb nur für folgende Konzerte seine Mitwirkung festgestellt werden: Für das zweite Konzert Salomons am 16. April (»Neues Klavierkonzert«), für den Benefizabend Dragonettis am 20. April (Konzert) und endlich für den Raimondis am 27. April (Sonate). Im folgenden Jahre 1802 jedoch,

wo wir von seiner, allerdings erst im Sommer stattfindenden
Reise mit Clementi auf das Festland noch vernehmen werden,
schweigen die Zeitungen merkwürdigerweise über öffentliches Spiel des jungen Pianisten vollständig. Sicher ist
es aber, daß Field damit gemeint war, als die Allg. Mus.
Zeitung in ihrer Nummer vom 22. September 1802, zu
einer Zeit, wo weder Field noch Clementi mehr in England
weilten, die kleine Notiz brachte: »Der berühmte Clementi
in London soll jetzt einen jungen Tonkünstler bilden, der
Hoffnung gibt, im Klavierspiel alles zu übertreffen, was
man bisher kennt.«

Es ist nicht nebensächlich, aus Londoner Zeitungen
zu erfahren, daß der Clementischüler, der selbst noch
längere Zeit unter seines Lehrers Aufsicht blieb, auch schon
Schüler heranzog. So weist nämlich das Programm eines
Oratorienabends am 5. März 1802 am Schluß des ersten
Teils folgende Vorführung auf: A Concerto on the grand
Piano Forte by Mr. Neate (pupil of Mr. Field).

Charles Neate, geboren am 28. März 1784, war ein
guter Freund und Mitschüler Fields bei William Sharp in
London gewesen; wie das Progamm des obigen Konzertes
jedoch ausweist, muß er seines Freundes Bedeutung frühzeitig neidlos gewürdigt haben, so daß er sich dessen
Leitung anvertraute. — Außer in der Wiederholung derselben Aufführung am 17. März ist sein Name (wieder mit
einem Konzert) auf dem Programm am 2. April bei Gelegenheit einer Aufführung des Messias verzeichnet.

Es sei nun aber endlich der Faden unserer eigentlichen
Erzählung wieder aufgenommen.

Wir hatten bereits einmal Gelegenheit, zu sehen, daß
Clementi sich mit geschäftlichen Dingen befaßte, indem er
ein paar seiner Werke auf seine eigenen Kosten hatte
stechen lassen. Dies nahm jedoch gar bald ein Ende;
denn noch war er zu sehr inmitten des Londoner Musiklebens gestanden, als daß er sich schon in jenen Jahren
seines glänzenden Virtuosenruhms hätte begeben mögen.
Nun näherte er sich aber bereits den Jahren, wo auch so

mancher Virtuos ein Philosoph wird, die Leere des lauten
Beifalls der Menge einsehen lernt und sie vielleicht gar
mit etwas anderm auszufüllen bestrebt ist — wobei allerdings nicht übergangen werden soll, daß mancher wohl
auch von der Anzahl seiner Jahre zum Philosophen gezwungen wird. Daß das aber bei Clementi, als er sich
fast ausschließlich geschäftlichen Dingen zuwandte, nicht
der Fall war, darf für uns feststehen. Hatte er eben doch
schon in jüngeren Jahren den Anlauf zu geschäftlicher
Tätigkeit gemacht; zudem besaß er eine körperliche Festig-
keit, die ihn, der doch immerhin erst an die fünfzig Jahre
alt war, sicherlich noch nicht zum Aufgeben der Konzerttätigkeit zwang.

Wir dürfen wohl in der Erkenntnis des Wahns bloßen
Virtuosenruhms einen der Gründe für Clementis Ab-
wendung von den Konzerttournieren sehen. Wir werden
aber auch zugeben müssen, daß dabei doch noch ein
anderer Grund — und zwar vielleicht in bedeutend stärkerem
Grade — obwaltete, nämlich der ihm eingewurzelte Hang
nach Gut und Geld.

Um das einigermaßen verstehen zu können, muß man
sich eimal den bisherigen Verlauf seines Lebens kurz in
das Gedächtnis zurückrufen. Als Sohn wahrscheinlich
wenig bemittelter Eltern hatte er im Hause Beckfords alle
jene Bequemlichkeiten, die der Reichtum gewährt, kennen
und schätzen gelernt, und die Engländer hatte er wie in
jeder Beziehung, so auch in künstlerischer, die materiellen
Seiten hervorkehren sehen, wie es nirgends mehr hätte der
Fall sein können. Dazu kam die allgemeine gesellschaft-
liche Mißachtung des Künstlers, die er nicht nur in London,
sondern auch bei Gelegenheit seiner Lyonnaiser Liebes-
angelegenheit hatte erfahren müssen.[1]) Diese Umstände

---

[1]) Wie Clementis Ansehen durch seine Beteiligung an geschäftlichen Unternehmungen und seinen Verzicht auf öffentliches
Spiel einen bedeutenden Umschwung zu seinen Gunsten erfuhr,
deutet ein Londoner Berichterstatter deutscher Abkunft in der
»Allg. Mus. Zeitg.« nur wenige Jahre später (1805, VII, S. 473)

waren für einen Mann, der von vornherein einige Anlage
zu sparsamer Lebensführung besaß, sicherlich geeignet, sie
mehr und mehr zu einem unwiderstehlichen Verlangen
nach Besitz zu entfalten.

Die Zeit, wo sich Clementi von seiner Mitwirkung in
Konzerten zurückzog, fällt ungefähr mit dem eigentlichen
Anfang seiner Verlagstätigkeit zusammen, worüber wir
einigermaßen durch einen ersten Brief an Artaria & Co. in
Wien — er sollte die geschäftliche Verbindung zwischen
beiden Häusern einleiten — unterrichtet sind. »Essendomi
assiociato con Longman, Hyde[1]) ed altri,« schrieb er
an das Wiener Haus am 21. Dezember 1798, »avrei
piacere di entrare in correspondenza con voi Signori . . .«
Und derselbe Brief verrät, abgesehen von einigen geschäftlichen Vorschlägen, des weiteren, daß der Schreiber
die Gelegenheit benutzte, um, scheinbar auch aus geschäftlichen Gründen, an Gyrowetz, der seit kurzem in
Wien weilte, zu gleicher Zeit einen Brief zu befördern.
Wenn auch aus dieser frühen Zeit weitere Urkunden, die
das Zusammenarbeiten der beiden Verlagshäuser bestätigen,
fehlen, so dürfen wir keineswegs an dieser Tatsache zweifeln;
denn nicht allein, daß wir darauf aus ein paar Briefen
Haydns an Artarias schließen müssen, sondern auch
Clementis späterer Aufenthalt im Hause des Wiener Verlegers ist nur bei ihrem freundschaftlichen Verhältnis be-
greiflich.

---

an. Nachdem er die Unmöglichkeit von »Liebhaberkonzerten«
in London damit begründet hat, daß es der wohlerzogene Engländer aus gutem Hause unter seiner Würde halte, mit Musikern,
die, wenn sie auch von noch so großer Bedeutung wären, doch
immer »Fiddlers« blieben, oder auch allein aufzutreten, fährt er
mit Bezug auf Clementi fort: »Männer, wie Clementi stehen
zwar in Achtung: aber namentlich dieser, weil man ihn als einen
geschickten Mechaniker, großen Instrumenten-Fabrikanten und
Musikhändler kennet, wobei man sichs gefallen lassen kann, daß
er, wie man meinet, auch nebenbei komponirt und spielet,
aber — und das ist ein Hauptmoment — nicht öffentlich. . . .«
[1]) Hyde ist sicher der früher genannte Trompetespieler.

Nun einige Worte über das Verlagshaus selbst, woran
Clementi teilhatte. Die ursprüngliche Firma war »Longman & Broderip«; sie wurde nunmehr (seit 1799) in Longman, Clementi & Co. umgewandelt, wobei aber Broderip
stiller Teilhaber blieb, was auch der genannte Frederick
Augustus Hyde war.[1]) Mit dem Musikverlag war zugleich
eine Musikalienhandlung sowie eine große Instrumenten-,
besonders Klavierfabrik verbunden. Das Hauptgeschäft lag
in der Cheapside, Nr. 26, Zweiggeschäfte auf dem Haymarket und Tottenham-Court-Road.

Der Gründe dafür, daß Clementi's Teilhaberschaft dem
schon lange bestehenden Hause Longman & Broderip
sehr willkommen war, werden zwei gewesen sein.
Erstens ist es ja klar, daß sein Name an und für sich ein
empfehlendes Lockmittel war, zum andern hat man alle
Ursache anzunehmen, daß Clementi außer seinem Namen
auch ein ansehnliches Kapital, den Ertrag seiner Kompositionen und Konzerte, beizusteuern vermochte.

Es war aber von dem Meister verfehlt gewesen, sich
gerade mit Longman & Broderip zu verbinden; denn bereits anfangs des Jahres 1800, also nach Verlauf von noch
nicht zwei Jahren, machten diese beiden Verleger Konkurs,
und die Teilhaber verloren einen Teil ihres Einlagekapitals.
Die in der »London Gazette« vom 4. Februar 1800
(S. 126) veröffentlichte Aufforderung an die Gläubiger
soll hier nicht übergangen werden, da sie außer dem un-
gefähren Zeitpunkt dieses Bankerotts noch manche Einzelheit vermittelt, sie lautet also:

»The Commissioners in a Commission of Bankrupt
awarded and issued forth against James Longman and
Francis Fane Broderip, of Cheapside, in the City of London,
and of the Haymarket and Tottenham-Court-Road, in the

---

[1]) Die Firmenänderungen und die verschiedenen Besitzer
des Hauses sind außer nach eigenen Notizen aus Zeitungen und
Notentiteln aus folgenden Quellen festgestellt worden: Kent's
und Lowndes's Directories von London; Kidson: English Music
Publishers und Dictionary of English National Biography.

County of Middlesex, Musical Instrument-Makers, Dealers,
Chapmen, and Copartners, intend to meet on the 28th Day
of May next at One of the Clock in the Afternoon, at
Guildhall, London, to make a Dividend of the Estate and
Effects of the said Bankrupts; when and where the Creditors,
who have not already proved their Debts, are to come
prepared to prove the same, or they will be excluded the
Benefit of the said Dividend. And all Claims not then
proved will be disallowed.«

Infolge dieses Bankerotts traten im Juni 1800 Longman
und Broderip aus, während sich ein paar andere dem Hause
anschlossen: Josiah Banger, David Davis und Frederick
William Collard, die sämtlich ziemlich lange Teilhaber der
Firma blieben; Collard aber übernahm das Geschäft später
allein mit einem Bruder.[1]) Ein kurzer Abriß seines Lebens
gehört vor allem deshalb in unsere Erzählung, weil Collard
einer der unzertrennlichsten Freunde Clementis bis zu
dessen Tode war.

F. W. Collard,[2]) der Sohn eines William Collard, wurde
zu Wiveliscombe, Somersetshire, am 21. Juni 1772 getauft;
er kam im Alter von 14 Jahren nach London, wo er im
Hause von Longman, Luckey & Broderip eine Stellung
bekleidete. Im Jahre 1800[3]) wurde er also selbst Teilhaber,
später aber auch sein Bruder William Frederick M. Collard.
Im Juni 1831 übernahmen die beiden Brüder das Geschäft
allein, während sich Clementi ganz zurückzog, und führten
es zusammen bis zum 24. Juni 1842, wo auch William
Frederick Collard zurücktrat. Hierauf nahm Frederick William
seine beiden Neffen, Frederick William Collard d. j. und
Charles Lukey Collard als Teilhaber auf und blieb selbst

---

[1]) Hyde soll nach Dict. of Engl. Nat. Biogr. bereits mit
Longman ausgetreten sein, was aber nicht stimmen dürfte;
Banger am 24. Juni 1817.

[2]) Hauptsächlich nach Dict. of Engl. Nat. Biogr.

[3]) Dict. of Engl. Nat. Biogr. gibt dafür 1799 an; das beruht
aber ebenso wie die Angabe von dem Bankerott Longmans in
demselben Jahre auf einem Irrtum.

bis zu seinem Tode (Cheapside 26, am 31. Januar 1860 im 88. Lebensjahre) an der Spitze des Hauses. Er hatte seit seiner Ankunft in London im Jahre 1786 in demselben Hause gewohnt. Sein jüngerer Bruder W. Fr. M. Collard wurde am 25. August 1776 zu Wiveliscombe geboren. Er besaß ansehnliche Fähigkeiten als lyrischer Dichter, betätigte sich aber besonders in der Verbesserung des Klavierbaues. Nachdem er sich bereits 1842 vom Geschäft zurückgezogen hatte, starb er am 11. Oktober 1866 zu Folkestone.

Bei der Darstellung der einzelnen Teilhaberschaften sei es gestattet, gleich die mehrfachen Firmenänderungen des Hauses mit zu berücksichtigen. Nach »Kent's Directories,« den kleinen Geschäftsadreßbüchern Londons, heißt es von 1800 bis 1802 »Longman, Clementi & Co.« (demnach wäre also Longman vorläufig noch mit in der Firma geblieben), von 1805 ab bis 1820 »Clementi & Co.« (die Jahre 1803/4 fehlen), 1821/2 »Clementi, Collard, Davies & Collard«, 1823 bis 1831 »Clementi, Collard & Collard« und von 1832 ab »Collard & Collard«. Allerdings muß dabei bedacht werden, daß diese Adreßbücher auf Vollständigkeit und Genauigkeit der Bezeichnungen keinen Anspruch haben; man hat daher alle Ursache, die Firmenangabe »Clementi & Co.« (bis 1820) in vielen Fällen als vereinfacht zu betrachten.

Wenn wir in den folgenden Zeilen und später noch oft auf geschäftliche Dinge eingehen werden, so wollen wir, das sei gleich vorausgeschickt, dies nur mit Beziehung auf Komponisten von bedeutendem Range tun und solche von zweitem Range nur dann berücksichtigen, wenn wir von ihnen wissen, daß sie Clementi selbst nahe getreten sind; denn es würde hier zu weit führen, mehr, als es mit Rücksicht auf Clementi nötig erscheint, auf die innere Entwicklung des Hauses einzugehen.

Des ersten Versuchs, den Clementi unternahm, seine vielen Bekannten fürs Geschäft zu gewinnen, ist bereits oben gedacht worden und zwar bei Gelegenheit des Schreibens an Artaria & Co. in Wien vom 21. Dezember 1798. Hier soll nur noch hinzugefügt werden, daß es der Schreiber

dabei auf den damals so beliebten Austausch von Verlagswerken absah, ferner, daß Clementis Name zur Zeit der
Abfassung des Briefes noch nicht in den Namen der Firma
eingeschlossen war, da er seine Adresse als »Mr. Clementi
at Mr. Longman's No. 26 Cheapside London« angab. Sein
Name wurde aber bereits 1799 mit genannt, wie manche
Anzeigen in Londoner Blättern ausweisen.

Auch mit der Leipziger Firma Breitkopf & Härtel wurde
ungefähr ein Jahr danach versucht Beziehungen anzuknüpfen.
Ein Brief vom 20. Januar 1800, der, ebenso wie eine Anzahl anderer, die später heranzuziehen sind, von dem
Leipziger Haus kopiert wurde (Kopierbuch 15, S. 242/3)
ist die Antwort auf ein Schreiben aus London vom 13. Dezember 1799 und betrifft in der Hauptsache die ersten
Hefte der neuen Ausgaben Haydnscher und Mozartscher
Werke, die der Londoner Firma angeboten werden. Eine
dauernde Verbindung wurde dadurch aber vor der Hand
wohl noch. nicht herbeigeführt. Immerhin läßt es aber
auf, wenn auch noch so lose, Beziehungen schließen, daß
die »Allg. Mus. Ztg.«, die ja in dem Leipziger Verlag erschien, am Anfang ihres Bestehens auch Werke der Londoner Verlagsfirma besprach.

Bevor wir zu den Beziehungen von Clementi & Co.
zu einem französischen Hause übergehen, mag erst etwas
über Haydns Schöpfung, soweit es die Londoner Firma
betrifft, mitgeteilt werden. Ich kann mir hier, da Pohl
dies (a. a. O. S. 316 ff.) bereits besorgt hat, eine eingehende
Darstellung der ersten Aufführungen jenes Werkes in London
ersparen; es sei daher nur kurz erwähnt, daß gleich von
zwei Dirigenten zu gleicher Zeit geplant war, Haydns
Meisterwerk herauszubringen. Salomon und Ashley kündigten
im Morning Chronicle — vielleicht nicht ganz zufällig —
an ein und demselben Tage, dem 27. März 1800, ihre
erste Aufführung an; der erste hatte den 21. April, der
letzte gar schon den folgenden Tag, den 28. März, festgesetzt. Dieselbe Nummer des Blattes enthielt aber noch
eine andere Anzeige, die für uns von Wert ist: »Longman,

Clementi, and Co. having purchased the entire Copy
Right of Haydn's Grand Oratorio, called The Creation
of the World, beg to inform the Public, it will be very
shortly published, for Voices and Piano Forte, arranged
by Mr. Clementi; this oratorio is shortly to be performed
under the Direction of Mr. Salomon, in the style pointed
out to him by Doctor Haydn.«

Salomon hatte — das muß noch hinzugefügt werden
— ein Exemplar des Oratoriums mit eigenhändigen Anweisungen Haydns für die Aufführung von dem Wiener
Meister selbst geschickt erhalten. Beinahe scheint es, da man
sich in obiger Anzeige darauf bezieht, als ob Clementi es
habe benutzen können, um seine Bearbeitung vorzubereiten.
Das Auffälligste an der ganzen Sache ist aber, daß Clementi
& Co. ihre angekündigte Ausgabe als authentische hin-
stellten, während Haydn (der aber trotzdem gar nicht so
böse gerade darüber zu sein schien) in einem noch anzuführenden Briefe von einem Nachstich Clementis sprechen
konnte. Auf wessen Seite hier ein Irrtum oder eine ab-
sichtliche Entstellung zu setzen ist, vermochte ich leider
nicht zu ermitteln. Nicht ausgeschlossen wäre es allerdings,
daß die Londoner Firma ihr Verlagsrecht nicht unmittelbar
aus Haydns, sondern aus dritter Hand erhielt — etwa von
einem Verleger, der es sich bereits erworben hatte.

Die Clementische Ausgabe der Schöpfung, worauf sich
die obige Anzeige bezog, war natürlich die folgendermaßen
betitelte: »Twelve Pieces from Haydn's Sacred Oratorio
of the Creation adapted for Voices and Piano Forte (from
the Original Score) by Muzio Clementi.« (London, Clementi & Co. [Brit. Mus. H 1051ª]). Eine etwas anders
betitelte, ebenfalls im Britischen Museum liegende, deren
verbesserte Übersetzung des Textes Sam. Webbe d. j. lieferte,
war wohl eine vervollständigte Neuauflage.

Es sei nun noch einiger Stellen aus Briefen gedacht,
die von Haydn selbst an Artaria & Co. kurz nach den
ersten Londoner Aufführungen der Schöpfung gerichtet
sind und die wir hier nach dem Abdruck in »Joseph Haydn

und das Verlagshaus Artaria« von Fr. Artaria und Hugo Botstiber (Wien 1909) z. T. auszugsweise lesen wollen:

>Eisenstadt den 22ten August 1800.

Messieurs!

Gestern erhielte ich mit Verwunderung ein Schreiben unterm 16. July von Hrn. Clementi aus London, daß die Exemplairs meiner Schöpfung alldort nicht angekommen sind. Ich bitte Sie dringend zu untersuchen, worin die Schuld dieser Verzögerung liegt, indem dieselbe schon über 3 Monate abgegangen sind. Ich bin durch diesen Aufenthalt in Gefahr zwey tausend Gulden zu verlieren, indem sie Hr. Clementi schon nachgestochen hat.

Schreiben Sie mir doch, ob Sie von dort noch keine Nachricht des Empfanges erhalten haben. Indessen bin ich mit aller Hochachtung

Dero

ganz dienstfertigster Dr.

Haydn.‹

Der erste Teil der Nachschrift des nächsten Briefes von Haydn vom 3. Sept. d. J. bringt die Lösung dieser Angelegenheit:

»P. S. den 2ten Tag nach Ihrem letzten Schreiben erhielte ich von Hr. Clementi die Nachricht, daß endlich die ersten hundert Exemplairs in London angekommen sind.«[1])

Nach alledem wird man wohl schließen müssen, daß Haydn Clementi die Ausgabe einer Bearbeitung von nur 12 Stücken aus dem Werk gestattet, sich jedoch den Verkauf des ganzen Werkes vorbehalten hatte. —

Wie mit den oben genannten Wiener und Leipziger Verlagsfirmen, so wurde auch versucht, mit einer Pariser Beziehungen anzuknüpfen, dessen Inhaber, Ignaz Pleyel, ein

---

[1]) Ein undatiertes Schreiben, wodurch er Artaria ungefähr im August 1800 aufträgt, ein Exemplar der Schöpfung an Pleyel nach Paris zu senden, enthält auch folgenden Vermerk: »24 Ex. nach London an Clementi.« In einem Schreiben vom 6. Okt. 1800 sind diese mit Fl. 324 (à 13$^1/_2$ Fl.) berechnet.

alter Freund Clementis war. Ignaz Pleyel hatte sich im
Jahre 1795 in Paris niedergelassen und ungefähr zwei Jahre
darauf eine Musikhandlung errichtet, was das »Journal
des Luxus und der Moden« mit den Worten ankündigte
(1797, Intelligenzblatt S. XXIX):

»Ignaz Pleyel zeigt dem Publikum hierdurch an, daß
er unter der Direktion seines Schwagers J. C. Schäffers
eine Musikhandlung in Paris errichtet hat.

Man findet darin alle, sowohl ältere als neuere musikalische
Werke Pleyels und viele von andern berühmten Meistern, als
Haydn, Mozart, Eler, Viotti, Dussek, Clementi,
Cramer, Jarnowik, Boccherini, Gyrowetz.....«

Nach Clementis Eintritt in die Firma näherten sich also
die beiden Verlagshäuser einander, und besonders in den
ersten Jahren bis etwa 1803 waren die Beziehungen äußerst
rege. Durch einen Vertrag vom 2. Aug. 1799 über Jos.
Haydns Quartette Op. 76 — er wurde mir durch die
Liebenswürdigkeit von Pleyel, Wolff & Co. in Paris samt
einer Anzahl Briefe von Clementi und seiner Firma an
Pleyel zur Verfügung gestellt —, näherten sich diese Häuser
wohl zuerst einander, und daß die Beziehungen lebhaft
aufrecht erhalten wurden, beweisen die Briefe aus London
über den Verkauf des Verlagsrechts von Dusseks »Farewell«-
Sonate Op. 44 sowie dessen Op. 43, von Clementis
12 Valses, von anderen Kompositionen Yaniewicz' und
Gyrowetz' (Brief vom 9. Jan. 1800), beweist ferner auch
die Übernahme der Subskription auf Pleyels in Vor-
bereitung befindlicher Ausgabe Haydnscher Quartette und
andere Kompositionen Dusseks (Op. 46) und Viottis, wo-
gegen Pleyelsche Sonaten und Quartette eingetauscht werden
sollten (Clementis eigenhändiger Brief vom 6. März 1801).

Ein weiterer Brief der Firma vom 20. Oktober 1801
teilt mit, daß, seit für beide Länder wieder ein segensreicher
Friede hergestellt sei, es ihre Absicht sei, entweder eine
Fabrik für große und kleine (small) Klaviere in Frankreich
zu gründen oder ihren Instrumenten durch ein dortiges
Haus eine Vertretung zu sichern. »We are therefore at

this time finishing under the direction of M. Clementi a variety of grand and small pianos, calculated to answer the purpose of all ranks of people ....« Und endlich drücken sie noch die Hoffnung aus, Pleyel möge sich ihres Angebots bedienen.

Wie andere Briefe der Londoner Firma, deren einem auch eine Preisliste angehängt ist, zu ergeben scheinen, wurden sich die beiden Häuser bald einig, wenn sich auch Clementis Firma nicht dazu bereit erklären konnte, Instrumente auf Kommission zu liefern. Der Musikalienaustausch blieb jedoch immer noch die Hauptsache, und aus einem Schreiben vom 9. Dez. [?] 1801 erfährt man weiter, daß es der Londoner Firma sehr darauf ankam, außer den damals sehr beliebten Modekompositionen von Pleyel solche von Steibelt, Wölfl u. a. gegen die Werke von Haydn, Clementi, Viotti, Dussek, Cramer und Field zu erhalten, und besonders hob sie noch hervor: »As wie have an agreement both with Haydn and Dussek and also Viottis positive assurrance that no other publisher shall possess his works yon may safely reckon upon the whole ....« Endlich sei noch kurz auf eine Bestellung des englischen Hauses an Pleyel hingewiesen, die für die damalige Zeit und zwar für den englischen Musikliebhaber sehr bezeichnend ist. Wie Haydn seinerzeit für Napier in London eine Anzahl schottischer Lieder bearbeitet hatte und wie Thomson in Edinburgh Beethoven später einen ähnlichen Auftrag auf wallisische und irische Melodien erteilte, so die Firma Clementi & Co. um das Jahr 1802 Pleyel gegenüber, nur mit dem Unterschied, daß dieser schottische Lieder bei der Komposition von sechs Klaviersonaten nur benutzte.

Durch Pleyels Vermittlung lernte Clementi auch ein Glied der Schauspielerfamilie Elmenreich kennen. Der Schauspieler und Bassist J. B. Elmenreich, der sich mit einer deutschen Theatergesellschaft ungefähr ein Jahr in Paris aufhielt und da »nicht allein beim ersten Konsul und in andern der vornehmsten Privatzirkeln mit allgemeinem Beifalle sang, sondern auch vom hiesigen Publikum mit seinen Intermezzi's nach einer zehnmaligen Vorstellung im Théatre Favart stets mit ausgezeichneter Bewunderung aufgenommen« wurde, war, wie die Zeitung f. d. eleg. Welt vom 1. April 1802 berichtet, im Begriff, nach London zu gehen. Pleyel gab ihm unterm 3. Apr. d. J. ein (jetzt im Brit. Mus. liegendes) Empfehlungsschreiben an Clementi mit. In England wird er sich aber kaum lange aufgehalten haben, da sich die »Allg. Mus. Ztg.« bereits unterm 12. Aug. aus Paris schreiben ließ, daß er es nicht dazu gebracht habe, dort in London öffentlich aufzutreten.

Was oben ein Brief andeutete, daß die Klaviere unter Clementi's eigener Aufsicht gebaut wurden, daß er sich überhaupt ums Geschäft sehr gekümmert, nicht nur seinen Namen zum Aushängeschild des Hauses hergegeben habe, wird mehrfach überliefert. Wir werden das noch oft, besonders aus den von seinen Reisen geschriebenen Briefen beobachten können. Hier soll aber wenigstens einiges, was ein Londoner Berichterstatter, der Clementi persönlich gekannt hat, im Jahre 1802 an die »Allg. Mus. Ztg.« berichtete, im Auszug mitgeteilt werden. Daß wir dabei zugleich etwas über Clementis sonstige Lebensgewohnheiten vernehmen, wird den Lauf unserer Betrachtungen kaum hemmen, und daß sich der Schreiber des Londoner Briefes bemüht, Clementis tatsächliches Knickertum als der Begründung entbehrend hinzustellen, wird lediglich ein Freundschaftsdienst sein. Es heißt also a. a. O. (V, S. 196 ff.):

»Das allgemein beliebte Pianoforte hat an der Spitze seiner Virtuosen das wackere Kleeblatt: Clementi, Dussek, Cramer. Ich nenne sie so, nicht nur weil ihrer drei, sondern weil sie auch auf das freundschaftlichste verbunden sind, und sich ohne Eifersucht und Neid gegenseitig unterstützen, wie es wahren Künstlern und Männern, die auch außer ihrer Kunst gebildet sind, gebührt. Ladet man den Einen da- oder dorthin ein, sich hören zu lassen, so weiß man schon, er kömmt am sichersten, wenn sein Kollege ebenfalls da ist und spielen wird. Ich glaube, dies ist wenigstens der Seltenheit wegen bemerkenswert. Sollte ich das Spiel dieser drei wahren Meister zu charakterisieren versuchen, so muß ich es so: Alle drei leisten bewunderungswürdig viel auf ihrem Instrumente, alle drei versuchen nicht leicht aufs Gerathewohl, sondern geben, wie es wahren Virtuosen geziemt, nichts, was sie nicht ganz, wie es sein muß, geben könnten; Clementis größeste Stärke ist aber im charakteristischen, pathetischen Allegro, weniger im Adagio; . . . . . . Ich nehme hier Gelegenheit, einem über diesen Meister [d. i. Clementi] in Deutschland verbreiteten Irrtume zu widersprechen: ,Clementi ist ein großer Virtuos, ein großer Komponist, aber ein schmuziger Geizhals' — das hatte ich überall gehört und wohl auch gelesen. Desto mehr erstaunte ich, als ich diesen Mann selber kennen lernte. Der erste und zweite Satz jenes Ausspruchs ist allerdings gegründet, man kann hinzusetzen: Clementi ist ein feiner Kopf, ein kluger Weltmann und auch ein mechanisches Genie: aber der dritte Satz ist ungegründet. Daß er die Vorteile seiner vormaligen Lage, da er Privatunterricht gab, benutzte, wird ihm hoffentlich Niemand verdenken; daß er sich ein ansehnliches Vermögen erwarb, daß er jetzt eine Instrumentenfabrik [1]), Musikhandlung — kurz, das ausgedehnteste Etablissement dieser Art in London besitzt, welches alles umfaßt, was zum Musikfache gehört, und auf einen sehr hohen Geldwert angeschlagen werden könnte — daß er dies jetzt hat, alles im Großen übersiehet und dirigirt — das verdient Achtung; daß er das wirklich Glänzende seiner Lage so zum Vorteil der guten Sache der Kunst benutzt, mit solchem Anstand selbst genießt und so viele Andere genießen läßt (sein Haus ist immer ein Sammelplatz hiesiger und fremder Künstler und Kunstliebhaber von wahren Vorzügen) —: das verdient Dank. Er spielt seit geraumer Zeit nicht mehr öffentlich, viel weniger gibt er Unterricht:

---

[1]) Eine hier angefügte Note sagt aus, die Firma liefere »ohne allen Widerspruch die trefflichsten Instrumente in der Welt, die von Clementis mechanischem Kopf und Kunsterfahrung veredelt, aber freilich die kostbarsten« seien.

aber er schlägt nicht leicht einer Gesellschaft, der es sich der Mühe lohnt, vorzuspielen, diese Gefälligkeit ab.«

Wir sind noch nicht zu Ende mit den freundschaftlichen wie geschäftlichen Beziehungen Clementis und seines Hauses zu bedeutenden Künstlern und Verlegern. So muß hier mit wenigen Worten einmal auf das schon oben in dem Londoner Bericht angedeutete Freundschaftsverhältnis Clementis zu Dussek hingewiesen werden. Dieser hatte sich kurz nach seiner Vermählung 1792 mit seinem Schwiegervater Domenico Corri in Verlagsangelegenheiten eingelassen, die aber infolge seines Mangels an Geschäftskenntnis mißglückten. Um seinen Gläubigern zu entgehen — stand doch in England auf Schuldenmachen sogar Gefängnisstrafe —, mußte er im Jahre 1800 ins Ausland fliehen und er wandte sich nach Hamburg. Wie hoch er Clementis Improvisationen schätzte, bestätigen die im »Harmonicon« (Memoir 1832) angeführten Worte, die er, aufgefordert, nach Clementi zu spielen, in der Frühzeit seiner künstlerischen Laufbahn aussprach: »To attempt anything in the same style, would be presumption; and what sonata, what concerto, or what other regular composition, could a man play that woult not be insipid after what we have heard.« Dann sprechen aber auch die Sonate Op. 35 und sein Op. 44, die »Farewell«-Sonate [1]), beides Werke, deren Widmungen auf Clementis Namen lauten, deutlich von dieser freundschaftlichen Hochachtung Dusseks. Wie bereits oben erwähnt, hatte dieser Komponist, wahrscheinlich, da er ja erst zur Zeit seiner Flucht aus England vorher selbst Verleger gewesen war, mit Clementi & Co. einen Vertrag geschlossen. Ein (von Shedlock, The Pianoforte Sonate, S. 144/5 mitgeteilter) Brief des mit dem Prinzen Louis Ferdinand von Preußen im Herbst 1806 in der

---

[1]) Der Titel der englischen Ausgabe dieses Werks lautet: »The Farewell, a new grand Sonata for the Pianoforte, composed and inscribed to his Friend Muzio Clementi by J. L. Dussek. Op. 44.« Der italienische Titel des andern: »3 Sonate per il Piano Forte, al Suo stimatissimo Amico Muzio Clementi.«

preußischen Armee bei Magdeburg im Felde liegenden Komponisten teilt die Absicht mit, alle seine Werke dem Adressaten Birchall in London, einem anderen bedeutenden Verleger zu überlassen, da sein Vertrag mit Clementis am 4. November d. J. ablaufe. Es gibt aber noch ein anderes Schreiben Dusseks, das (ebenfalls von Shedlock a. a. O. S. 143/4 veröffentlicht) zum Teil an Clementi selbst, zum andern Teil an Clementi & Co. gerichtet ist und für die Achtung, die er dem Verleger-Komponisten sowie seinem ganzen Geschäftshause entgegenbrachte, einen neuen Beweis bietet. Es stammt aus Hamburg vom 12. Juni 1801 und spricht die Absicht des Verfassers aus, eine Reise nach seiner böhmischen Heimat zu machen, um seinen alten Vater zu besuchen. Nachdem er noch einige geschäftliche Dinge berührt hat, schließt Dussek mit den in französischer Sprache niedergeschriebenen Worten: » Adieu, mon cher Clementi, les oreilles doivent souvent vous tinter car je parle constamment de vous à tout le monde, car tout le monde aime qu'on leur parle de leurs connaissances, or vous êtes de la connaissance de tout le monde.«

Doch einstweilen genug von Dussek, auf den wir sowieso noch wiederholt zu sprechen kommen werden, und wenden wir uns, bevor wir Clementi auf neue Reisen ins Ausland begleiten, noch seinen sonstigen Londoner Bekanntschaften zu, soweit sie noch erreichbar waren, ohne uns bei ihrer Anführung irgend einem Zwange zu unterwerfen. Auf eine nur annähernde Vollständigkeit machen diese wenigen Nachträge nicht den geringsten Anspruch; denn von gar vielen, eigentlich ganz selbstverständlichen, mehr oder weniger vertrauten Beziehungen — ich meine damit vor allem solche, die Clementi zu den meisten der damals in London lebenden Musiker haben mußte — ist auch nicht die geringste Andeutung überliefert.

Erst ein paar Worte über einige Personen, deren Schülerverhältnis zu ihm noch unerwähnt blieb, weil sie nicht von so großer Bedeutung wie die bereits genannten Meisterschüler erschienen, oder weil sich die Zeit und Dauer ihres

Studiums meist nur vermutungsweise oder ganz ungenau
nachweisen läßt. Da mag denn an erster Stelle der Violin-
und Flötenspieler Johann Georg Graeff genannt werden,
dessen bereits oben mehrfach gedacht werden mußte.
Dieser, der, nach dem Dictionary of Musician (London
1824) etwa 1762 in Mentz (Metz?) geboren, 1784 nach
London kam und auch als Schüler von Abel und Haydn
gilt, wurde »in freundlicher Weise von Clementi gefördert«
(assisted, womit doch wohl dessen Lehreinfluß gemeint ist)
und hatte so beträchtliche Erfolge als Lehrer und Komponist,
daß er später seinen Musikerberuf aufgeben und sich in
eine behagliche Lebenslage zurückziehen konnte. Ein
anderer ist Arthur Thomas Corfe, der Sohn des bedeutenden
Organisten Joseph Corfe zu Salisbury, der hier (nach Grove)
am 9. April 1773 geboren war, 1783 unter Dr. Cooke Chor-
sänger der Westminster Abtey und später ebenfalls Clementis
Schüler wurde. Im Jahre 1804 folgte er seinem Vater im
Amte nach; er starb erst im Alter von beinahe 90 Jahren.

Um wenigstens der besten Freunde Clementis zu gedenken, wovon ein Teil, wie man sehen wird, ebenfalls
zu ihm im Schülerverhältnis stand, müssen wir hier schon
einmal zu Briefen an Collard greifen, die uns später noch
große Dienste leisten sollen. Da ließ er denn seinen Teilhaber gleich in dem ersten aus dem Jahre 1803 vorliegenden
Briefe allen guten Freunden, die sich nach ihm erkundigten,
besonders Graeff und Banks, seine besten Empfehlungen
ausrichten. Jener wurde bereits kurz erwähnt, von diesem
kann nach der Widmung auf dem Titel der drei mit Begleitung von Violine und Violoncell gesetzten Klaviersonaten
Op. 35 (obgleich Clementi nach andern ihm übermittelten
Grüßen besonders viel auf ihn gehalten zu haben scheint) nur
der vollständige Name als »John Cleaver Banks, Esqre« [1] mit-

---

[1]) Das 41. Werk Clementis, das ebenfalls Banks zugeeignet,
aber erst nach der Zeit, in der wir stehen, komponiert ist, gibt
seinen Stand als den eines »Reverend« an. In Clementis Testament aus dem Jahre 1832 ist eine »Elizabeth Banks Croydon,
spinster« als Zeugin mit unterzeichnet.

geteilt werden. Von diesen beiden wie von seinen Teilhabern Hyde, Banger und Davis, deren er auch ab und
zu gedachte, abgesehen, sind aber besonders Namen wie
die der Blakes, Gisbornes, Holcrofts, von Crosdill, Cramer,
Viotti und den Gompertz zu nennen, wovon wir einen
Teil bereits kennen. So ist uns der damals bedeutendste
Violin- und Violaspieler Benjamin Blake (auch Black geschrieben) schon mehrfach begegnet. Er ist nach dem
»Dictionary of Musicians «(1824) im Jahre 1751 zu Kings-
land im Kreis Hackney geboren. Obgleich also Violinist,
brachte er es durch Fleiß im Klavierspiel doch soweit, um
darin (vom Jahre 1792 ab) unterrichten zu können. Er
war auf dem Klavier Schüler von William Dance, wurde
aber auch erfolgreich von K. Fr. Baumgarten und Muzio
Clementi unterrichtet. Im Jahre 1793 wurde er als Lehrer
für eine Schule in Kensington verpflichtet und gab bald
alle seine Konzertverpflichtungen auf. In Miss Anna Maria
Carolina Blake und Miss Fanny Blake, denen die Sonaten
Op. 22 und 40 gewidmet sind[1]), hat man wahrscheinlich
die Töchter dieses Musikers, die wohl auch zu der großen
Anzahl von Clementis Zöglingen gehören, zu erblicken.
Während wir ferner von obigen Namen die der Cramer
und Viotti genügend kennen, uns ebenso des bedeutenden
Cellisten Crosdill noch wohl erinnern, kann von den
Gompertz[2]) hier nur erwähnt werden, daß Clementis
Op. 37, drei Klaviersonaten, einer Miss Harriot Gompertz
zugeeignet ist; die Holcrofts dagegen müssen als unbekannt hingenommen werden. Mit den Gisbornes jedoch,
deren Clementi mit besonderer Vorliebe gedenkt, werden
die Leser später an besonderer Stelle noch genau bekannt
gemacht werden. Alle die zuletzt genannten Namen bildeten
sozusagen den festen Stamm Clementischen Umgangs·

---

[1]) Einer Miss Blake ist, ohne daß ihr Vorname genannt
wird, auch das 27. Werk gewidmet.

[2]) Ob der im »Dict. of English Nat. Biography« erwähnte
Mathematiker Benjamin Gompertz etwas mit den obigen zu tun
hat, sei dahingestellt.

Ihnen soll aber auch noch, in der Hauptsache nach den
Widmungen, eine Reihe von Namen folgen, deren Träger
fast ausnahmslos unbekannt, zum guten Teil aber wahrscheinlich der großen Zahl seiner Schüler unter den Dilettanten zuzurechnen sind. Es ist ja klar, daß sich nicht
bloß die jungen zünftigen Musiker, sondern auch die Dilettanten eine Ehre daraus machten, bei dem bedeutendsten
lebenden Pianisten zu lernen, und wenn noch im Jahre
1819 ein Berichterstatter der »Allg. Mus. Ztg.« (S. 745) mitteilte, daß Clementis Schüler unter den Dilettanten sehr
zahlreich seien, so ist damit sicher nicht die gerade damals
bei ihm studierende Anzahl gemeint, sondern vielmehr auf
die seiner früheren Schüler abgezielt; denn daß sich aus
jener späteren Zeit nur eine verschwindend kleine Zahl
Personen nachweisen läßt, die seinen Unterricht, und
dann meist nur gelegentlich genießen durften, wird noch
wesentlich durch die Behauptung der biographischen Skizze
im »Quart. Mus. Mag. & Rev.« durch die Worte bekräftigt,
daß er nach seiner Rückkehr von seiner langen Reise auf
das Festland, die wir ihn bald antreten sehen werden,
überhaupt keine Schüler mehr angenommen habe, eine Behauptung, die zwar immerhin etwas einzuschränken wäre,
im ganzen aber der Wahrheit entspricht. Daß er jetzt
nach und nach den Preis für eine Lehrstunde bis auf
eine Guinee steigerte, um sich genügend Zeit für seine
eigenen Studien zu sichern, sei mit dem Hinweis auf Haydn
erwähnt, der in London den ersten Schritt über eine halbe
Guinee auf eine ganze getan haben soll (»Allg. Mus. Ztg.«
1819, S. 868)[1]). Hier also nach den Widmungen noch
die Reihe leerer Namen, die wie gesagt, wahrscheinlich in
der Hauptsache seinen dilettierenden Schülerinnen angehören;
es sind Miss Meysey, Miss Gavin, Mrs. Meyrick, Miss Gilding,

---

[1]) Ein Brief aus England in Boßlers Musikalischer Real-
zeitung (1788, S. 25) berichtete allerdings, daß manche schon
früher (also vor 1788) ganze und halbe Guineen für die Stunde
gefordert hätten, daß sie aber nun — also vor Haydns Ankunft
in London — mit Wenigerem zufrieden seien.

Mrs. Benn, Miss Newbury, Miss Therese Jansen[1]) und Miss Isabella Savery, denen der Reihe nach die Op. 21, 23, 25, 28, 29, 32, 33, 34 zugeeignet sind. Endlich sei noch ein Herrenname von unbekanntem Klange nachgetragen, der eines Mr. Collick, von dem ein Menuettthema herrührte, worüber Clementi fünf Variationen schrieb, und beschließen wollen wir diese Namenaufzählung mit der Erwähnung eines Musikers, der vielleicht mit Clementi nur oberflächlich bekannt war, des Pianisten und Komponisten Thomas Haigh, eines Mannes, von dem unserm Komponist auch einmal ein Werk gewidmet wurde und zwar eine Phantasie Op. 40 (nach dem Dictionary of Musicians, London, 1824).[2]) Dieser Haigh, geboren 1769 zu London, genoß 1791/2 einigen Unterricht von Haydn, ging kurz darauf nach Manchester und kehrte 1801 nach London zurück, wo er schon 1808 verstarb. Ob er auch von Clementi unterrichtet worden war, wird nicht überliefert. —

Es ist von Clementis Kompositionen, soweit nicht zufällig nebenbei dazu Veranlassung vorhanden war, seit

---

[1]) Auch Dussek hat einer Miss Jansen ein Werk, sein Op. 13, gewidmet.

[2]) Es sei gestattet, hier gleich noch auf eine andere Zueignung an Clementi hinzuweisen. Der Titel eines in der »Allg. Mus. Zeitg.« (Dez. 1801, S. 151) angezeigten Werkes lautet wie folgt: »Cadences, se rapportant aux six grands concertos pour le Pianoforte, Op. 82 de Mozart, composées et dediées à Mr. M. Clementi, par P. C. Hoffmann, A Offenbach sur M., chez J. André.« Der Komponist ist der am 5. März 1769 zu Mainz geborne Philipp Carl Hoffmann, der erst Rechtswissenschaft studierte, sich dann aber vollständig der Musik zuwandte und im Rheingau und Aschaffenburg, später in Wien und Petersburg (1810—1821) tätig war, um dann wieder nach Frankfurt zurückzukehren. Hoffmann, der übrigens Mozart und Beethoven gekannt hat, wird Clementi, wenn er ihm nicht doch schon in seiner frühen Jugend auf einer von dessen Virtuosenreisen näher getreten ist, das Werk gewidmet haben, ohne mit ihm persönlichen Umgang gehabt zu haben. Eine ausführliche Biographie Hoffmanns und seines Bruders Heinrich Anton ist von der Feder Schnyders von Wartensee in Schillings Univ.-Lex. enthalten.

langem absichtlich nicht die Rede gewesen. Die näheren
Daten darüber sollen einem thematischen Katalog vorbehalten bleiben. Aber dennoch muß an dieser Stelle einmal ein Blick darauf geworfen werden, da sich Clementis
Einmischung in geschäftliche Angelegenheiten auch in ge-
wissem Grade auf seine Kompositionsweise äußerte. Hatten
natürlich die bisherigen vielen Sonaten auch bestimmte
praktische Nebenzwecke, nämlich sich eigenen Unterrichtsstoff und Konzertstücke zu schaffen, so scheinen ihn von
jetzt an wenigstens in der ersten Zeit seiner Verlagstätigkeit in der Hauptsache geschäftliche Rücksichten geleitet
zu haben. Darunter fällt die schon erwähnte Bearbeitung
der »Schöpfung«, ferner die anfangs 1799 erschienenen
zwölf Walzer mit Begleitung von Tamburin und Triangel
Op. 38, die von der »Allg. Mus. Ztg.« sofort, weil sie
Clementi nicht für fähig hielt, etwas so »Minderwertiges« zu
schreiben, für ihm untergeschoben erklärt wurden, vor allen
Dingen aber seine 1801 erschienene »Einleitung in die
Kunst das Pianoforte zu spielen« (ein Werk, das später
von Beethoven wohl wegen seiner Kürze und Faßlichkeit
für seinen Neffen Karl als Unterrichtsstoff gewählt wurde)
und die dazu als Ergänzung gedachten Sonatinen Op. 36
und 38,[1]) wovon besonders die ersten weltberühmt geworden sind, obgleich auch sie von der Kritik erst für
Unterschiebungen gehalten wurden. Wenn nun auch in
dieser Zeit Sonaten wie die Op. 39 und 40 (dieses das
letzte Werk vor seiner Abreise aus London) entstanden,
so ist doch der praktische Standpunkt des Komponisten zu
ersichtlich, als daß er hätte unerwähnt bleiben können. —
　　Die ganze Londoner Zeit vom Jahre 1784 ab ermangelte
im Grunde für Clementi — abgesehen von dem ihn sicher

---

[1]) Auffällig ist es, daß Clementi selbst zwei Werke mit der
Nummer 38 herausgegeben hat. Die Opuszahlen pflegten ja
im allgemeinen nur von den Nachstechern vertauscht zu
werden. Auch darauf sei hingewiesen, daß Op. 36 (Sonatinen)
später als die obigen Walzer Op. 38 und Sonaten Op. 39
herauskam.

nicht wenig aufregenden Bankerott von Longman & Broderip —
einschneidender und dem Leser besonders ins Auge springender
Ereignisse. Wir haben diesen Zeitraum ohne beschönigenden
Aufputz vor uns vorüberziehen lassen, wodurch er allerdings einen etwas gefühls- und stimmungskahlen Eindruck
hinterlassen mußte. Nichtsdestoweniger wollen wir in
ebenso rein sachlicher Art den folgenden Jahren gerecht
werden, denen indes, wie hier schon im voraus verraten
werden soll, die buntbewegten Schicksale des Komponisten
ein ganz eigentümliches, oft geradezu romanhaftes Gepräge
verleihen.

IV. Abschnitt.

Neue Reisen und Schicksale.

1802—1810.

Clementis Absicht war, bereits im Frühling 1802[1]) eine größere Reise auf das Festland zu unternehmen; daß sich diese aber auf volle acht Jahre ausdehnen sollte, hatte er selbst nicht vermutet. Ein Brief der Firma Clementi & Co. an Pleyel spricht bereits am 28. Mai d. J. davon, daß »er im Laufe von 14 Tagen« nach Paris abzureisen gedenke. Am 29. Juni griff er dann selbst zur Feder und schrieb Pleyel, daß er noch einige Zeit durch Geschäfte in London gehalten werde und noch nicht wisse, wann er aufbrechen könne. Er bedankt sich darauf für Pleyels höfliches Angebot, ihn in seinem Hause aufzunehmen. Der Zweck seiner Reise sei, mit Pleyel über dessen Kompositionen zu verhandeln. Endlich bestellte er bei ihm drei Klaviersonaten und gab ihm noch sechs andere mit Benutzung von

---

[1]) In der Allg. Mus. Zeitg. ist schon im Jahre 1799 (Nr. vom 9. Okt.) von einem vermeintlichen Aufenthalt Clementis auf dem Festland die Rede: »Clementi ist seit einem Monat ohngefähr auch in Wien, erndtet durch sein Spiel allgemeinen und wohlverdienten Beyfall ein, hat aber noch kein öffentliches Concert angekündigt.« Diese Nachricht wird in der Nummer vom 27. November berichtigt, wie folgt: »Durch ein Mißverständniß ist im 2ten Stück d. Jahrg. der mus. Zeitg. gesagt worden, daß Clementi aus London, berühmt als Klavierkomponist und Spieler, jetzt in Wien sey: es ist der gleichfalls als Klavierkomponist und Spieler beliebte Cramer aus London. —«

schweizerischen Melodien auf — alles natürlich als alleiniges Eigentum für England.

Über seine weiteren Entschlüsse teilt ein Musikdilettant (und späterer Strumpffabrikant) aus Leicester, namens William Gardiner in seiner schön geschriebenen Selbstbiographie »Music and Friends« (London 1838, S. 243 f.) einen wichtigen Beitrag mit, der zugleich auch andere fesselnde Einzelheiten einschließt; der Schreiber war ebenfalls im Begriff nach Paris zu reisen und schreibt darüber:

». . . before I commence which I may state that I first became acquainted with Mr. Clementi in passing through London, on my way to Paris, on the concluding of the peace of Amiens. He was so kind as to offer me a place in his carriage to that city; but I was anxious to be at fête on the 14th of July, the annerversary of the Revolution, and he could not set out so soon, I declined the offer, and preceded him about a week. The peace had brought many foreigners to London and I sat down at his table with French, Spanish, Germans, Italians, Russians, Turks, and Arabs, and with every one of these Clementi held a conversation, generally in their own language. As a linguist, his readiness in all the European languages was considered extraordinary; and as a classical scholar he stood very high. I remember seeing a learned Greak work, edited by him,[1]) in the library at Gopsall Hall, before the Earl Howe possessed that mansion.

Perhaps I have been more inclined to speak in terms of admiration of Mr. Clementi's attainments in this way, because I am not one of those who esteemed him a musical genius of the highest order. I dare say, upon the pianoforte, he was a fine performer; in his executive ability he is considered as the founder of the pianoforte school, but as composer, he had not the feeling which produces melody, without which no composer will touch the heard.

---

[1]) Dies war allem Anschein nach nur im Verlage von Clementi & Co. erschienen.

While we were at table a young gentleman named Field, an élève of Mr. Clementi, sat down to the pianoforte, and gratified the company by playing one of Bach's fugues, in which, by his force of touch, he maintained a clear distinction in the four different parts. This extraordinary young performer accompanied him upon his travels. The ware soon after broke out and raged with double fury, insomuch that Clementi found it difficult to pursue any given route. As his journey was avowedly to collect MSS. for his work on practical harmony, he was permitted by Bonaparte, who had learned his design, to pass through the whole seat of war; and the same privilege was granted him by the allied sovereigns.«

Am 1. Juli in Dover angekommen, setzte Gardiner seine Reise unmittelbar bis Paris fort, und er erzählt (S. 262/3) weiter:

»Having a letter from Clementi to Pleyel, I visited the composer, and found that he had become a first rate marchand de musique. A cart was standing at the door, unloading the ponderous volumes of Haydn's quartetts, just published by the order of Buonaparte. This work is dedicated to the Consul, and the copy I bought was the first he sold . . . .«

Was der Schreiber hier berichtet, wird zum Teil dadurch bestätigt, daß sich das Empfehlungsschreiben von Clementi erhalten hat. Es befand sich — allerdings von Clementi & Co. ausgestellt — in Abschrift unter den mir von Pleyel, Wolff, Lyon & Co. zur Verfügung gestellten Urkunden. Gardiner ist darin als »unser besonderer Freund und ein großer Musikliebhaber« bezeichnet. Deshalb braucht man sich auch nicht zu bedenken, die anderen Einzelheiten, die er mitteilt, soweit sie der sonstigen als wahr verbürgten Überlieferung nicht widersprechen, für richtig zu halten. Die Empfehlung für Gardiner stammt vom 30. Juni 1802. Da er selbst bestätigt, daß er, um am 14. Juli in Paris zu sein, eine Woche früher als Clementi abgereist sei, wird dieser ungefähr Mitte Juli von London aufgebrochen sein. Diese Angabe wiederspricht übrigens etwas derjenigen im »Quart. Mus. Mag.,« das ihn seine Reise erst im Herbst d. J. antreten läßt. Doch scheint das nicht den Tatsachen zu entsprechen; denn ein Brief von Clementi & Co. vom 30. September bestätigt, daß sie bereits mindestens einen Brief von ihrem reisenden Teilhaber erhalten hatten, wodurch sie benachrichtigt wurden, daß Pleyel seinerseits die Absicht habe, London zu besuchen: ».... it will give us great pleasure if you will make Nr. 26 Cheapside your home. . . .«

Die geschäftlichen Beziehungen beider Häuser bestanden jetzt hauptsächlich im Austausch von Kompositionen, d. h. der eine trat das Recht, das er auf eine Komposition vom Verfasser käuflich erlangt hatte, an den andern zur Veröffentlichung in dessen Land gegen ein anderes Werk ab. Damals handelte es sich um Clementis Op. 40, Nr. I, wofür die Londoner Firma drei Sonaten von Pleyel bekommen sollte. Außerdem unterhandelten beide natürlich wegen der Werke andrer angesehener Komponisten, wovon außer dem unvermeidlichen Haydn nur Steibelt, Viotti und Kreutzer genannt sein sollen.

Clementi reiste also etwa Mitte Juli mit Field ab. Daß er sich vorher von dessen Eltern »für Lehre und Unterhalt auf der Reise« 100 £ zahlen ließ, berichtet Fr. Alb. Gebhard[1]). Über den Aufenthalt der beiden Künstler in Paris ist nichts Näheres bekannt. Sie wohnten wohl beide im Hause Pleyels. Daß der junge Field, der Paris zum dritten Male sah, von seinem Meister der dortigen Musikwelt vorgestellt wurde, ist selbstverständlich; er soll Fugen von Bach »mit solcher Präcision und unnachahmbarer Geschicklichkeit gespielt haben, daß er vom Pariser Publikum höchst enthusiastischen Beifall erwarb« (Quart. Mus. Mag. and Rev.). Ja, Fields Nekrolog in der Allg. Mus.

---

[1]) Wiener Zeitschrift für Kunst, Literatur, Theater und Mode, 1837 Nr. 39 ff. Gebhard, ein Schauspieler, war ein späterer Freund Fields.

Ztg. fügt noch hinzu, daß er solches Aufsehen erregt habe, »daß Clementi selbst etwas vorsichtig wurde und ihn nicht mehr überall öffentlich auftreten ließ«.

In Paris ließ der junge Field auch einige Sonaten stechen. Wahrscheinlich von seinem Lehrer bei den Mlles Erard — der Londoner Harfenbauer desselben Namens war Clementis Freund — eingeführt, gab er sie dort unter dem Titel heraus: »Trois Sonates pour le Pianoforte composées et dédiées à Muzio Clementi, par son Elève John Field, à Paris, chez Mlles Erard.« Schon im Jahre 1801 oder doch kurz nachher waren von Clementis in London Arbeiten von Field gestochen worden. Wenigstens bieten sie dem Pariser Haus am 9. Dezember d. J. Manuskripte von ihm an und schreiben über ihn, er sei ein Schüler Clementis, »a very promising genius and already become a great fovorite in this country both in respect to composition and performance — it is likely you will soon see him in Paris.« —

Der Aufenthalt der beiden in der Seinestadt kann nicht lang gedauert haben; denn noch in demselben Jahre besuchten sie zwei andere Reichshauptstädte, Wien und Petersburg. In jener Stadt wollte der Lehrer seinen Schüler der Obhut Albrechtsbergers anvertrauen, der den Ruf des besten Wiener Lehrers im Kontrapunkt besaß. Der junge Mann soll erst mit Vergnügen eingewilligt haben; »als indes die Zeit herankam, daß Clementi nach Rußland abreisen wollte, drückte der arme Field mit Thränen im Auge soviel Bedauern aus, sich von seinem Lehrer zu trennen, und einen so lebhaften Wunsch, ihn zu begleiten, daß Clementi seinem Verlangen nicht widerstehen konnte.« So berichtet wenigstens das »Quart. Mus. Mag. and Rev.«[1])

---

[1]) Der zu gutem Teil nach der Gebhard schen Skizze angefertigte Fieldnekrolog in der »Allg. Mus. Ztg.« sucht auch hier Clementis Charakter zu verkleinern. In der Übersetzung der Arbeit Gebhards in der »Wiener Zeitschrift für Kunst ...« steht hier allerdings nichts Abfälliges. Ob im russischen Original, ist mir unbekannt. Die Stelle lautet so: »Mochte nun Field sich

Wie hoch Clementi übrigens Meister Albrechtsberger schätzte, kann aus der großen Anzahl von Fugen ersehen werden, die er von ihm in seine »Practical Harmony« aufnahm, ein fleißiges Sammelwerk Clementis, das er hauptsächlich in den Jahren 1811—1815[1]) in vier dicken Bänden erscheinen ließ und wofür er schon auf diesen Reisen gesammelt haben soll. Nicht weniger als 84 Seiten — auf die einzelnen Bände verteilt — sind Albrechtsbergerschen Kompositionen gewidmet.

Der Gedanke liegt wohl nicht fern, daß er in Wien auch Haydn einen Besuch abstattete. Beethovens nähere Bekanntschaft machte er indes erst im Jahre 1807. Ob er sie bereits 1802/3 wenigstens suchte, ist anzunehmen, aber nicht verbürgt überliefert.

Man wird kaum fehlgehen, wenn man annimmt, Clementi sei schon in diesem Jahr 1802 im Hause Dom. Artarias abgestiegen. Dieser, der allenthalben äußerst gastfreundlich geschildert wird, wird es sich nicht haben entgehen lassen, den berühmten Komponisten und wohl auch dessen Schüler in seiner Behausung aufzunehmen. Daß das während eines späteren Aufenthalts in der Stadt, im Jahre 1807, wirklich der Fall war, beweisen Clementis mehrfache Angaben seiner Adresse an Härtel in Leipzig und seinen Teilhaber Collard in London. Das wird aber auch für das Jahr 1802 durch eine Anzeige von Clementis drei Klaviersonaten

---

vor dem trockenen Studium des Kontrapunktes scheuen, oder mochte ihn eine verborgene Ahnung seines Gefühls nach der goldenen Stadt des Nordens ziehen, denn die Anhänglichkeit an Clementi war es doch wohl nicht, wenigstens nicht einzig und allein: genug je näher der Tag des Scheidens kam, desto trauriger wurde John, der endlich seinen Lehrer mit Tränen in den Augen bat, ihn weiter mit sich zu nehmen.«

[1]) Diese gewöhnliche Angabe kann nicht ganz richtig sein; denn bereits in einem Briefe vom 14. Aug. 1803 ließ er sich seine Practical Harmony mit anderen Musikalien von London aus aufs Festland kommen. Wahrscheinlich war daher wenigstens der erste Band schon um diese Zeit erschienen.

Op. 40 in der Wiener Zeitung 1802, Nr. 92 durch Mollo & Co.[1]) noch wesentlich bekräftigt:

»Während dieser berühmte Komponist erst unlängst einige Tage in Wien war, schenkte er uns fast beständig seine Gegenwart. Er übergab uns hier diese 3 ganz neuen, von ihm verfertigten Sonaten, bey welchen er selbst die Mühe übernahm, Korrektur und Eintheilung zu besorgen; mehr brauchen wir zu ihrer Empfehlung nicht zu sagen. Die Auflage ist daher ohne Fehler und mit dem wohlgetroffenen Bildnisse des Herrn Clementi geriert, das nach der Natur gezeichnet wurde.« —

Also schon nach »einigen Tagen« schüttelten Lehrer und Schüler den Wiener Staub von ihren Füßen und gelangten noch Ende des Jahres 1802 in St. Petersburg an. Im Hôtel de Paris bewohnte Clementi dort, wie der Fieldnekrolog Gebhards berichtet, »ein paar Stübchen mit der Aussicht nach dem Hofe, und gab vom Morgen bis spät in die Nacht Unterricht, die Stunde zu 25 Rbl. B. A.« Nun singt derselbe Abriß ein Klagelied über den Geiz des Lehrers, das am besten in der dort gegebenen Form gelesen wird. Es liegt zwar nicht in meiner Absicht, Clementi in seiner sicher verwerflichen Schwäche in Schutz zu nehmen, aber die ganze Darstellung erscheint, wenn sie auch einen tatsächlichen Kern besitzen mag, so voreingenommen und übertrieben, daß man ihr nur bedingt glauben darf. Lesen wir also weiter:

»Solange er selbst diesem Verdienste nachjagte, vermied er sorgfältig, auf das Talent seines Schülers aufmerksam zu machen. Fields Eltern hatten an Clementi die bedungene Summe von 100 Pfd. Sterling für Beköstigung und Unterricht vorausbezahlt. Aber es hielt schwer, auch nur ein paar Stiefeln geflickt zu bekommen. So hatte J. Field auf der Reise zwischen Narva und Petersburg seinen Hut verloren, und es dauerte mehr als einen Monat, ehe Clementi 5 Rbl. B. A. zu einem neuen hergab.

---

[1]) Mollo und Dom. Artaria hatten die Kunsthandlung Artaria & Co. am 1. Sept. 1802 gekauft.

Der Jüngling verlebte demnach jenen Monat zu Hause, nur mit seinem Instrumente beschäftigt. Clementi selbst kaufte sich für die Winterzeit keine warme Bekleidung, und so mußte sie auch Field entbehren. Clementis Geiz gestattete dem zwanzigjährigen Jüngling nur eine sehr frugale Kost; er durfte nicht an der table d'hôte speisen, sondern mußte sich mit Tee, Brot, Butter, Käse etc. begnügen. Diese Bedürfnisse für seinen Hunger mußte er sich selbst aus den Victualienbuden holen. Bei einer solchen Gelegenheit näherte sich demselben in einer Bude ein wohlgekleideter Kammerdiener und ließ sich mit dem freundlichen John in ein Gespräch ein. Der muntere Field merkte gar bald, daß jener ihn für seines Gleichen hielt, und ließ ihn in seiner Täuschung. Der Kammerdiener nötigte nun den vermeintlichen Kameraden zu Gaste, und Field nahm die freundliche Einladung an. Jener war verheiratet, und die junge Frau bewirtete den Jüngling mit allem, was Küche und Keller der reichen Herrschaft boten. Die liebevolle Aufnahme und die gute Bewirtung, die er lang entbehrt hatte, gefielen John, und er kam nun, wie man es gerne sah, öfter. Jetzt rückte die Abreise Clementis heran. Im englischen Klub, wo sich Clementi für Teilnahme an musikalischen Abendunterhaltungen gewöhnlich 500 Rbl. B. A. bezahlen ließ, konnte derselbe Unpäßlichkeitshalber einmal nicht erscheinen, deshalb sandte er seinen Schüler J. Field. Der junge Landsmann gefiel den Engländern so, daß er seinen Lehrer nicht vermissen ließ. Er empfing das Honorar, mußte es jedoch seinem Lehrer abliefern, der ihm auch nicht einen Rubel davon einhändigte, um sich irgend ein Vergnügen oder eine Bequemlichkeit zu schaffen. In keinem Theater konnte Field erscheinen. Nur einmal ließ sich Clementi mit seinem Schüler von dem Mitgliede des kaiserlichen Theaterorchesters, Herrn Czerwenna d. ä., ins Orchester führen, weil es nichts kostete, und weil er gerade keine Lektion zu geben hatte. Die Eleven Clementis bedauerten dessen Abreise und waren bekümmert, wer seinen Unterricht fort- und ersetzen sollte. Eines Abends nahm er seinen Schüler mit sich, um ihn einer seiner Schülerinnen, dem Fräulein von Demidoff, vorzustellen. Als John mit seinem Lehrer in die Antichambre trat, sah er den bewußten Kammerdiener, der Clementi entgegensprang, um ihm den Mantel abzunehmen; seinen Freund daneben ließ er unbedient stehen. Clementi entfernte sich eilfertig, in der Meinung, sein Schüler folge ihm. Jetzt drückte der Freund Kammerdiener diesem herzlich die Hand und bat ihn, sich bei ihm niederzulassen und mit ihm zu plaudern; da kehrte Clementi schnell zurück und hieß John folgen. Verwundert sah ihm der Kammerdiener nach. Field trat in einen kleinen Kreis von vornehmen Gästen. Das schöne, junge Fräulein nötigte endlich den Jüngling zum Fortepiano. Er spielte, und alles war bezaubert. Johns jugendliches, unbefangenes und bescheidenes Wesen, seine schöne Gestalt, sein edles Gesicht, das große blaue Auge, sein blonder Lockenkopf — alles fand allgemeine Bewunderung und Teilnahme, und erhöhte bei den Frauen noch mehr den Reiz seines schönen Spieles. Die Bedienung reichte eben Erfrischung. Sein Freund Kammerdiener trat damit herein, und sah mit großem Erstaunen den Kameraden im Kreise seiner Herrschaft. Er hielt es für Unbedachtsamkeit von dem jungen John, und war ängstlich bemüht, ihm Winke zu geben, sich zu entfernen. Wenn er mit dem Frucht- und Weinservice an ihm vorüberging, reichte er ihm nichts, und seine Besorgnis, daß John gegen den Respekt verfehlen möchte, ward immer größer; er trat ihm heftig auf den Fuß und zeigte auf die Türe. John tat, als ob er es nicht verstehe, alles naschte, und er sah zu und — lächelte über das qui pro quo — das Fräulein bat ihn nun wieder sehr liebreich, noch etwas zu spielen. Field schlenderte gelassen nach dem Fortepiano und spielte. Die Freude glänzte auf allen Gesichtern, und der Kammerdiener stand in der Ferne wie angewurzelt und verzaubert. Als John geendigt hatte und aufstand, trat nun der Kammerdiener im übereilten Gefühle des Entzückens auf ihn zu, reichte ihm zuerst das Naschwerk und drückte ihm dabei verstohlen die Hand. Field lächelte, nahm und schmauste. Die Zärtlichkeit des Dieners fiel dem munteren Fräulein auf, das in der Nähe stand, und den jungen Field nicht aus den Augen verlor. Als die Gebieterin bemerkte, daß der Kammerdiener dem jungen Virtuosen wieder freundlich winkte, ihm zu folgen, fragte sie unwillkürlich und laut, ob sie sich beide kennten? Der Kammerdiener erschrak heftig und zog sich zurück mit dem schmerzlichen Gefühl, seinen lieben Freund vielleicht in eine üble Lage versetzt zu haben. Die Gesellschaft wurde auf die Frage des Fräuleins aufmerksam und Field erzählte nun in seiner Unschuld den reinen Hergang der Sache so drollig, daß alles entzückt war über die Unbefangenheit des Erzählers und die lustige Geschichte; nur Clementi gefiel sie nicht. — John ward Lehrer des Fräuleins, ohne es zu versäumen, seinen Freund Kammerdiener aus Dankbarkeit noch einmal zu besuchen . . . .«

Doch wollen wir erst noch, bevor wir Clementi von Petersburg Abschied nehmen lassen — diese Berichte Gebhards gehören ja zumeist einer vorgerückteren Zeit an —, weitere Einzelheiten vernehmen.

Auch vom »Quart. Mus. Mag. and Rev.« wird eine kleine Anekdote aus Petersburg über Field und einen gewissen Klavierspieler und -lehrer Palschau[1]) mitgeteilt: »Als Field eines Tages mehrere Fugen von Seb. Bach auf seine ausnehmende Art und zum unaussprechlichen Ergötzen aller Anwesenden gespielt hatte, drehte sich Palschau trocken um zu Clementi und sagte in ernsthaftem Ton: ,Ma foi, il a bien étudié.'«

Einiges über Clementis Petersburger Aufenthalt berichtet auch Spohr in seiner Selbstbiographie. Dieser war am 22. Dezember mit seinem Lehrer Eck angekommen und wurde, wie es scheint bald nachher, mit Clementi und Field bekannt. Er schildert dieses Zusammentreffen wie folgt:

---

[1]) Godfroy W. Palschau, früher in London. S. Pohl, Mozart in London S. 96.

»Durch ein Mitglied der Kaiserlichen Kapelle, Herrn
Raabe, waren wir in dem Bürgerklub eingeführt und
lernten dort fast alle in Petersburg anwesenden Künstler
und Schöngeister kennen. Das Tagebuch nennt u. a.:
Clementi, seinen Schüler Field, den Virtuosen Hart-
mann, ... , Clementi, ‚ein Mann in den besten
Jahren, von äußerst froher Laune und einnehmendem
Wesen‘, unterhielt sich gern mit mir (‚französisch, was ich
bei der vielen Übung in Petersburg bald ziemlich geläufig
sprach‘) und lud mich nach Tische oft ein, mit ihm Billard
zu spielen. Abends begleitete ich ihn einige Male in seine
große Pianoforte-Niederlage, wo Field oft stundenlang
spielen mußte, um die Instrumente den Käufern im vorteil-
haftesten Lichte vorzuführen.«

Endlich weiß Spohr noch ein selbsterlebtes Pröbchen
von Clementis vielbesprochenem Geiz zu berichten, was
im großen ganzen die Schilderung des Fieldschen Nekro-
loges bestätigt:

»Man erzählte sich schon damals manche Anekdote von
dem auffallenden Geize des reichen Clementi, der in
späteren Jahren, wo ich in London wieder mit ihm zusammentraf, noch bedeutend zugenommen hatte. So hieß
es allgemein, Field werde von seinem Lehrer sehr kurz
gehalten und müsse das Glück, dessen Unterricht zu genießen, durch viele Entbehrungen erkaufen. Von der ächt
italienischen Sparsamkeit Clementis erlebte ich ein Pröbchen,
denn eines Tages fand ich Lehrer und Schüler mit zurück-
gestreiften Hamdärmeln am Waschkübel beschäftigt, ihre
Strümpfe und sonstige Wäsche zu reinigen. Sie ließen
sich nicht stören, und Clementi rieth mir, es ebenso zu
machen, da die Wäsche in Petersburg nicht nur sehr theuer
sei, sondern auch bei der dort üblichen Waschmethode
sehr leide.«

Vom Musikleben in Petersburg war Clementi nicht
entzückt. Er habe dort, schrieb er später an Collard, keine
echten Liebhaber guter Musik außer einigen Fremden gefunden, was ihm nach mehrfachen Erfahrungen die Sache

so verleidet habe, daß er sich geweigert habe zu spielen, außer sie legten ihm als Zahlung in Gesellschaft 100 Dukaten, oder außer Gesellschaft 100 Rubel hin. »As for the emperor nothing less than a trumpet could make its way thro' his tympanum, and his avarice is a doleful example too willingly followed by his more than half ruined nobility!«

Clementi gab sich in Petersburg besonders mit seinen geschäftlichen Angelegenheiten ab, was hier jedoch nur flüchtig gestreift werden soll.[1]) Er sicherte sich einen Vertreter, dessen Name Faveryear war, nicht nur in dieser Stadt, sondern auch in Moskau einen namens Charl. Höcke. Außerdem trat er in Verbindung mit dem Petersburger Bankier Baron de Rall (auch bei Spohr erwähnt), der die Geldgeschäfte zu erledigen hatte. Sein Handel erstreckte sich in erster Linie auf den Klavierverkauf, aber natürlich auch auf Notenumsatz. Unter den vielen, die von ihm ein Klavier wünschten, fällt besonders der Name des Generals Markloffsky, Kommandanten von Narwa auf. »Field is in his house from my recommendation as you'll hear from Mr. Blake«, berichtete er Collard. Unter den Musikern, die sich ebenfalls Instrumente bestellten, zählte Clementi in demselben langen Briefe auf: Davidoff, der eine Komtesse Natalie d'Orloff geheiratet habe, die Musiklehrer Pratsch und La Traverse sowie Tepper de Ferguson, den Musikmeister der Geschwister des Zaren.[2])

---

[1]) Unter den Notizen, die mir Herr N. Findeisen in Petersburg aus der in russischer Sprache herausgegebenen »St. Petersburger Zeitschrift« in freundlicher Weise auszog, befindet sich folgende Verkaufsanzeige: »Excellent et grand forte-piano à queue anglois, de la fabrique de Muzio Clementi, à vendre chez Madame Canavassi-Garnier.« (Nr. 67, 1803.) Später wurden nach der Clementischen Konstruktion auch Klaviere von russischen Firmen gebaut. Unser Gewährsmann fand noch etwa 1901/2 ein echtes Clementisches, altes Klavier aus Rotholz mit Bronze und kaufte es für seine Sammlung.

[2]) Dieser wird in Werdens Musikalischem Almanach auf das Jahr 1805 (Penig) auch als befähigter Opernkapellmeister genannt.

Über die Verbreitung seiner Kompositionen gibt Clementis Brief zwar nicht viel Hinweise, aber es ist an und für sich verständlich, daß er als vielbeschäftigter Klavierlehrer darauf bedacht war, seinem Namen als Komponist, der bis dorthin, wie mir Herr Nic. Findeisen versicherte, noch in keinem Musikalienkataloge in Petersburg angetroffen werden konnte, hier und in der Provinz einen guten Klang zu geben.

Ganz ins Ende dieses ersten Petersburger Aufenthaltes Clementis fällt ein lustiger Streich Fields, den Gebhard wie folgt erzählt:

»Field hatte nun mehrere junge Künstler des Ortes kennen gelernt, und sich mit ihnen befreundet. Als er wieder in dem englischen Klub für seinen Lehrer eine Soriée durch sein schönes Spiel verherrlicht hatte, und das Honorar dafür zu einem lustigen Schmause mit seinen jungen Kunstgenossen verwenden wollte, gab es einen heftigen Wortwechsel zwischen ihm und seinem Lehrer. John mußte ihm indessen das Honorar ausliefern. Nun sann er auf Schadloshaltung. Den Tag vor Clementis Abreise bestellte er jene muntern Genossen, wohl 20 an der Zahl, zu einem brillanten Mittagsmahl in das Hôtel. Ehe Clementi am Morgen ausging, eilte John hinunter zum Wirt und zeigte demselben an, daß Herr Clementi seinen Freunden einen Abschiedsschmaus von 20 Couverts mit dem besten Wein zu geben gesonnen sei. Der Wirt stutzte über die Freigebigkeit Clementi's, der noch nicht einmal an seinem Tisch gespeist hatte. Als dieser in dem Augenblicke hinzutrat um auszugehen, redete ihn John rasch an: ,Nicht wahr, Herr Clementi, der Herr soll Jhnen über das Bestellte morgen die Rechnung einhändigen?' — ,Ja, ja!' sagte Clementi flüchtig und schlüpfte zur Thüre hinaus. Die Sache war abgemacht. Die lustige Gesellschaft versammelte sich, und lebte ganz gemüthlich ins Zeug hinein; sie ließ sich den kostbaren Wein recht wohl schmecken. Clementi kam, wie gewöhnlich, erst spät nach Hause und am andern Morgen begrüßte ihn der Wirth — mit der

Rechnung. Er sprang auf, lärmte, tobte, wollte John prügeln, und nicht zahlen, aber es half nichts, er mußte sich zum Ziele legen [?]. Es war nämlich allerdings Clementis Absicht gewesen, daß Field sich zur Belohnung für seine Leistungen am vorigen Tage nun einmal gütlich thun, sich Mittagbrot und Kaffee auf Clementis Rechnung geben lassen dürfe. Dies war Abrede zwischen beiden gewesen und hierzu hatte Clementi sein teures „Ja, ja' gegeben, welches Field so schlau zu benützen wußte.«

Über ein halbes Jahr hielt sich Clementi in der Zarenstadt auf. Anfang Juli 1803 verließ er sie mit einem jungen Mann, namens Karl Zeuner[1]), der sich ihm auf seiner Reise nach südlicheren Gegenden anschloß. Die oben schon herangezogene St. Petersburger Zeitschrift, die eine Liste von Abreisenden führte, verzeichnet den Aufbruch Clementis in der Nummer 41 vom 22. Mai (also 9. Mai neuen Stils) in russischer Sprache. Die Notiz lautet übersetzt: »Muzio Clementi, Römer, Komponist, wohnt in der Offizier-Straße im Nordischen Kaffeehaus.« Wenn wir die freundliche Bemerkung des Herrn Findeisen beachten, daß diese Abmeldungen in der Zeitung merkwürdigerweise schon ein bis zwei Monate vor der tatsächlichen Abreise erschienen, stimmt die Zeitangabe, die aus einem Hinweis Clementis in seinem Brief an Collard gefolgert wurde, damit ganz

---

[1]) Daß Zeuner schon vor Clementis Ankunft in Peterburg ein angesehener Pianist war, bestätigt die »Ztg. für die eleg. Welt« vom 25. März 1802 in einer Notiz aus dieser Stadt: »Unter den vielen Virtuosen, die wir theils schon besitzen und theils auch zu erwarten haben, zeichnet sich Herr Zeuner aus Berlin sehr vortheilhaft aus. Er gab vor einigen Tagen ein Concert, in welchem er sich mit einigen Stücken von seiner eigenen Komposition auf dem Pianoforte hören ließ, die allgemeine Bewunderung erregten. Seine Einnahme mochte etwa gegen 4000 Rubel betragen, wozu man freilich rechnen muß, daß viele Herrschaften den Preis ihrer Billets fünf- und zehnfach bezahlten.« Dann erfährt man noch, daß er vorher vor der Kaiserin hatte spielen dürfen und von ihr mit einem Brillantring beehrt worden war. Über seine Anwesenheit in Petersburg berichtete dieselbe Zeitung schon unterm 26. Dez. 1801 am Anfang des Jahres 1802 (S. 168)·

überein. Nur darauf muß noch hingedeutet werden, daß
hier Clementis Unterkunftsort anders als in dem Fieldschen
Lebensabriß angegeben wird. Ob in diesem Abriß nun
eine falsche Angabe enthalten ist oder ob Lehrer und Schüler
ihr Hotel wechselten, müssen wir auf sich beruhen lassen.

Noch im Jahr 1804 erinnerte ein Petersburger in der
»Zeitung für die Elegante Welt« (Nummer vom 17. Juli
1804) an den Meister und seinen Schüler:

»Hr. Muzio Clementi, der vergangnes Jahr Petersburg
wegen seinen Handelsspeculazionen besuchte, die allerdings
seiner großen Fabrik in England sehr viel genützt haben,
hat unter andern Hrn. Field hier zurückgelassen. Seine
große ausgezeichnete Fertigkeit auf dem Pianoforte, seine
eigne Kompositionen, sein glückliches Gedächtniß, das
Bach'sche Fugen, wie Clementi'sche Sonaten leicht behält,
machen diesen jungen Mann, der erst 20 Jahre alt ist, für
die musikalische Welt schon sehr merkwürdig. Die musikalische Gesellschaft und auf eigene Speculazion gegebene
Concerte haben seine Reputazion sehr schnell verbreitet.«

Der Lehrer kam durch Riga, Königsberg und Danzig
und langte mit Zeuner Ende Juli in Berlin an. Die Vossische
und Spenersche Zeitung vom 28. Juli 1803 enthalten
unter den »Angekommenen Fremden« folgende Anmeldung:
»d. 27. Juli: Hr. Clementi, Musikus aus London, und Hr.
Zeuner, Musikus v. Petersburg, Stadt Paris.«

So war er denn in der preußischen Hauptstadt angelangt. Indes war sein Aufenthalt hier nur ganz kurz berechnet; kaum vierzehn Tage kann er gewährt haben.[1]
Einige neue Bekanntschaften sind nicht von großer Bedeutung, so seine Verbindungen mit dem Instrumenten-
bauer Karl Louis Steibelt, ferner die Beziehungen zu
Privatleuten wie zu dem Kavalleriehauptmann v. Sydow,
der ihm sogar Dolmetscherdienste leistete und dem er auch

---

[1] Demgemäß ist die Aufenthaltszeit von 2 Monaten im
»Quart. Mus. Mag. & Rev.« unrichtig. — Der erste der folgenden Briefe an Collard stammt aus Dresden vom 14. August.

ein Instrument aus London kommen lassen konnte. Von
Musikern traf er mit Righini zusammen, der, wie Clementi
selbst schrieb, von viel größerem Verdienst sei als allgemein bekannt. Durch Clementis Vermittlung sandte
Righini an Mad. Billington zwei oder drei Gesänge in
der Hoffnung, sie werde sich herablassen, sie öffentlich
zu singen. Außerdem verhandelte der Berliner Komponist
mit dem Londoner über den Stich seiner Gesangschule,
deren Verlag Clementi seinem Teilhaber warm empfahl.
Weiter wurde er bekannt mit dem angesehenen Klavierlehrer
Lauska, »a charming good fellow,« und mit dessen Schüler
Meyerbeer, den auch Clementi kurze Zeit unterrichtete.[1]

Wichtiger aber als alle diese Verbindungen sollten ihm
seine geschäftlichen Beziehungen zu dem Hause Cohen in
Berlin werden. Cohen, ein großer Musikliebhaber, pflegte
sein Haus in der Münzstraße Nr. 20 der Kunst und ihren
Jüngern offen zu halten. Varnhagen v. Ense, der Haus-
lehrer bei dem aus Holland stammenden Fabrikanten war,
gibt davon ein anziehendes Bild in seinen Denkwürdigkeiten. Junge Dichter, darunter der bei Cohen im Kontor
angestellte Wilh. Neumann und nicht zuletzt Ad. v. Chamisso,
die zu $\tau.\ \tau.\ \pi.\ \alpha.$ ($\tau\grave{o}\ \tau o\tilde{v}\ \pi\acute{o}\lambda o v\ \mathring{\alpha}\sigma\tau\varrho o v$ = Nordsternbund)
gehörten, trafen sich in der Wohnung mit den anderen
Gästen, und ein Flor junger Damen verlieh dem ganzen

---

[1] Mendel: »Der Familie Beer gelang es, den berühmten
Reisenden in ihr gastfreundliches Haus zu ziehen und für ihren
talentvollen Sohn so zu interessieren, daß er ihm während seines
kurzen Aufenthaltes einige Lektionen gab, welche, wenn sie
auch mit Gold aufgewogen wurden, doch von hervortretendem
großen und fördernden Erfolg waren, wie spätere Konzerte
Meyerbeers, am 17. November 1803 und am 2. Januar 1804,
beide im Kgl. Schauspielhause, auch dem Theil nehmenden Publikum bewiesen.« Der Bericht ist aber mit Vorsicht aufzunehmen,
da darin bereits ein äußerlicher Fehler steht: Clementi sei mit
Field vor seiner Reise nach Rußland dagewesen. — Dr. J. Schucht,
der Meyerbeer persönlich kannte, erzählt wohl fälschlich in
seinem Büchlein über »Meyerbeers Leben und Bildungsgang«,
Clementi habe bei der Beerschen Familie gewohnt, und irrt sich
auch im Jahre.

Bild einen besonderen Reiz. Varnhagen zählt vor allem die folgenden auf: Frl. Seiler, die bei Cohens unterrichtete, Henriette Hübschmann und Karoline Lehmann.

Auf Karoline Lehmann hatte Clementi, obgleich sie zur Zeit seines ersten Aufenthaltes in Berlin erst 18 Jahre alt war, er selbst hingegen schon über 51, ein Auge geworfen, was natürlich die jüngere männliche Gesellschaft umso weniger angenehm berührte, als sie Karoline alle sehr gut leiden mochten. So erzählt Varnhagen eine Szene, die sich kurz vor der Zeit, wo wir jetzt stehen, ereignet haben mag: Varnhagen wurde von Karoline für ein Gedicht mit einem Kusse belohnt, während Chamisso leer ausgehen mußte, und genau dasselbe ereignete sich dann bei Gelegenheit einer Schaukelpartie.[1] Ein Sonett Chamissos »An Karoline« drückt seinen Schmerz darüber deutlich aus.

Lassen wir Varnhagen v. Ense über den in dem Kreise teilweise ungern gesehenen Gast Clementi berichten:

»Karoline Lehmann bekam ebenfalls um diese Zeit einen Bewerber, der uns allen ein Greuel war, den wir aber leider nicht so bei Seite schaffen konnten. Es war der alte Muzio Clementi, der durch sein Talent und seinen Reichthum stark empfohlen war, und das junge, mittellose Mädchen gleichsam zu erkaufen dachte. Die Eltern waren für ihn, das Mädchen, einer aufgeregten Neigung zu einem vornehmen jungen Manne schon im Stillen entsagend, wankte nur noch zwischen jenem Beifall und der heftigen Mißbilligung, die wir Jüngern laut werden ließen, und die in zweien von uns einen tiefern Quell hatte, als wir Andern vermuten konnten.«

Auch die Worte, die sich auf das junge Mädchen im besonderen beziehen, seien angeführt:

»Karoline Lehmann ... war gleichfalls ausgezeichnet

---

[1] Diese Szene ging später über in den Roman »Karls Versuche und Hindernisse«, deren Hauptverfasser Neumann, Chamisso und Varnhagen waren. Er erschien in Berlin und Leipzig 1808. S. I, Th. S. 56/7. Friedrich = Varnhagen, Karl = Chamisso, Julie = Karoline Lehmann.

musikalisch; sie kam gewöhnlich mit ihrer Mutter, oft aber auch allein, und hatte mit besonderer Zuneigung in Madame Cohen eine mütterliche Freundin gesucht und zugleich eine für die Jugend noch mit reinstem Sinn anteilvolle Vertraute gefunden; konnte man sie nicht geradezu schön nennen, so stand sie doch im frischesten und üppigsten Reiz aufgeblühter Jugend, und ließ in munterer sowohl als schwärmerischer Unschuld noch unendliche Zauberkräfte ahnden, in deren Wirkungsbereich man sich gern stellen oder doch hineindenken mochte.« [1])

Es bedarf jetzt keiner Erklärung weiter, weshalb, wie die Lebenskizze im Quart. Mus. Mag. and Rev. berichtet, sich Clementi dazu verstand, »aus freier Fantasie sowie aus seinen Werken vor allen angesehensten Tonkünstlern mit seiner gewöhnlichen Lebendigkeit und Kraft« zu spielen. Was er den Petersburgern nur für blankes Gold gewährt hatte, was er in Zukunft, nur mit seltenen Ausnahmen, überhaupt ausschlug, das scheint er aus zarten Gründen hier in Berlin freiwillig gespendet zu haben. [2]) Von einem öffentlichen Konzert ist natürlich in den Berliner Tageszeitungen nichts zu entdecken.

Karoline Lehmann war die Tochter von Johann George Gottfried Lehmann, Kantor und Musikdirektor zu St. Nicolai (auch Chordirektor der Kgl. Oper). Er wurde, nachdem er als Sänger in Diensten des Prinzen Heinrich gestanden hatte, an obiger Kirche Nachfolger seines Vaters, des Organisten Joh. Peter Lehmann, der am 6. Dezember 1772 verstarb, verzichtete aber nicht auf seine Stelle bei dem Prinzen auch nach seinem Amtsantritt. Als Musikdirektor hatte er in der Petri- und Nicolaikirche geistliche

---

[1]) Auch der Clementinekrolog in der »Allg. Mus. Ztg.« erzählt, daß sie »von Augenzeugen als schön und gebildet gerühmt« worden sei.

[2]) In seinen »Erinnerungen an frühere Musikzustände Berlins« (Neue Berl. Musikztg. 1850, S. 276) bestätigt L. Rellstab, der vielleicht manchen Ohrenzeugen gekannt hatte, daß Clementi »durch sein Spiel die allgemeinste Bewunderung erregt« habe.

Aufführungen zu leiten sowie die Chöre des Berlinischen und Köllnischen Gymnasiums zu dirigieren. Außer über eine schöne Tenorstimme verfügte er über eine bedeutende Fertigkeit im Klavier- und Orgelspiel (auch als Organist war er ursprünglich an der Nikolaikirche tätig), und er soll auch seine Tochter zu einer tüchtigen Klavierspielerin herangezogen haben. Seine geistlichen Aufführungen erfreuten sich jedoch nur geteilten Beifalls[1]).

Gegen die Mitte des August d. J. 1803 befand sich Clementi in Dresden. Ein Brief an Collard vom 14. d. M. macht den Eindruck, als ob er gerade nach Clementis Ankunft in dieser Stadt geschrieben worden sei. Zeuner, der hier geboren war, war ihm in seine Heimat gefolgt. Clementi gibt Collard seine Adresse als »chez Mons. Ludwig, Près de l'Eglise de la Ste Croix No. 522« an.

An die Stelle Zeuners, der in Dresden verblieb, trat ein anderer junger Musiker, Aug. Alex. Klengel,[2]) der Sohn des einst hochgeschätzten Landschafters in dieser Stadt. Er ließ sich natürlich die Gelegenheit nicht entgehen, dem reisenden Musiker seinen Besuch abzustatten und bei ihm einige Unterrichtsstunden zu nehmen. Der junge Schüler hatte schon einen guten Ruf als Spieler seines Instruments.

---

[1]) Der Eintrag von seinem Tode in das Kirchenbuch zu St. Nikolai lautet: »Johann George Gottfried Lehmann, Music und Chor-Director, auch Organist bei der St. Nicolai und Klosterkirche ist 71 Jahre alt am 5. April 1816 am Steckhusten in der Probstgasse 14 verstorben und hat die Witwe, 2 majorenne Söhne und 1 minorennes Kind [d. i. Clementis Sohn] hinterlassen.« S. ferner Curt Sachs, Musikgeschichte der Stadt Berlin bis zum Jahre 1800, Berlin 1908, S. 143, 163 ff. Auch Gerber A. u. N. L.

[2]) Klengel ist am 29. Jan. 1784 in Dresden geboren. Er blieb nach seiner mit Clementi unternommenen Reise in Petersburg von 1805 bis 1811, begab sich dann wieder auf Reisen nach Paris und Italien, 1814 kehrte er nach Dresden zurück, ging 1815 nach London, von wo er im folgenden Jahre wieder nach seiner Heimat zurückkam. Hier starb er als Hoforganist am 22. Nov. 1852. — Über Karl Zeuner sei noch berichtet, daß er sich nach ein paar Jahren in Wien ansiedelte, wo er Musikmeister der Fürstin Galitzin wurde. S. Berl. Mus. Ztg. 1805, S. 136, 187 u. s. w.

So sagte die »Allg. Mus. Ztg.« in ihrer Nummer vom 6. Januar 1802, wo er mit einem anderen Klavierspieler, Namens Eule, verglichen wurde, ein paar schöne Worte über ihn: »Sein [d. i. Eules] Spiel wird von mehrern hiesigen Klavierspielern übertroffen, auch von Klavierspielern seiner Jahre, unter denen ich Ihnen nur den jungen Klengel, den Sohn des berühmten Hofmahlers, nennen will.«

In Dresden war es auch, wo Clementi mit G. Chr. Härtel, dem Leipziger Musikverleger, bekannt wurde. Wenigstens bestätigt das die im Archiv von Breitkopf & Härtel liegende Kopie eines Briefes dieser Firma an Clementi & Co. vom 13. Februar 1804.[1]) Näheres darüber ist jedoch nicht zu ermitteln.

---

[1]) Der Brief lautet: »Notre fonds de Musique ayant augmenté considérablement depuis quelque tems et augmentant toujours et la connaissance de Mr. Clementi que nous avons eu l'avantage de faire pendant son séjour à Dresde a renouvellé notre désir de voir s'établir entre nous une correspondance suivie pour l'avantage reciproque. Nous prenons donc la liberté de vous demander si vous le croyez également de Votre interêt d'entrer avec nous en liaison & compte suivie. Nous vous offrons les ouvrages de notre fonds dont nous joignons Catalogue à 50 pCent. de Remige sur les prix marqués et à 6 mois de terme ou, si le montant de nos comptes devoit devenir plus considerable à 12 mois de terme. Les prix de la Musique de notre fonds étant extrêmement modiques vous pourrez les hausser encore considérablement sans la rencherir trop. Ayant en outre dans notre Magazin la Musique de tous les autres Editeurs en Allemagne, Suisse etc. et des editeurs principaux de Paris, nous pouvons de même vous enfourir avec la remise de 20 pCt. sur les prix marqués. Veuillez de votre coté nous envoyer des catalogues de votre fonds. Notre commerce de musique étant le plus étendu en Allemagne nous pourrons vraisemblablement vous emprocurer un debit avantageux en Allemagne. D'ailleurs nous pourrons, si cela peut vous convenir, vous envoyer souvent des ouvrages nouveaux des meilleurs auteurs en manuscrit, dont nous avons acheté la propriété pour les publier. Vous pourrez faire le même envers nous. Nous vous prions principalement de nous indiquer les derniers prix de Marchands de vos Pianos (Upright, Square and Horizontal). Nous avons toujours un bon nombre de meilleurs Pianos

Nach dem biographischen Abriß in der englischen Zeitschrift blieb Clementi nur wenige Wochen in der sächsischen Residenz. Sein vorläufiges Reiseziel war wiederum Wien, wohin ihn und seinen Schüler Klengel der Weg über Prag führte.

Tomaschek, der später als Lehrer rühmlich bekannte, in dieser Stadt ansässige Musiker, plaudert ausführlich über die Durchreise des Lehrers und Schülers. Sein Bericht in der »Libussa« (1845, S. 392/3) lautet:

»Clementi hielt sich mehre Wochen in Prag auf, und hatte Niemand als seinen Schüler Klengel bei sich, der während der Zeit im Konviktsaale ein sehr besuchtes Konzert

d'Allemagne dont nous faisons un debit qui n'est pas insignifiant. Mr. Clementi nous a déjà donné une liste de prix. Comme cependant ces prix excèdent trop les plus hauts prix usités en Allemagne, et que vous accorderez surement, comme d'autres Marchands de Pianos un Rabais agréable aux Marchands nous vous prions de nous marquer les derniers prix possible, contre payment comptant. Veuillez avoir la bonté de nous honorer d'une prompte reponse (elle peut être en Anglois, cette langue nous étant assez commode, quoique moins commode pour l'écrire) et d'y joindre le Catalogue thématique de Bland sur les oeuvres de Mr. Clementi, y marquant ceux qui se trouvent dans notre fonds. Un de nos Correspondans à Londres, dont nous cependant avons peu de raison d'être content, a encore de nous en Commission un nombre d'Exemplaires de notre Edition des Seasons de J. Haydn, tant en partition que pour le Piano avec paroles anglaises. Si vous pourrez en tirer parti, nous offrons de Vous le ceder en échange contre d'autre musique de notre fonds. Veuillez nous dire la dessus votre opinion.«

Ein weiterer Brief vom 4. September 1804 ist ebenfalls noch in der Kopie vorhanden und ist nicht bloß deshalb wichtig weil er die Beziehungen der beiden Firmen weiter verfolgen läßt, sondern auch besonders, weil es sich dabei um ein paar neue Werke Beethovens handelt. Er lautet in einem fast noch schlechteren Englisch, als der vorige französisch geschrieben ist, mit Verbesserung der gröbsten Schreibfehler wie folgt: »We have received with great satisfaction your obliging answer which opens a perspective to a nearer Connexion between us. As soon as your Catalogue and the list of the objects you have chosen in ours shall arrive, we shall send off, what you desire. Concerning

gab, worin er das Quintett in Es dur von Beethoven sehr
präcis vortrug, und großen Beifall erndtete.[1]

Clementi, ein echter Italiener, war durchaus nicht zu
bewegen, vor Jemand zu spielen. Klengel, mich oft be-
suchend, erzählte mir, mit welcher Bravour und Delikatesse
Clementi das Pianoforte noch immer behandle, und alle
Tage sich fleißig übe. Damit aber Niemand seinem Spiele
zuhöre, miethete er ein Quartier, das gar keine Nachbar-
schaft hatte, und stopfte den Raum beim Stimmstock mit
Wäsche voll, nebstbei er das Pianoforte mit einem Ober-
bett noch bedeckte.

Ich selbst überzeugte mich von dieser humanen Vor-
richtung, denn als er mich aufforderte, ihm meine Sonate
zu spielen, mußte ich erst warten, bis er das Pianoforte von
dem Ballast befreite.

Seine Lieblings Sonate in A dur spielte er alle Tage;
doch wollte es einer Gesellschaft, die ihn zu einem Souper
lud, und sich viel kosten ließ, nicht gelingen, ihn zum
Spielen zu bewegen, was er jeder Zeit mit den Worten:

---

your order to send you one or two Copies of new and
interesting musical Publications of other German editors, we beg
you to inform us of what authors and for what instruments
new and good pieces shall be to you the most wellcome.
Beethoven offers to us the following 4 new Works:
1. An Oratorio on religious subject with german words.
2. 1 Symphony for full Orchester.
3. 1 Concertante for Violin, Violoncello and Pianoforte with
full Orchester.
4. 3 Sonatas for Pianoforte.
He asks for this 4 works 2000 florins, which amounts to
157 £ Strl. As the Oratorio will be of no utility to us both,
we propose to offer to him the amount of 80 £ Strl. for the
3 works sub N. 2. 3. 4. if you consent to contribute for the
propriety of them 40 £ St. for your part. If you find it convenient,
we beg you to inform us thereof by a speedy answer, and to
prescribe the form, in which you wish to se [see?] constated
your propriety.«

[1] Über Tomascheks Besuch bei Klengel in Dresden im
Jahre 1821, vgl. a. a. O., 4. Fortsetzung, S. 501.

»Ick spiel nit mehr« von sich ablehnte. Bald darauf
reiste er nach Wien, wo er von der Kaiserin aufgefordert,
ihr vorspielte, und dafür eine goldene Dose mit Dukaten
gefüllt, erhielt. Mozart, der in allem, was Musik heißt,
ihm weit überlegen war, hatte sich nie bitten lassen, emp-
fängliche Herzen für Kunst mit seinem Genie zu be-
glücken.

Clementi's Tongeiz, wie er sich bei seinem Aufenthalte
in Prag bewährte, kann wohl Niemand entschuldigen, sobald
an die goldene, mit Dukaten gefüllte Dose gedacht wird.«

Leider ermangeln die Prager Zeitungen jener Jahre
musikalischer Mitteilungen fast ganz, so daß weder über
Clementis noch über Klengels Aufenthalt etwas Näheres
entdeckt werden konnte. Scheinbar noch vor Ende des
Jahres 1803 nahmen die beiden Abschied von Prag und
wandten sich weiter nach dem Süden.

Zur Zeit ihrer Ankunft in Wien befand sich dort ein
junger Mann, der von seinem Vater, um ihn den Gefahren
des Pariser Lebens zu entziehen, erst vor kurzer Zeit nach
Wien geschickt worden war. Es war Friedrich Kalkbrenner,
der, 1784 geboren, bereits am Pariser Konservatorium von
Adam im Klavierspiel unterrichtet worden war. Wie er-
wünscht ihm Clementis erneuter Besuch in der Donaustadt kam, wird im »Quart. Mus. Mag. & Rev.« in einem
»Memoir of Kalkbrenner« (VI. S. 499 ff.) geschildert. Diese
Erzählung macht durchaus den Eindruck, als sei sie aus
Kalkbrenners eigenem Munde. Erfährt man daraus doch
sogar wieder von Clementis Beziehungen zum Hause
Artaria. Man darf also wiederum annehmen, daß die An-
kömmlinge dessen Gastfreundschaft in Anspruch nahmen.
Die fesselnde Schilderung soll hier deshalb ganz ungekürzt
ihren Platz finden:

»Während seines [Kalkbrenners] Aufenthalts in Wien,
wurde er eines Tages von Artaria, dem bedeutendsten
dortigen Musikhändler, benachrichtigt, daß Clementi eben
mit seinem Schüler Klengel angekommen sei; von dieser
Kunde erfreut — ohne es abzuwarten, irgend eine Emp-

fehlung zu erhalten, flog er nach der Behausung Clementis und unter Entschuldigungen wegen seiner Aufdringlichkeit erzählte er ihm, daß seine Ungeduld keinen Aufschub ertragen habe, und er sei deshalb ganz einfach bei einem Manne eingebrochen, dessen Ruf ihn bereits zum Idol seines Enthusiasmus gemacht habe. Clementi, dem dieser Beweis der temperamentvollen Veranlagung des jungen Künstlers sehr gefiel, nahm ihn sehr freundlich auf, lud ihn ein, zu bleiben und mit zu frühstücken, sagte, er habe schon von seinen Fähigkeiten von Cherubini gehört und wurde für den jungen Mann so eingenommen, daß er den ganzen Tag seinen Umgang zuließ. Kalkbrenner machte ihn mit allen seinen Wiener Freunden bekannt, und sie waren so vertraut miteinander, daß er bei der häufigen Gelegenheit, ihn zu hören und seine Ratschläge zu empfangen, die größten Vorteile hatte und in Zukunft die ganze Art seines Vortrages änderte. Eines Morgens nahm Kalkbrenner diesen Vater der Pianisten mit, um seinen alten Lehrer Albrechtsberger zu besuchen, und ein Begebnis mag beweisen, wie sehr der stärkste Verstand durch fortgesetzte Gewohnheit bestimmt wird. Der Kontrapunktiker wünschte natürlich, zu hören, was ein Mann von so großem Ruf auf seinem Instrument leisten könne, und er ersuchte Kalkbrenner, Clementi zu bitten, etwas zu spielen. ,Mit dem größten Vergnügen', erwiderte Clementi, setzte sich ans Instrument und improvisierte [expatiated] eine beträchtliche Zeit in seiner so bedeutenden meisterhaften Weise. Albrechtsberger hörte ihm mit großer Ruhe zu, ohne den geringsten Ausdruck von Bewunderung — und als Clementi abgebrochen hatte, bemerkte er: ,That is very well'; sich aber an Kalkbrenner wendend, sagte er auf deutsch: ,Kann er auch eine Fuge spielen?'«

Es soll hier dahingestellt bleiben, ob Clementi, wie es nach diesem Bericht angenommen werden müßte, Albrechtsbergers Bekanntschaft erst im Jahre 1803 gemacht hat oder ob sie vielleicht bloß erneuert wurde. Hingegen muß

hier mit ein paar Worten auf eine Nachricht in der Biographie Kalkbrenners eingegangen werden. Diese von
einem Anonymus herausgegebene Lebensbeschreibung, die
mir nicht vorlag, wurde zwar in der »Neuen Zeitschrift für
Musik« (1843, in einem Briefe aus Paris) füglich verspottet,
da sie Kalkbrenner sehr einseitig über alle Musikgrößen
stellte, aber sie ist uns deshalb von einigem Wert, weil
darin Tomascheks Behauptung, Clementi habe 1803 bei
Hofe gespielt, bestätigt wird. Nach dem Pariser Brief heißt
es dort (von dem Berichterstatter schon übersetzt) in hoch-
trabenden Worten: »Zu der Zeit war auch Clementi in
Wien, ein Mann, der viel Anlage [?] zur Musik hatte. Der
junge ‚Aar‘ [d. i. Kalkbrenner] flog zu ihm und beschwor
ihn, sich doch hören zu lassen und nicht so bescheiden
zu sein. Er setzte Alles in Bewegung, um ihn beim öster-
reichischen Hofe einzuführen, und Gottlob! es gelang ihm,
Clementis Spiel reussieren zu machen.« Von Wichtigkeit
ist auch ein Bericht in der Allg. Mus. Ztg., vor allem deshalb, weil er von dem gleichzeitigen Auftreten Kalkbrenners
und Klengels, das wohl in den Anfang des Jahres 1804
zu setzen ist, Kunde gibt; es heißt da also (Jahrg. 1803/4,
S. 621) wie folgt:

»Kalkbrenner vom Pariser Konservatoire und Klengel,
Clementi's Schüler, spielten im Jahnischen Saale ein Doppel-
Konzert auf zwey Pianoforten, von ihrer eigenen Komposition, recht brav; besonders hat Kalkbrenner eine be-
wunderungswürdige Fertigkeit in beiden Händen; nur daß
es ihm noch merklich an Delikatesse und Ausdruck ge-
bricht. Das Konzert selbst (aus C dur) war jugendlich —
hier und da ein einzelner guter Gedanke, im Ganzen unbedeutend; besonders mußte es hier also erscheinen, wo
man Mozartische, Eberlische und Beethovensche Klavier-
konzerte gewohnt ist. . . .«

Wieviel Clementi daran lag, Beethovens Bekanntschaft
zu machen, darauf werden wir noch zu sprechen
kommen. Czerny erzählt, daß er dem Wiener Meister
sagen ließ (1802 oder 1803/4?), er werde ihn gern sehen!

»Da kann Clementi lange warten bis Beethoven zu ihm kommt« soll die Antwort gewesen sein.

Und Ries berichtet darüber weiter[1]: »Als Clementi nach Wien kam, wollte Beethoven gleich zu ihm gehen, allein sein Bruder setzte es ihm in den Kopf, Clementi müsse ihm den ersten Besuch machen. Clementi, obschon viel älter, würde dieses wahrscheinlich auch gethan haben, wären darüber keine Schwätzereien entstanden. So kam es, daß Clementi lange in Wien war, ohne Beethoven anders als von Ansehen zu kennen. Öfters haben wir im Schwanen an einem Tische zu Mittag gegessen, Clementi mit seinem Schüler Klengel und Beethoven mit mir; alle kannten sich, aber keiner sprach mit dem andern oder grüßte nur. Die beiden Schüler mußten dem Meister nachahmen, weil wahrscheinlich jedem der Verlust der Lektionen drohte, den ich wenigstens bestimmt erhalten haben würde, indem bei Beethoven nie ein Mittelweg möglich war.«

Diesmal wissen wir es aber auch bestimmt, daß er mit bei Haydn vorsprach. Wie nämlich Hermann v. Hase in seiner Schrift »Joseph Haydn und Breitkopf & Härtel« (Lpz. 1909, S. 50) berichtet, bat Clementi den Alten dringend um einige ältere Kompositionen; dieser aber bot sie zuerst Breitkopf & Härtel an, die ihm für drei Kompositionen gern die geforderten 25 Dukaten bezahlten. Wir werden darauf bei Anführung eines Briefes von Clementi an Collard noch zu sprechen kommen.

Der Aufenthalt des Meisters und Schülers in Wien dehnte sich auf mehre Monate aus. Eine kurze Notiz darüber brachte auch eine Zeitung, »Der Freimüthige« in Nr. 58 vom Jahre 1804 unterm 8. März: »Der mit vollstem Rechte allgemein berühmte Kompositeur Clementi ist jetzt hier, und wird überall mit Achtung und Auszeichnung auf-

---

[1] Clementis Ankunft in Wien wird von der Skizze im Quart. Mus. Mag. & Rev. noch ins Ende des Jahrs 1803 gesetzt; dem widerspricht der Anfang des obigen Berichtes, da diese Schilderung von Thayer ins zeitige Frühjahr 1804 verlegt wird. Vielleicht ist der Anfang nicht ganz wörtlich zu nehmen.

genommen. Ob er gleich nicht mehr jung ist, studiert er
doch noch immer mit Fleiß und Eifer, und die Römischen
und Griechischen Klassiker sind seine Lieblingslektüre.« —
Noch im Frühling desselben Jahres durchreiste Clementi
mit seinem treuen Gefährten die Schweiz. Auch hierzu
bildeten wohl geschäftliche Dinge den Hauptgrund. In
Zürich hatte nämlich H. G. Nägeli, der genau wie Clementi
den Musikerberuf — wenn auch nicht ausschließlich —
mit dem des Verlegers vertauscht hatte und ein begeisterter
Anhänger Clementis war,[1]) ein Unternehmen begonnen,
das er Répertoire des Clavecinistes nannte und wozu,
Clementi an der Spitze, die bedeutendsten damaligen Komponisten für Klavier von ihm persönlich (darunter Beethoven) und öffentlich aufgefordert worden waren. Es
waren bereits einige Hefte erschienen, als Nägeli der klavier-
spielenden Welt mit Clementis eigenen Worten dessen Zufriedenheit mit seinem Werk mitteilen und noch weitere
Veröffentlichungen in Aussicht stellen konnte. Seine
»Musik-Anzeige betreffend das Repertoire des Clavecinistes«
lautet, im Intelligenzblatt (Nr. 24 vom 2. Juni 1804) der
»Zeitung für die elegante Welt« veröffentlicht, folgendermaßen:

»Je previens le public, qu'ayant examiné pendant mon
séjour à Zuric le plan du Repertoire des Clavecinistes de
l'édition de Mr. Naigueli, je ferai paroitre en faveur de
cette entreprise, qui mérite toute mon approbation, plusieurs
nouvelles productions, dont Mr. Naigueli sera seul éditeur
legitime sur le continent.

Zuric, ce 18. May 1804.   Muzio Clementi.

Ich freue mich, dem Publikum anzeigen zu können
daß der große Künstler, ohne welchen überhaupt ein
solches Repertoire des Clavecinistes unmöglich gewesen
wäre, die zahlreich eingegangenen Beiträge seiner Zöglinge
und Nachfolger noch mit den seinigen vermehren will.

---

[1]) Das beweisen noch seine 1826 veröffentlichten »Vorlesungen
über Musik«.

Es wird nun bald nach der Ostermesse in meinem Verlage der 8te, 9te, 10te, 11te und 12te Heft dieses periodischen Werks erscheinen. Auch werden in einer Unterabtheilung des Repertoire Clavier-Concerte geliefert, worüber eine ausführliche Anzeige in der musikalischen Zeitung und in einzeln ausgegebenen Blättern das Mehrere besagt.

Zürich im May 1804.   Hans Georg Nägeli.«

Wie ein Brief an Collard beweist, ging Clementi auch mit dem Züricher Musikverleger seine beliebten Austausch-geschäfte ein. Noch viel wichtiger als seine Beziehungen zu Nägeli waren aber die zu Härtel in Leipzig geworden. Dieser hatte sich nämlich entschlossen, eine Gesamtausgabe der Werke Clementis zu veranstalten. Wenn man bedenkt, daß Härtel derartige Unternehmungen nur mit den Werken eines Mozart (1798) und Haydn (1800) angefangen hatte, so kann man sich vorstellen, daß es dem Komponisten sehr viel daran lag, das Werk so richtig und schön wie möglich herausgegeben zu sehen.

In einem Briefe, den die Leipziger Firma im Mai 1803 an Dussek in Hamburg schrieb, scheint zum ersten Mal auf die Absicht einer Clementischen Gesamtausgabe an-gespielt zu werden, wenn auch nicht gerade ganz feststeht, ob darin nicht doch vielleicht nur um Vermittelung der Übersendung seiner neuesten Kompositionen ersucht wird. Diese Unbestimmtheit wird veranlaßt durch die nur auszugs-weise hergestellte Kopie, die in den Breitkopf & Härtel-schen Geschäftsbüchern steht. Die Worte über Clementi lauten:

»... Bitten wir uns bey Clementi zu empfehlen. Clementi's Werke. Wir würden an C. selbst geschrieben haben, wenn wir seinen Aufenthalt wüßten. Auch Piano-forte könnten wir viel von ihm brauchen ...«

Dussek stand demgemäß mit seinem Freund immer noch in reger Verbindung und wird zur Übereinkunft Clementis mit Härtel das Seine beigetragen haben.

Eine Anzahl Hefte der Sammlung war schon erschienen, als Clementi Ende Mai oder Anfang Juni 1804 selbst in

Leipzig eintraf, um Härtel aufzuwarten und die Herausgabe
eines neuen Bandes, des sechsten, zu überwachen. Die
>bei dem Leipziger Verleger herausgegebene‹›Allg. Mus. Ztg.«
berichtete darüber und über andere Einzelheiten kurz nach
der Abreise des Besuchers und seines Schülers (VI. S. 762):
»Der berühmte Clementi aus London hat sich mit
seinem talentvollen Schüler Herrn Klengel . . . auch bei
uns in Leipzig über zwei Monate aufgehalten. So wie
Hr. Clementi sein allgemein bewundertes Spiel jetzt nur an
wenigen Orten hat hören lassen, hat er auch uns das Vergnügen versagt, und sich in seiner Zurückgezogenheit teils
mit neuen Kompositionen, (sowohl für Klavier, als für
volles Orchester), teils mit der Redaktion, Korrektur und
Verbesserung seiner Werke, wie sie in der Verlagshandlung
dieser Zeitung erscheinen, beschäftiget. Das sechste Heft
dieser Sammlung (Oeuvres complettes de Muzio Clementi),
das soeben erscheinen wird, bestehet aus von ihm selbst
gewählten, berichtigten und zum Teil sehr wesentlich ver-
besserten Stücken,[1] auch wird diese Ausgabe in der Folge
durch mehrere neue Kompositionen bereichert werden.
Jetzt ist er mit seinem Schüler, Hrn. Klengel, in Berlin.
Dieser, ein sehr junger Mann von unverkennbarem Talent,
extemporiert zwar noch nicht geordnet genug, leistet aber
in Absicht auf Fertigkeit, Präcision und leichte Besiegung
der allergrößten Schwierigkeiten, so viel, als irgend ein der
jetzt lebenden größten Klavierspieler, in Absicht auf Vortrag der Kompositionen seines Lehrers, die er unter seiner
Leitung studiert, übertrifft er alle Virtuosen, die wir nur
jemals gehört haben. Wir wünschen, daß er überall die
gute Aufnahme und Aufmunterung finde, die er so sehr
verdient, und die seine ausgezeichnete Geschicklichkeit und

---

[1] Die beiden Capriccien in A dur und F dur im sechsten
Heft der Sammlung haben die Überschrift: »Revu et amélioré
par l'auteur pendant son séjour à Leipsic 1804« und die letzte
Sonate des Heftes in C dur an derselben Stelle: »Avec des
améliorations très considérables faites par l'Auteur pendant son
séjour à Leipsic 1804.«

Gefälligkeit allen denen reichlich vergilt, die sie ihm an-
gedeihen lassen — denn von allen Virtuosengrillen und
Anmaßungen ist er frei.   D. Red.«

Aus Leipzig stammt auch ein Brief Clementis an
Collard vom 10. Juni 1804, der, soweit ihn J. S. Shedlock
in seiner Clementi Correspondence[1]) mitteilt, hier stehen
soll. Zuvor hat Clementi von der von Hoffmeister 1803
veröffentlichten Beethovenschen Violin - Romanze in G
gesprochen; er fährt dann fort:

»But in regard to Beethoven I have a still better plan
than before to possess all his manuscripts, for as he is
well (by miracle, for he quarrels with almost every living
creature) — I say, as he is well with Härtel, I have
engaged with this last, for the future, and for whatever
(reasonable) price he shall pay him I'll go halves with
him for the copyright in the British Dominions. And
by contracting for all, Härtel is sure we shall possess his
works at a tolerably easy rate; for he is otherwise very
exorbitant.«

Eine gewisse Bestätigung des Riesschen Berichtes wird
man zwischen den Zeilen dieses sonst keiner Erklärung
bedürfenden Briefes lesen können. Auch die übrigen von
Shedlock mitgeteilten Stellen sollen hier stehen: »... Now
to return to honest Dussek. I think you may venture
to send immediately by the post his three sonatas, if they
be in the grand style, to Nägeli, at Zurich, as I mentioned
in my last, for which he is to send you Beethoven's grand
sonata in E flat and a sonata by Woelfl in C minor.«

Der Schluß des Briefes zeigt uns wieder Clementis
Ordnungsliebe in allen Dingen: »Above all things, I hope
my room at the factory remains in a virgin state, my

---

[1]) Monthly Musical Record, August 1, 1902. Die kleinere
Anzahl der damals noch vorhandenen Briefe an Collard lag mir
nicht vor, da ihr Besitzer, Rev. H. Clementi-Smith, gestorben
war, und nicht ermittelt werden konnte, in wessen Hände sie
übergegangen waren. Diese Briefe werden nach J. S. Shedlock,
wie er sie veröffentlichte, auszugsweise gegeben.

books, papers, and other trifles being my hobby horses; never mind dirt and dust: that's my business.«

Über Clementis Anwesenheit in Leipzig geben die Kopierbücher von Breitkopf & Härtel zwar keinen viel eingehenderen Aufschluß als die Allg. Mus. Ztg.; eine Stelle daraus ist aber nicht zu übergehen, wegen ihres allgemein wichtigen Inhalts und besonders wegen ihrer Beziehung auf Clementis Vorliebe für einen schweren Anschlag der Klaviertasten. Am 7. Dez. 1804 erklärte die Leipziger Firma ihren geringeren Bedarf an Wiener Instrumenten der dortigen Streicherschen Klavierhandlung unter anderm damit: Es »bestehen viele Liebhaber, besonders solche, welche oft Concert oder sonst mit stärkerem Accompagnement spielen, auf einem stärkeren und volleren Ton, als der Ihrer Instrumente ist, und diese halten sich daher an englische, französische Schanz- und Müllersche Instrumente und an die einiger anderen deutschen Meister. Dahin gehören z. B. alle Klavierspieler aus der Clementischen Dussekschen Schule und ganz vorzüglich die Russen und nördlichen Deutschen. H. Clementi, der itzt Deutschland, Rußland cp. durchreist hat, hat diesen Geschmack noch mehr bestärkt. Er wohnte 2 Monat bei uns und wählte sich zum Gebrauch für diese Zeit das stärkste und im Anschlag schwierigste Instrument unseres Vorrats, eben so sein Schüler Klengel. ...« Eine andere Stelle von noch größerer Wichtigkeit über die Abmachung der geschäftlichen Seite der Gesamtausgabe ist in einem Briefe an Beethoven vom 24. Sept. 1810 enthalten. Härtel hat vorher von der Schwierigkeit gesprochen, die im Gegensatz zu der Neuausgabe Clementischer und Dussekscher Werke bei einer Sammlung Beethovenscher im Inland entstehen werde, da sie schon früher veröffentlicht worden seien, und erzählt dann, wie ihm Clementi seine Ausgabe erleichtert habe, in folgenden Worten: ».... Hierzu kommt noch, daß der Erfolg meiner übrigen Sammlungen hauptsächlich durch den sehr niedrigen Preis bemerkt wurde, der mir nur dadurch möglich wurde, daß ich bey den Mozart- und

Haydnschen Sammlungen nur einigen Aufwand für Honorar, bey der Clementischen aber beinahe gar keinen hatte, da H. Clementi das ihm offerirte Honorar ablehnte und mir die Freyheit, eine solche Sammlung zu veranstalten, ohne allen Anspruch auf eine Vergütung zugestand, und selbst für die Revision und Verbesserung mehrerer Werke keine Vergütung annehmen [wollte], als [daß] er eine Zeitlang in meinem Hause wohnte. . . . .«

Eine weitere Beziehung auf den Besuch Clementis in Leipzig fand ich endlich in denselben Büchern in einem Briefe an Lauska, von dem wir schon wissen, daß er mit unserm Komponisten bekannt war. Das Schreiben, das zeigt, daß Clementi zwischen Härtel und dem Berliner Lehrer und Komponisten die Bedingungen für den Druck einiger Sonaten vermittelte, lautet unterm 4. Dezember 1804 wie folgt:

»Die uns gefällig übersandten 3 Klaviersonaten haben wir empfangen und werden unter den Ew. Wohlgeb. von H. Clementi bereits vorgeschlagenen Bedingungen den Stich gern besorgen. Nur ersuchen wir Sie verbindlichst, uns, da wir itzt mit dringenden Arbeiten sehr überhäuft sind, noch einige Zeit zu lassen, und die Bedingungen zu genehmigen, w i e H. Clementi selbige Ihnen gemeldet hat, weil es für uns ein wesentlicher Unterschied ist eine Anzahl Freiexemplare oder deren [einen?] wenn auch geringern baaren Betrag zu geben.«

Die »Allg. Mus. Ztg.« hatte Recht mit ihrer Behauptung, Clementi im August in Berlin zu wissen. Es bedarf nach dem früher Mitgeteilten keiner weiteren Erklärung dafür, was ihn dorthin zog. Die Vossische und Spenersche Zeitung vom 4. August zeigen seine und seines Schülers Ankunft unterm 2. August wörtlich so an: »Die Herren Clementi und Klingel [sic!], Virtuosen aus London und Dresden, von Leipzig, Stadt Paris«.

Zwei Tage später, am 4. August, schrieb er wiederum an Collard. Die von Shedlock mitgeteilten Stellen lassen

die Geschäftsbeziehungen Clementis zu Härtel im Hinblick
auf Beethoven und Haydn weiter verfolgen:

»He [Härtel] is to have all that Haydn means to
publish, and has likewise promised to send you whatever
he gets from his pen. He was shown me the two songs
which the good Doctor gave me a sight of with the
promise in his usual polite way — I mean the Doctor's
— that I should be the sole possessor. Writing to him
or Beethoven is now become superfluous, to say no more,
since my conference with Härtel; for now with less trouble
and much less expense we shall get all we want!«

Über die Kompositionen, wovon schon S. 139 die
Rede war, sowie über die Kanons (die Haydn aber erst
nach seinem Tode veröffentlichen ließ) berichtet er weiter:

»Härtel expects very soon to get from Haydn his
sonata dedicated to Madame Moreau, which he'll send
you. Now for a secret! but, mind, it is to be kept invio-
lable — the said editor is to have all Haydn's **famous
canons**; and, what is more, he hopes to posses them
even before the death of that otherwise immortal author.
Now I'll give you the subjects of Haydn's two songs:

O tune-ful voice, I

with a beautiful accompaniment for the pianoforte. The
second is:

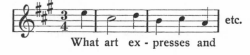

What art ex - presses and

dedicated to Dr. Harington by Dr. Haydn. The first Dr.
[Harington] having bestowed much praise on the 2nd
Dr. [Haydn], the said 2nd Dr. out of doctorial grati-
tude returns the 1st Dr. thanks for all favours recd., and
praises in his turn the said 1st Dr. most handsomely.
Shall I ever be a Dr.?« Der Schluß des Briefes scheint

dem Geschäftsteilhaber die Dame, die ihn natürlich bestimmt hatte, Berlin wieder aufzusuchen, zum ersten Mal zu erwähnen (wenn auch nicht mit dem Namen). Der Leser wird Clementis freudige Stimmung aus seinen Worten entnehmen:

»Now I must beg the favour of you, my dear Collard, to choose for me — not a wife, no, that I'd rather do myself, though your good luck in your own case would make any man's mouth water — but to choose me two grand pianofortes, one of which ought to be of the handsomer sort, being for the most amiable young lady in all Germany — nay, all Europe, for aught I know; and what is more, she is not a hundred miles from at this very instant; but that is not the cause of the compliment, which, in fact, is no compliment at all.«

Bereits kurz nach Verlauf eines Monats teilte er seinem Freund Collard seine bevorstehende Verheiratung mit Caroline Lehmann mit, der reizendsten jungen Dame, die er vor ungefähr 14 Monaten kennen gelernt habe. Unmittelbar nach der Feierlichkeit werde er mit ihr nach Italien aufbrechen. Am 13., 14. und 15. Sonntag nach Trinitatis wurden sie in der Nikolaikirche, wie das dortige Traubuch angibt, aufgeboten. Die Trauung fand am 18. September im Hause Lehmanns, Probstgasse 14,[1]) statt und wurde von dem Pfarrer der französischen Kirche, namens Palmié, vorgenommen. Die Spenersche Zeitung[2]) vom 20. September 1804 enthält die öffentliche Anzeige der Verbindung:

»Die am 18ten dieses vollzogene eheliche Verbindung meiner einzigen Tochter Caroline, mit dem Herrn Muzio Clementi aus London, melde ich hiermit allen meinen Verwandten und Freunden.   Berlin, d. 20. September

Lehmann, Musik-Direktor.

---

[1]) Nr. 14/16 befindet sich heute die Küsterei der Nikolaikirche. Man darf vielleicht annehmen, daß dieses Gebäude die Amtswohnung des Kantors war. Die Nummer wäre demnach dieselbe geblieben.

[2]) Ebenso mit ganz geringen Abweichungen die Vossische Zeitung.

Unsere am 18ten dieses allhier vollzogene eheliche
Verbindung zeigen wir hiermit allen unsern Verwandten
und Freunden an, und empfehlen uns bei unserer Abreise
nach Italien Ihrem gütigen Andenken.
Berlin, den 20. September.
Muzio Clementi,
Caroline Clementi, geb. Lehmann.«

Wenn die Sache sich so verhält, wie sie Varnhagen
überliefert, daß Caroline Lehmann nur mit Widerstreben
in den Wunsch ihres Vaters eingewilligt habe, fällt damit
nicht nur auf diesen sondern auch auf den Komponisten
eine gewisse moralische Schuld. Doch darf man Varnhagens Schilderungen gegenüber nie außer acht lassen, daß
sie in ihrer übermäßigen Subjektivität oft an wissentliche
Entstellungen des Sachverhaltes grenzen. Daß die Ehe bei
dem großen Altersunterschied der Gatten ein Fehlschritt
war, wird vom rein menschlichen Standpunkte aus niemand in Abrede stellen.

Clementi liebte seine junge Frau wirklich aufrichtig. Dafür
werden sich uns Beweise besonders später, als sie so bald
ihr junges Leben für ein anderes lassen sollte, aufdrängen.
Nunmehr ließ sich Clementi von Collard durch den oben
erwähnten Brief vom 11. September Geld nach Venedig,
Florenz, Rom und Neapel anweisen. Die Adresse lautet:
»A Monsieur Muzio Clementi compositeur de Musique.
Chez Gaetano Clementi [sein Bruder]. In Banchi Vecchi,
accanto il caffè, Roma.«

Natürlich trat der im wirklichen Sinne des Wortes
»jungverheiratete« Künstler, abgesehen von seinen die
Welt wenig bekümmernden Geschäften nicht weiter auf
seiner Reise hervor. So konnte denn ein Berichterstatter
von seinem Aufenthalt in Neapel der »Allg. Mus. Ztg.«
(VII. S. 765) nur einige Worte negativen Inhaltes berichten.[1] »Über den Aufenthalt Clementis und Righini's

---

[1] Ein anderer aus London will ihn nach seinem Schreiben
vom 4. März 1805 derzeit in Neapel wissen.

unter uns bedaure ich, nur einige Worte sagen zu können. Ersterer hat nicht eine Note in Neapel gespielt, ungeachtet alles Zuredens, Bittens und Drängens seiner italienischen Landsleute, die ihn mit so großer Achtung aufnahmen und so gern gesagt hätten: Auch ich habe Clementi gehört! Righini lebt fast verborgen . . .« Und aus Rom vermag ein anderer Berichterstatter für die »Berlinische Musikalische Zeitung«[1]) dem auch nichts Neues hinzuzufügen: Weder öffentlich noch in Privatakademien habe er sich hören lassen. »Er findet hier sehr wenig Bildung und Geschmack für Instrumentalmusik, und selbst die meisten Flügel und Fortepianos sind so schlecht, daß er sie nicht berühren mag.«

Daß er auch in Italien Handelsverbindungen anknüpfte, sei nur kurz erwähnt. So verkaufte er an den britischen Prokonsul John James in Neapel ein Klavier, wie er auch einem Grafen Zollenberg geschäftlich näher trat.

Gegen das Frühjahr 1805 wird das Ehepaar wieder nach Berlin zurückgekehrt sein. Wenigstens vermag Chamisso im Februar d. J. an den inzwischen nach Ham-

---

[1]) Nr. 6 S. 24 (ganz am Anfang des Jahres). Ein anderer Bericht aus Neapel, der ungefähr ein Jahr später an dieselbe Zeitschrift (1806 Nr. 7, S. 26) erging und der die mangelhaften Musikverhältnisse in Neapel betrachtet, sagt u. a., um Clementi zu entschuldigen: »Ich begreife hier immermehr, wie Clementi bei seinem letzten Aufenthalte in Italien den Entschluß fassen konnte, kein Instrument mehr zu berühren, und wie leicht es ihm werden mußte, diesem Vorsatz auch getreu bis ans Ende zu bleiben. Wie wenig hätte er auf den elenden Instrumenten, die man hier überall findet, seine Kunst zeigen und ausüben können. Die Wenigen von den Künstlern, die davon vielleicht eine Ahndung, einen entfernten Begriff bekommen hätten, würde er sich nur zu Feinden gemacht haben; und so schwieg der eben so kluge als genialische Italiener in seinem eigenen Vaterlande lieber gänzlich und that sehr wohl daran: verziehen wird es ihm hier aber nie; doch was macht er sich daraus.« Der kluge Berichterstatter dürfte mit dieser Bemerkung doch nicht ganz recht gehabt haben.

burg übergesiedelten jungen Neumann zu berichten: »Karoline
Clementi wird diese Tage aus Italien zurückerwartet.« [1])

Wilhelm Neumann, der im Hause des Bankiers Cohen
von Kind auf lebte, war in dessen Kontor tätig gewesen.
Der Bankier verlor durch unglückliche Spekulationen sein
Vermögen und mußte, Weib und Kinder verlassend, nach
Holland fliehen. So hatte denn auch für Neumanns Verweilen in dem gastfreundlichen Hause das letzte Stündchen
geschlagen; er begab sich nach Hamburg, wo seiner der
treue Varnhagen wartete. Am 8. Juni schrieb Chamisso
wieder an Varnhagen u. a.: »Noch habe ich Karoline
Clementi nicht gesehen . . . .« Das deutet darauf hin, daß
das Paar schon längere Zeit wieder in Berlin weilte.

An dieser Stelle muß eines schon erwähnten Briefes
Clementis selbst vom 16. Juli kurz gedacht werden.
Nachdem er außer geschäftlichen Angelegenheiten auch
einen Besuch des Prinzen Louis Ferdinand von Preußen,
der ein Jahr später in der Schlacht bei Saalfeld den Helden-
tod erlitt, erwähnt hat, macht er seinen Partner Collard in
launiger Weise mit einer zarten Familienangelegenheit bekannt: »My charming Caroline sends a bit of love, don't
be frightened, — not to you — but to your good lady,
and Mrs. Hyde; I say a bit, for I can't spare much, and
indeed she must keep a good dose for the little Cupid,
who is dayly and nightly expected. A propos, make
haste with the gr[and] P.-Forte [2]), for no doubt he'll want
to play as soon as he is born, — — or I'll cut him off
with a shilling [3]) for a bastard — Oh fie, for shame! says
Mrs. Collard . . . .«

Das große Glück des hoffnungsvollen Vaters sollte indes
in den tiefsten Schmerz umschlagen. Die junge Mutter
überlebte die Geburt ihres Kindes nur neun Tage; für
einen Sohn mußte sie ihr Leben lassen. Clementis Schmerz

---

[1]) Auch daran sei erinnert, daß die S. 26 mitgeteilte Anekdote in der Spenerschen Zeitung vom 7. Februar 1805 erschien.

[2]) Er hatte es ein Jahr vorher bestellt.

[3]) In England gebräuchliche, nachdrückliche Verwünschung.

war untröstlich: »My fatale and irreparable loss, of course you have heard from the Blakes. God alone can give me strength to bear it«, schrieb er am 31. August an Collard. Die Vossische Zeitung, die vor kaum einem Jahre sein großes Glück meldete, zeigte, wie auch ganz ähnlich die Spenersche, sein herbes Geschick in ihrer Nummer vom 20. August wie folgt an:

»Den 8 ten d. M. wurde meine Frau, g. Lehmann, von einem Sohne entbunden. Sie überlebte ihn leider nur wenige Tage, und starb den 17 ten d. M. an den Folgen der Entbindung im 20. Jahre ihres Alters. So wurde ihrem Kinde die beste Mutter und mir die zärtlichste Gattin, welche noch kein volles Jahr das größte Glück meines Lebens war, entrissen. Alle ihre und meine Verwandte und Bekannte werden meinen tiefen Schmerz theilnehmend gewiß mit empfinden.

Berlin, den 18 ten August 1805.

Muzio Clementi.«

Die Totenlisten der Dorotheenstädtischen Kirche berichten, daß der allzufrühe Tod von Clementis junger Frau am 17. August morgens 2 Uhr im Hause No. 19 Unter den Linden eingetreten sei; der Sohn war nach dem Taufbuch derselben Kirche am 8. August abends 3 Uhr ebendort geboren worden und wurde am 18. d. M. in Gegenwart der Zeugen Kammergerichtsrat von Lüderitz, Hauptmann von Sydow, Musikdirektor Lehmann und Frau von Kaphengst getauft. Am folgenden Tag wurde Caroline zur ewigen Ruhe bestattet.

Karl — so war das Kind genannt worden — blieb bei seinen Großeltern in Berlin (S. die erste Anmerkung S. 132). »Einen Sohn aus dieser Ehe [Clementis] habe ich später [als der Vater selbst nicht mehr in Berlin weilte], bei Ludwig Berger selbst kennen gelernt,« erzählt L. Rellstab in seinen genannten »Erinnerungen«. Erst nachdem der Musikdirektor Lehmann gestorben war, ließ Clementi seinen ältesten Sohn zu sich nach London kommen. Dieser, der eine große dichterische Begabung gezeigt hatte, wurde, noch in den Jünglingsjahren stehend (etwa Ende des zweiten Jahrzehnts des begonnenen Jahrhunderts), ein Opfer eigener Unvorsichtigkeit: Beim Spiel mit einem Revolver, den er für ungeladen hielt, erschoß er sich selbst in Gegenwart des älteren Collard.

Welch tiefen Eindruck das unglückselige Los der jungen Frau auf ihren Bekanntenkreis ausübte, davon sprechen zwei Briefe Chamissos an seine Freunde: »Karoline, das schöne Mägdlein«, schrieb er am 20. September[1]) an Lafoye, ein Mitglied des Nordsternbundes, »o mein lieber Freund, — welchem Jammer habe ich beigewohnt — ist in ihren ersten Wochen gestorben; wie anbetungswürdig ist die Cohen, dieses in seiner Demut herrliche Weib . . . .«

Am ergreifendsten aber teilte derselbe Jüngling die Unglücksbotschaft an Varnhagen nach Hamburg mit; der letzte sollte sie dann ihrem gemeinsamen Freund Neumann, wie Chamisso natürlich für selbstverständlich hielt, in schonender Weise — der Grund wird noch im Folgenden erörtert werden — vermitteln. Chamisso schrieb also unterm 17. August 1805 aus Berlin:[2])

»Für Dich allein, lieber Varnhagen! Ich soll zuerst mich an Dich wenden, lieber Guter, mit nicht erfreulichem Worte, und Du wirst dann das traurige Amt, das ich gegen Dich übernommen, gegen Deinen, meinen Bruder zu verwalten haben. — Eure, meine Freundin, die herrliche Cohen, welche viel gelitten und viel noch leidet, grüßt euch schmerz- und liebevoll, und überantwortet mir das Geschäft. Neun Tage und Nächte hat sie, die, selbst krank gewesen seiend, kraftlos hätte sein müssen, bei ihrer jungen

---

[1]) Mitgeteilt von Ludwig Geiger in »Aus Chamissos Frühzeit«, Berlin 1905, S. 91.

[2]) Adelbert v. Chamisso's Werke. Lpz. 1839 (herausgeg. von Julius Eduard Hitzig) 1. Bd. Der hier gegebene Tag, der 27. August, ist entweder von Hitzig falsch gelesen oder verdruckt. Der Brief ist seinem ganzen Inhalt nach am Tage des Todes von Karoline Clementi geschrieben, also, wie die »Vossische Zeitung« in der Nummer vom 20. August anzeigte, am 17. d. M.

leidenden Freundin Clementi ruhe- und schlaflos zugebracht, mit Mut, mit Kraft, wie es nur Weiber vermögen; diese lange Zeit hindurch habe ich sie nicht gesehen, habe nur oft an Karolinens Thür nicht beruhigende Nachrichten eingezogen, heut erst habe ich sie wiedergesehen, wähnend, daß die Besorgniß ihrer Angehörigen die Gefahr erhöhte, — erst heute sahe ich die Cohen, sie kam heraus zu mir, — diese Nacht war, in ihrem und der Frau von Kaphengst Armen, ihre Freundin verschieden. —

Sie soll nicht Aussprechliches gelitten haben, mehrstens ohne ihre Sinnen, zu denen sie näher ihrem Ende wieder kam. — Das Waisenkind lebt.

Henriette Hübschmann [1]) ist während dieser langen Periode mit ihrer Mutter abwesend von Berlin gewesen.

Ihr lieben guten Kinder, liebet mich, wie ich euch liebe, ich drücke euch fest an mein Herz. — Erfaßt euch und seid stark und gut. Ihr seid ja nicht allein. Lebet wohl   Adelbert

$\tau. \ \tau. \ \pi. \ \overset{?}{a}.$«

Hier sei auch die Schilderung des tiefen Schmerzes, den die auf eine recht romantische Art überbrachte Nachricht von dem Todesfall auf Wilhelm Neumann ausübte, mit den Worten Varnhagens mitgeteilt. Karoline Lehmann war, um es gleich zu sagen, Neumanns stille Liebe vor ihrer Verheiratung mit Clementi gewesen. Varnhagen, der von seinen Gedichten entzückt war, berichtet über diese Liebe, allerdings nur andeutend, schon für das Jahr 1803: »Daß er eine Neigung im Herzen hegte, war nicht nur aus seinen Gedichten allein zu gewahren, seine Gewöhnung zu schweigen ließ jedoch keinen näheren Aufschluß erfolgen, erst ein Jahr später wurde dieser mir durch unglückliche Umstände enthüllt!« [2])

Die ergreifende Schilderung von Neumanns Verzweiflung

---

[1]) S. o. S. 130; sie heiratete später einen Herrn von Bardeleben.

[2]) Eine ganze Anzahl seiner Gedichte ist »An Karoline (Lina)« gerichtet, oder schließt diesen Namen in den Zeilen ein.

über den Tod seiner Geliebten folge hier mit allen Einzelheiten nach Varnhagens Denkwürdigkeiten. Sie bedarf
keiner weiteren Worte:

»Das Erste, was den gleichmäßigen Gang unsres Fleißes
und unsrer guten Stimmungen gewaltsam erschütterte, war
eine unerwartete Todesnachricht aus Berlin. Die reizende
Karoline Lehmannn hatte den Wünschen ihrer Eltern nachgegeben, dem alten Muzio Clementi die Hand gereicht,
und mit ihm eine Reise nach Italien gemacht. Eben war
sie nach Berlin zurückgekehrt, um ihre Niederkunft zu
halten; sie brachte einen Knaben zur Welt, der am Leben
blieb, während sie selbst in den Armen ihrer mütterlichen
Freundin Madame Cohen unrettbar verscheiden mußte!
Auch Freunde, welche nur davon hörten, widmeten dem
traurigen Ereigniß und seinen näheren Umständen eine
wehmütige Theilnahme. Uns Freunden war es die schreck-
lichste Bestürzung; am schrecklichsten für Neumann, dessen
tief im Herzen getragene Neigung ich erst jetzt erfahren
sollte, indem ich den Auftrag erhielt, ihm die Nachricht
schonend beizubringen. Ich benahm mich dabei auf eine
abentheuerliche und gewagte Weise, führte den Freund
und noch einen guten Gesellen, [1] der uns grade genehm
sein konnte, zu einer Abendgasterei, wie bisweilen in Berlin
gepflogen worden, und wobei der süße Wein nicht ge-
spart blieb. Wir sprachen dabei viel Ernsthaftes und
Kräftiges, lasen auch mancherlei Gedichte, die Totenopfer
von Wilhelm Schlegel, die Euphrosine von Goethe, das
Lied von Novalis: »Lobt doch unsre stillen Feste.« Als
die gespannte und ahndungsvolle Erregtheit die Spitze
erreicht hatte, bracht' ich das Heil und das Andenken
aller uns Entschlafenen heftig aus, und nachdem Neumann
zagend — denn er wußte, daß mir von Berlin ein Brief
zugekommen war -- angestoßen hatte, zerschmetterte ich die
Gläser, sagte den Namen, dessen Andenken wir gefeiert
hätten, und las nun den ganzen Inhalt des Briefes vor.

---

[1] Löbell, ein Freund Neumanns.

Unaussprechlich war der Jammer, wir brachten den Unglücklichen unter Wehklagen heim. Die Geliebte war ihm, so lange sie noch lebte, nicht völlig geraubt gewesen, jetzt erst fühlte er sie ganz verloren, und drückte das herzzerreißend aus. Eine ganze Nacht durchwimmerte er, bis ihn am Morgen der Schlaf überwältigte. Dann aber konnte er sich gekräftigt aufrichten, der Schmerz hatte seine höchste Gluth gehabt, gegen welche körperlich und geistig ein schmerzlinderndes Opium im voraus genossen war, und so dauerte er nur noch in schweigender Wehmuth fort, keine Klage tönte mehr, und mit neuem Entschlusse, dem bald Heiterkeit folgte, wandte sich der Sinn zu erhöhtem Fleiß und Geistesstreben. Hinterher mußte ich mich wohl fragen, ob ich nicht in dem kühnen Wagnisse, das zwar den wirksamsten Erfolg und den innigsten Dank [?] erwarb, dennoch freventlich mit dem Freunde gespielt? und mir ist noch jetzt nicht wohl dabei, wenn ich mir die Sache in ihrer nicht zu läugnenden Trübheit vergegenwärtige; allein ich muß zu meiner Entschuldigung sagen, daß ich eigentlich keiner Überlegung folgte, und von jeder Aufführung eines Spieles weit entfernt war, sondern durch Verlegenheit und Umstände schrittweise getrieben wurde, und nur das Ausgehen bestimmt gewollt, und das Vorlesen auf gut Glück bereitet hatte.—« [1])

Tief gebeugt von dem harten Schlag kehrte Clementi seiner Unglückstätte den Rücken. Von seinen Absichten

---

[1]) Hier sei noch eine kurze Stelle aus einem Briefe Chamissos über eine in den »Musenalmanach« (1806) aufzunehmende Ode mitgeteilt. Er schreibt also am 10. Sept. 1805 an Varnhagen u. a.: »Wird nicht unsrer erblichenen Freundin Karoline Clementi ein Totenopfer dargebracht? Es ist das Recht und die Ehre der Todten, ‚denn das Gemeine geht klanglos zum Orkus hinab‘ —« Varnhagen hat seinem Freunde Wilh. Neumann in seinen »Denkwürdigkeiten und Schriften« (Mannheim 1837, I. Band, S. 345 ff.) ein Denkmal in Form einer kurzen, aber wohl empfundenen biographischen Skizze gesetzt. Neumann ist darnach am 8. Jan. 1781 geboren; er vermählte sich, wohl gegen das Jahr 1818, mit der Tochter des Dichters Johann Jakob Meioch.

berichtete bald darauf die »Berl. Mus. Ztg.« in der No. 92
S. 366 vom Jahr 1805 — wahrscheinlich auf Grund persönlicher Mitteilung Clementis oder doch wenigstens aus
seinem Bekanntenkreise[1]):

»Clementi, der hier das Unglück hatte, seine liebens-
würdige Gattin, die wohlerzogene Tochter unsers Chor-
direktors Lehmann im Wochenbette zu verlieren, nachdem
er mit ihr die Reise von Neapel hieher gemacht, ist nach
Petersburg gegangen, um sich dort ein oder zwei Jahre
aufzuhalten, nach welcher Zeit er hieher zurückzukehren
gedenkt. Er hat den jungen trefflichen Klavierspieler
Berger mitgenommen, der sich hier durch sein reines bedeutendes Spiel, mit welchem er Seb. Bach, wie Clementi,
spielte, und durch seine gründliche Unterrichtsmethode
Freunde und Beifall im Publikum und bei Künstlern erwarb, und sich in Clementi's Nähe sicher zu einem vollendeten
Virtuosen ausbilden wird. Es ist sehr erfreulich für die
Kunst, wenn ein so großer gründlicher Künstler, wie
Clementi, für seine praktische Kunst auch eine Schule bildet,
und seine schöne eigentümliche Frucht auch auf fremdem
Boden guten reinen Stämmen einpfropft. London, Dresden,
Berlin und Wien haben davon schon sehr erfreulich ge-
wonnene Früchte aufzuweisen.«

Ludwig Berger, dem Ludwig Rellstab in einem biographischen Abriß als treuer Freund und Schüler ein
liebenswürdiges Denkmal setzte (Berlin 1846), war schon
1804 Clementis Schüler geworden. Die Ankunft des
Meisters galt für den jungen Mann für einen Wendepunkt
in seinem Leben. »Zufall und Bestreben,« so schreibt
Rellstab, »boten einander die Hand, um ihm Clementis Bekanntschaft zu erwerben. Er wurde wohlwollend, und
nach den ersten Proben seiner musikalischen Befähigung,
mit teilnehmender Freundlichkeit aufgenommen. Clementi
sah allerdings sehr gut, was Berger, der in der Behandlung

---

[1]) Wir wissen schon von Reichardts, des Herausgebers der
Zeitung, persönlicher Bekanntschaft mit dem Komponisten.

des Instruments bis jetzt noch gar keinen Führer von irgend einiger Geltung gehabt hatte, fehlte; er sah aber mit seinem künstlerisch geschärften Blick auch eben so klar, was vorhanden war. Berger spielte ihm vorzüglich Kompositionen von Mozart und Beethoven und mehrere eigene, unter andern den ersten Entwurf der Sonate pathétique[1]) (die später umgearbeitet in London in Clementis Verlag erschien) vor. Die geniale, tiefe Auffassung im Vortrag musikalisch bedeutsamer Werke, überwog in Clementi's Urteil den Mangel einer nach der Forderung des Virtuosen, gründlich, sicher, gleichmäßig und glücklich herausgebildeten Mechanik, bei weitem . . . . Noch mehr wie von Bergers Talent zum großartigen Spiel war der alte Meister von seiner tiefen Anlage zur Composition tief ergriffen . . . . Clementi, über die unvermutete Entdeckung eines so bedeutenden Talentes gleich erfreut und erstaunt, sprach mit mehreren Musikern Berlins, die zu den bedeutendsten gezählt wurden, von Berger. Die meisten hatten ihn, obwohl sie ihn kannten und seine Compositionen gehört hatten, ganz unbeachtet gelassen, oder sprachen von ihm wie von einem jungen Menschen, der vielleicht einiges Talent habe, aber doch noch ganz unbedeutend sei. Clementi erwiderte darauf gewöhnlich mit scharfen Sarcasmen, meist in antithetischer Form, deren mir Berger manche überliefert hat. Ich will, um noch erkennbare Persönlichkeiten nicht zu reizen, und längst Vergessenes nicht zu wecken, nur eine allgemeinere anführen. Von den wilden, nur auf zusammengreifende Fertigkeit und Schnelligkeit ausgehenden Spielern, deren es auch schon damals in Berlin gab, pflegte er zu sagen: ‚Il joue bien fort, mais pas fort bien.'« [2])

---

[1]) Im »Journal des Luxus und der Moden« 1814, S. 158 angezeigt durch Kühnel in Leipzig: Sonate pathétique p. 1. Pf. composée et dediée à Muzio Clementi par son Elève Louis Berger de Berlin, Op. 1.

[2]) Wenn Clementi 1804 an Collard schreibt: »An excellent young man here who is my pupil as composer and performer, wishes to have as soon as possible a grand P.-Forte of the best ton

Außer diesem Schüler schloß sich dem Meister auf der neuen Reise nach Petersburg wieder sein anderer getreuer Zögling, Klengel, an. Natürlich wurden unterwegs die Städte, soweit es sich zu verlohnen versprach, »abgegrast«. Berger, der oft mit Klengel zusammen spielte, komponierte u. a. auch Werke für zwei Spieler. Was Rellstab jedoch beiläufig erwähnt, Clementi habe ebenfalls als Spieler an den Konzerten teilgenommen, dürfte nicht den Tatsachen entsprechen. Wir wissen von früher, daß dieser schon seit längerer Zeit gänzlich auf das Auftreten in der Öffentlichkeit, ja sogar in Privatkreisen verzichtete.

Nach längerem Aufenthalt in Kur- und Esthland[1])

---

and touch . . .«, so ist wohl Berger damit gemeint. Immerhin ist es auffällig, daß er bereits 1806 wiederum je ein Instrument für Berger und Klengel bestellt. Auf Meyerbeer, der die Anwesenheit Clementis wohl auch wieder wahrnahm, um seine pianistischen Studien unter seiner Aufsicht fortzusetzen, paßt die Stelle nicht, da er wohl kaum bei ihm Komposition betrieb und, geboren 1791, noch nicht als »junger Mann« gelten konnte. Meyerbeer spielte übrigens am 3. März 1805 in dem Konzert Louis Spohrs im Saale des Nationaltheaters eine Clementische Sonate. ». . . Endlich spielte auch noch der junge Virtuose Meier Beer eine schöne sehr glänzende Sonate von Clementi mit großer Fertigkeit und Sicherheit. Es ist sehr zu wünschen, daß dieses ausgezeichnete Talent der guten Schule getreu, die es so weit brachte, seine glückliche Lage ganz benutzen möge, um ein so ächter Künstler zu werden, als er nach den natürlichen Anlagen den bisherigen Fortschritten, unter der Leitung des braven Lauska und der neu hinzugekommenen theoretischen Unterweisung unsers Zelter's werden kann und muß . . . .« (Joh. Fried. Reichardt, in der Berl. Mus. Ztg. 1805, S. 95). Klengel, von dem wir oben gleich wieder lesen werden, war aller Wahrscheinlichkeit nach während Clementis Reise nach dem Süden in Berlin geblieben. In einer Aufzählung der 12 Winterkonzerte von Schick und Behrer im Saale des Kgl. Nationaltheaters (a. a. O. S. 131.) ist außer Behr (d. i. natürlich Meyerbeer), der eine Sonate von Lauska spielte, auch Klengel mit einer eignen Sonate vertreten.

[1]) Ein paar Konzerte erwähnt, wie mir Herr H. Schmidt in Riga mitteilt, das Livländische Künstlerlexikon, das ich leider nicht einsehen konnte.

langten Lehrer und Schüler in Petersburg an, wo sich
Clementis früherer Schüler Field bereits den glänzendsten
Ruf als Solist und Lehrer erobert hatte. Berger soll die
hohen Erwartungen, die er infolge der Lobeserhebungen
seines Lehrers an jenen stellte, noch übertroffen gefunden
haben.[1]) Die jungen Zöglinge des Meisters wurden »unter
der Ägide eines so berühmten Mannes schnell bekannt,
und ernteten auch reichliche Früchte ihres Talents. Sie
ließen sich öffentlich mit großem Beifall hören und bald
gehörten beide zu den gesuchtesten Lehrern dieser Residenz.«

Ganz ähnlich bestätigte dies Clementi selbst in einem
Briefe an Collard vom 9. Juni (alten Stils) aus Petersburg.
Nach den Notizen von Mr. J. S. Shedlock stehen mir leider
nur ein paar Stellen zur Verfügung, die hier gegeben
werden sollen:

»The two pupils I took with me from Berlin met with
much success in this country; — I advised them to make
hay while the sun shines: They stay. I procured them
plenty of scholars. . . . Their names are Klengel — Berger;
two very honest, industrious young men as ever lived.
They make it a joint concern to avoid all disputes. . . .«

Der Leser der mit Liebe geschriebenen Bergerschen
Biographie trägt aber außen diesen meist äußerlichen Tat-
sachen noch mit Hinsicht auf Clementi einen mehr inneren
Gewinn davon. Ein Vergleich des Schriftchens mit dem
Lebensabriß Gebhards über Field ist nämlich wohl geeignet,

---

[1]) Hierüber und über die gegenseitigen Urteile Klengels und
Bergers von ihrer eigenen Künstlerschaft s. Rellstab a. a. O.
S. 38/9. Der fesselnde Vergleich Bergers zwischen Clementis
und Fields Vortragsweise lautet: »An Gediegenheit des Spiels,
an edlem, festem Maß, zog er [Berger] Clementi vor; doch an
glänzender Fertigkeit, an Reiz des Anschlags und Vortrags stellte
er Field ungleich höher.« — Field gab bald nach ihrer Ankunft
ein Konzert. S. a. a. O. S. 40. Viele weitere biographische
Einzelheiten gewährt die kleine Lebensbeschreibung Fields von
H. Dessauer, die 1912 im Musikalischen Magazin von Hermann
Beyer & Söhne (Beyer & Mann) in Langensalza erschien.

die an manchen Stellen hier hervortretenden Spitzen und Härten gegen Clementi wesentlich zu entkräften. Wie wohltuend berührt im Gegensatz dazu Bergers Dankbarkeitsgefühl, so wie man es aus dem Rellstabschen Werkchen überall heraus empfindet. Dabei unterschlägt er Clementis Schwächen nicht im mindesten: »Als Charakter konnte er [Berger] ihn freilich nicht hoch stellen, und gab, ohne sein Gutes zu verkennen, seine wertlosen Seiten völlig zu.« —

Wann die Reisenden in Petersburg, dem eigentlichen Ziele ankamen, ist nicht bestimmt. Sicher ist jedoch, daß dies spätestens Ende Mai dieses Jahres 1806 gewesen ist, da der hier teilweise herangezogene erste Brief an Collard vom 9. Juni alten Stiles stammte. Auf die fast den ganzen Inhalt eines zwei Wochen später geschriebenen Briefes beanspruchenden geschäftlichen Angelegenheiten sei hier nicht eingegangen; nur sei einer Stelle gedacht, die auf neue Pläne des unruhigen Geistes Clementi hindeutet:

»Here has been incessant rain for almost 2 months,[1]) which has plaid the devil with the roads; but now it inclines to fair, and a fortnight's holding up will make them passable; — then adieu to Russia. Direct yours to me, Chez Messrs Breitkopf & Härtel, Leipsic.«

Auch in diesem Jahre brachte die St. Petersburger Zeitschrift die Meldung von Clementis Abreise und zwar in der Nummer 70 vom 31. August, also vom 18. neuen Stils. Da, wie gesagt, die Abmeldungen 1 bis 2 Monate vor der Abreise erschienen, ist Clementi durch das regnerische Wetter sicher noch länger hingehalten worden, als er in dem obigen Briefe hoffte. Der Wortlaut in der genannten Zeitung ist, aus dem russischen übersetzt, folgender:

»Muzio Clementi, Komponist, wohnt gegenüber der Admiralität in der Bürgerversammlung.«[2])

---

[1]) Hieraus könnte man auf einen schon längeren Aufenthalt Clementis in Petersburg schließen wollen.

[2]) Auch diese Nachricht verdanke ich der freundlichen Mitteilung des Herrn Nic. Findeisen in Petersburg.

Clementi nahm allerdings, wie aus dem Anfang des ersten noch erhaltenen Briefes an Härtel unbedingt zu schließen ist, seinen Weg nicht über Leipzig. Setzte er doch darin den Adressaten von seiner mühevollen Reise aus Rußland erst in Kenntnis. Und da er nach obiger Abmeldung kaum vor dem Monat Oktober abgereist sein kann und vor Mitte November in Wien ankam, so wäre ihm für einen Aufenthalt in Leipzig auch nur wenig Zeit geblieben.

Hier ist auf einen musikalischen Schriftsteller hinzuweisen, der, obgleich er Clementi kaum persönlich kannte, ein geradezu überschwänglicher Verehrer seiner Muse war. Es ist Johann Baptist Schaul, der Vorgeiger der Württemberger Hofkapelle, der in der Allg. Mus. Ztg. an verschiedenen Stellen als ein Musiker von guter fachlicher und allgemeiner Bildung hingestellt wurde. Wir versagen uns hier, die viel zu einseitigen und übertriebenen Lobeshymnen wiederzugeben, die Schaul auf »Clementi, den König der Tonsetzer« in seinen »Briefen über den Geschmack in der Musik« (Karlsruhe 1809) anstimmt, erwähnen aber einige Zeilen, die ihm Clementi hatte zukommen lassen, als diese Briefe 1806 als »Conversazioni istruttive« erschienen waren. Sie sind in der »Vorerinnerung« S. V nach ein paar günstigen Worten Salieris angeführt. Schaul schreibt: »Clementi sagt beinahe dasselbe [wie Salieri], nur mit andern Worten: ‚Die vortrefflichen Lehren, die Sie über Musik geben, verdienen von jedem, der eine musikalische Seele hat, nicht nur gelesen, sondern studirt zu werden.'« Das müßte also wohl nicht lange nach der Veröffentlichung jener »Conversazioni« geschrieben sein.

Für Clementis Tun und Treiben ist uns nicht bloß für die nächste Zeit, sondern auf etwa 20 Jahre hinaus eine große Anzahl jener noch erhaltenen, an Härtel gerichteten Briefe von großem Wert.[1]) Gleich der erste

---

[1]) S. meine Sonderstudie: Muzio Clementi and his relations with G. Chr. Haertel . . ., Monthly Musical Record, 1908, Nov.-Dez.

davon, unterm 7. Januar 1807 italienisch geschrieben,
gibt den genauen Tag seiner erneuten Ankunft in Wien,
den 12. November (1806). Hauptsächlich bittet der
Schreiber darin den Adressaten (und hat es, wie ausdrücklich vermerkt, schon getan), mit der Fortführung
seiner Gesamtausgabe vorläufig nicht weiter zu gehen,
da er schon selbst genügend Material zu einem siebenten
Bande gesammelt und verbessert habe. Das wird also
bedeuten, daß die Herausgeber, um die Sache vorwärts zu
bringen, ohne Wissen und Willen des Komponisten selbst
eine Auswahl aus seinen Werken getroffen hatten, und
diese Ansicht wird durch das nächste Schreiben an denselben Adressaten bestätigt, woraus man erfährt, daß die
Ausgabe bereits bis zum 9. Bande gediehen war.

Aber noch weiteren Aufschluß gewährt dieser Brief vom
31. Januar. Abgesehen davon, daß er wieder bei Artaria &
Co. seinen Aufenthalt genommen hat, erfährt man die bei
einem Clementi gewiß sonderbar anmutende Tatsache, daß
er die Komposition eines ihm von Härtel übersandten
Oratoriumtextes eines ungenannten deutschen Dichters er-
wägt. Wir dürfen wohl annehmen, daß dem Komponisten
wohl recht wenig daran lag, einem solchen Werk näher
zu treten, und sicherlich ist es nicht seine spätere Erklärung allein, daß der ihm übergebene Text nicht genug
zu Herzen spreche und nicht frei von dichterischen
Härten sei, was ihn davon abhielt.

Durch denselben Brief vom 22. April, worin Clementi
dieses Urteil fällt, unterrichtet er seinen Leipziger Freund
von dem Zustandekommen einer schon lange von ihm
angestrebten, persönlichen Bekanntschaft: »Beethoven ed io
siam diventati buoni amici alla fine. Abbiamo fatto un
accordo, pel quale mi cede la proprietà per li Stati Bri-
tannici, in 3 quartetti [Rasoumoffsky gewidmet], una Sinfonia [Nr. 4], un Overtura [zu Coriolan], un Concerto da
Violino, ed un Concerto da Piano e Forte [in G]. Ho
fatto questo accordo co lui in consequenza della vostra
lettera, data di 20 Gennajo, nella quale mi dite non

poter accetare, a causa della guerra, le sue proposizioni. L'ho pregato di trattar con voi per la Germania &c. &c.«

Wenn es hiernach auch scheint, als ob Clementi über Beethovensche Kompositionen noch bis vor kurzem allein mit Härtel habe unterhandeln wollen, so liegt doch die Vermutung sehr nahe, daß seine Reise nach Wien den Zweck verfolgte, dem großen dortigen Tonmeister, natürlich in erster Linie zu Geschäftszwecken, näher zu kommen, was ihm denn nun auch gelungen war. Daß er infolge des Todes seines Bruders, der wirklich auch um die fragliche Zeit erfolgte, von ungefähr mit durch Wien gekommen sei, wie es hingestellt worden ist,[1]) beruht auf haltloser Überlieferung. Es ist ja Tatsache, daß er schon lange vor Schluß des Jahres 1806, am 12. November, angelangt war, und während in keinem seiner ersten beiden Briefe aus dem Anfang des Jahres 1807 von obigem Mißgeschick die Rede ist, erwähnt es erst jener dritte an Härtel vom 22. April als erst »letzthin« (ultimamente) geschehen. Das wird noch erhärtet durch eine Stelle aus einem Briefe Clementis an Collard von demselben Tage, dem 22. April 1807: »On the 18th of Febr. I sent you a letter by a Courier, which I hope you have received; and in which I mentioned my intention of travelling towards Spain and Portugal. But having lately had the misfortune to lose my brother, and my niece complaining very bitterly of some injustice done to here mother and her, with regard to money-matters, I think it my duty to go and see into the affair, in hopes to make them a little comfortable. . .«

Derselbe Brief an Collard enthält aber vor allem Clementis eigene, ausführliche Schilderung des Zustandekommens seiner persönlichen Beziehungen zu Beethoven, seiner »compleat conquest of that haughty beauty«, wie er sich ausdrückt. Wenn nun Clementis Wiedergabe den Tatsachen entspricht, so hatte er die große Genugtuung,

---

[1]) So auch bei Thayer, Beethovens Leben III, S. 9 (Berlin 1879).

daß Beethoven nicht nur die erste Annäherung veranlaßte, indem er ihn auf öffentlichen Plätzen »angrinste«
und mit ihm zu »koquettieren begann«, sondern daß ihm
Beethoven bei Artaria auch den ersten, und als er ihn da
nicht antraf, einen zweiten Besuch abstattete.[1])

Ich erlasse mir hier die Mitteilung des von den beiden
Komponisten und von Beethovens Freund Gleichenstein
als Zeugen unterzeichneten, doppelt ausgefertigten Vertrages
vom 20. April und verweise deshalb auf diejenige Thayers
(a. a. O. III, S. 10 f., 2. Aufl., S. 28 f.). Daß aber auch
der Wiener Tongewaltige recht zufrieden mit den Bedingungen war, geht aus dem Anfang eines Briefes hervor,
den er am 11. Mai 1807 (natürlich nicht 1806, wie Beethoven irrtümlich angibt) an seinen Freund Brunsvik schrieb,
um umgehend die Stimmen zu den verkauften Quartetten
zu erhalten: »Ich sage Dir nur, daß ich mit Clementi recht
gut zurecht gekommen bin. — 200 Pfund Sterling erhalte
ich — und noch obendrein kann ich dieselben Werke in
Deutschland und Frankreich verkaufen — Er hat mir noch
obendrein andere Bestellungen gemacht — so daß ich dadurch hoffen kann, die Würde eines wahren Künstlers noch
in früheren Jahren zu erhalten. . . .« Aber wenn man dann
in einem Briefe vom 26. Juli d. J. an den Fürsten Ester-
házy liest: »— außerordentliche vortheilhafte Bedingungen,
die mir von London gemacht wurden, als ich das Unglück
hatte mit einem Benefice-Tag im Theater durchzufallen und
die mich die Noth mit Freuden ergreifen machen mußte,
verzögerten die Verfertigung der Messe . . . .« — dann
kommt einem die wehmütige Erkenntnis, daß die wahre
Ursache der Beugung dieser »haughty beauty« in der miß-
lichen Geldlage des Meisters zu suchen war. —

---

[1]) Sind die beiden Musiker, wie es scheint, bei diesem
zweiten Besuch miteinander übereingekommen, so fand dieser
am 20. April statt, der erste am 17., Beethovens erste Unterhaltung
mit Clementi am 15. April, vorausgesetzt, daß dieser die Zeitunter-
schiede in seinem Briefe ganz genau angibt.

In seinem Briefe an Collard vom 22. April erinnert
Clementi auch einmal an seinen Schüler Karl Zeuner, den
er, wie wir wissen, im Jahre 1803 mit sich von Petersburg genommen und in seiner Geburtsstadt Dresden zurückgelassen hatte. Außer den oben (S. 132, Anmerkung)
gegebenen Hinweisen sei vor allem noch mitgeteilt, daß
die Wiener Zeitung vom Jahre 1805 (S. 2014) die Anzeige
einer »Konzert-Akademie des Carl Zeuner, eines Schülers
Clementis« brachte und auch die Allg. Mus. Ztg. von
einem Auftreten im Januar 1807 zu berichten wußte.

Jedenfalls sehen wir Meister und Schüler in Wien
wieder zusammentreffen. Wie wenig aber das Auftreten
des Schülers befriedigte (was vielleicht auch darin begründet
lag, daß man von einem Pianisten aus Clementis Schule
eine glänzendere Technik erwartet hatte), geht aus den paar
Zeilen, die die »Allg. Mus. Ztg.« (1807, IX, S. 335) darüber berichtete, hervor: »Herr Zeuner trug wieder das
ärmliche Rondo vor, das er schon einmal in seinem Konzerte
gespielt hatte. Es ist ohne Tiefe und Bedeutung komponiert, und auch die Ausführung so leicht, daß die Passagen mit der rechten Hand höchstens die Nichtkenner be-
friedigen können.«

Clementi nun merkte in seinem Briefe in Kürze an,
daß jener Schüler wieder auf dem Wege nach Rußland
sei, daß er früher oder später um Instrumente nach England schreiben werde und möglichst auf die beste Weise
zu ermäßigten Preisen, wie sie Clementi Klavierlehrern
und seinen Schülern (so Field, Klengel und Berger) zu gewähren pflegte, bedient werden möge.

Wenige Tage nach der Abfassung seines Briefes reiste
Clementi ein zweites Mal nach seiner südlichen Heimat.
»After this little trip, I still intend to visit the two fore-
mentioned countries« (Spanien und Portugal). Seine Adresse
vermerkte er sowohl in seinem Briefe an Collard wie in
dem an Härtel als »Chez Gaetano Clementi, in Banchi
Vecchi, accanto il Caffé, Roma«; diese Banchi Vecchi
giebt es noch heute unter demselben Namen als eine

Straße, die die von der Engelsburg über die Tiber führende
Engelsbrücke genau südlich fortsetzt. Einzig die Allg.
Mus. Ztg. bringt im September des Jahres, wo wir jetzt
stehen, sowie im Dezember ein paar kleine Notizen über
seinen Aufenthalt in der Tiberstadt, die zwar kärglich genug
sind, aber doch wenigstens die Dauer seines dortigen
Aufenthaltes einigermaßen feststellen helfen. Die erste davon (die wahrscheinlich ihren Ursprung in einem uns nicht
erhaltenen Brief an Härtel hat)[1]), lautet:

»Hr. Clementi ist jetzt in Rom, wo ein Bruder von ihm
lebt. Er hat in mehrern der letzten Jahre an verschiedenen
großen Werken gearbeitet, durch welche er vorzüglich sein
Andenken zu erhalten und seinen (ohnehin feststehenden)
Ruhm weiter zu begründen wünscht, die er aber nicht eher
der Welt vorzulegen entschlossen ist, bis er sie selbst für
vollendet anerkennen kann.« — (A. a. O. IX, S. 787.)

Wenn nun die Behauptung in diesen Zeilen, daß noch
ein Bruder von ihm am Leben sei, nicht auf einer Verwechselung mit dem am Anfang des Jahres verstorbenen Bruder
beruhte, so müßte man noch auf die Existenz eines zweiten
Bruders Clementis schließen. Aber es ist doch wohl ein
Versehen, dem vielleicht gerade die Angabe der Adresse
Clementis an Härtel »chez Gaetano Clementi . . . .« unter-
liegt. In diesem Gaetano ist aber sicher der schon ver-
storbene Bruder des Komponisten zu sehen; im Grunde
ist ja daran nichts Auffälliges, die Briefe an die Adresse
einer kurz vorher gestorbenen Person senden zu lassen.

Der zweite den Komponisten kurz erwähnende Bericht
lautet, aus »Rom, im Nov. 1807«, wie folgt:

»Clementi ist im Anfange dieses Monats [also des No-
vember] von hier nach Mayland gereiset. Weder in Neapel

---

[1]) Von dem mir vorliegenden Briefe vom 22. April 1807 bis
zum 19. Dez. 1815 ist eine große Lücke in dem Clementi-Härtel-
schen Briefwechsel, die natürlich in Wirklichkeit nicht vorhanden
war, wenn auch der briefliche Verkehr nicht mehr so rege wie früher
und wieder späterhin gewesen zu sein scheint, und zwar deshalb,
weil die geschäftlichen Beziehungen wegen des Krieges stockten.

noch hier hat er sich — nicht einmal privatim, viel weniger
öffentlich, hören lassen. Er rührt gar kein Instrument an.«
(X, S. 206.) Diese Nachricht stimmt zeitlich durchaus überein mit einer Stelle aus dem nächsten noch erhaltenen
Brief an Collard, der vom 28. Dez. 1808 aus Wien stammt
und beinahe den einzigen Anhalt für ein ganzes Jahr aus
Clementis Leben bildet. Er beginnt: »I am quite astonished
at y^r silence, since y^{rs} dated May the 19th 1807; in w^{ch}
you describe the misfortune of our fire[1]), and the ingrati-

---

[1]) Morning Chronicle berichtete über dieses am 20. März
1807 ausgebrochene Feuer in der Nr. vom 21. d. M.: »Gestern
morgen, ungefähr 5 Uhr, wurde ein Feuer im Grundstück von
Clementi & Co, Musikinstrumentenbauer, Tottenham-Court Road,
bemerkt. Wenige Minuten nach der Entdeckung und nach dem
Feueralarm brach es vom ersten Doppelstockwerk mit einer großen
und dichten Flammensäule aus. Die Trommeln von St. Pancras,
Mary-le-Bone und die Freiwilligen von St. Giles riefen um ein
Viertel nach fünf zum Appell. Zu dieser Zeit kam die Spritze
von Mr. Gifford, dem Brauer, an, und kurze Zeit darnach trafen
einige andere Spritzen an der Stelle ein; wie es aber allzu häufig
bemerkt wird, verging eine beträchtliche Zeit, ehe Wasser verschafft werden konnte. Als die Spritzen zu löschen begannen,
glich das Innere dieser ausgedehnten Fabrik zum größten Teil
dem Innern eines ungeheuern Ofens, d. h. einer dichten Feuer-
säule. In dieser hoffnungslosen Lage der Dinge waren einige
Männer kühn genug, wiederholt zu den wenigen Stellen zu gehen,
die zur Zeit noch nicht Feuer gefangen hatten, und sie setzten,
obgleich sie vom Rauch beinahe erstickt und mit dem Wasser,
das nach diesen Stellen des Gebäudes, um sie möglichst zu erhalten, gespritzt wurde, ganz durchweicht waren, dennoch ihre
Arbeit fröhlich fort; und da Mr. Whitfield's Tabernakel und der
dazu gehörige Begräbnisplatz gerade gegenüber gelegen war,
wurden mehre Stücke aus Mahagoni, türkischem Buchsbaum,
Lindenholz usw. aus dem Feuer herausbefördert und im Kirchhof
niedergelegt, wo eine Anzahl Freiwilliger den ganzen Tag über
standhafte Wache hielt. Obgleich eine ungewöhnliche Anzahl
Feuerspritzen da war und mit größtem Fleiß arbeitete, waren
doch die Flammen erst zwischen 11 und 12 Uhr vollständig ge-
löscht; einige Spritzen wurden bis zu später Stunde am Abend
in Tätigkeit erhalten. Zwei Wohnhäuser, die mit der Fabrik in
Verbindung standen und von Leuten, die zu ihr gehörten, be-
wohnt wurden, waren vollständig vernichtet oder ausgebrannt;

tude of Broadwood. It was forwarded to me at Rome, where I went to settle my relations affairs, after the death of my brother. The last winter, spring and summer, I spent at Milan; being prevented (by obvious reasons) from the proposed profitable journey ....«

In Mailand war Clementi dem bedeutenden Theoretiker Bonifazio Asioli (* 1769 in Correggio), dem Studiendirektor des dortigen Konservatoriums, näher getreten. D. Antonio

---

die Werkstätten, Lagerräume mit einer großen Zahl fast fertiger Instrumente und der Hof voller Bauholz war alles zunichte; dank den großen Anstrengungen der Feuerwehr wurden indes einige angrenzende Häuser nur ganz wenig beschädigt. Die Pferde wurden aus »Moore's Livery Stables« nur mit sehr großer Schwierigkeit glücklich herausgebracht — wegen der natürlichen Veranlagung dieser Tiere, an dem Ort zu bleiben, wo sie durch Feuer erschreckt werden; allein zwei Hunde, die im Hofe angekettet lagen, kamen im Feuer um. Es heißt, daß beinahe jeder Arbeitsmann in der Fabrik Werkzeug im Werte von 30 bis 40 £ verlor. Der Schaden Herrn Clementis und seiner Teilhaber muß ungeheuer sein, da ihr Besitztum so ausgedehnt und so vollgespeichert war, und man sagt, sie seien nur mit einem verhältnismäßig geringen Betrag versichert gewesen. Über die Entstehung des Feuers sind verschiedene Vermutungen aufgetaucht; die wahrscheinlichste ist, daß es durch einen kleinen Funken entstand, der aus einer Ritze in einem Rohr des Ofens heraussprang und dann die ganze Nacht unter Sägespänen versteckt blieb. Ein Diener oder Aufseher hatte die gewöhnliche Vorsichtsmaßregel getroffen und war am vorhergehenden Abend die Runde gegangen, um zu sehen, daß alle Lichter aus seien, aber nichts war sichtbar, was ihn veranlaßt hätte, den Verdacht einer Gefahr zu hegen. Wie beim Öffnen der Tore beobachtet wurde, ging das Feuer von dem Teil des Gehöftes aus, wo der Platz für Holzblöcke (die Sägewerkstätte) lag, und schritt mitten durch den Hof nach einer Art Galerie vorwärts, die mit einer großen Zahl von höchst wertvollen Mahagonibrettern angefüllt war.« (Frdl. mitgeteilt von Mr. Fuller Maitland in London.) Gentleman's Magazine fügt einer kurzen Beschreibung des Unglücks hinzu, daß schon ungefähr 10 Jahre zuvor dieselbe Stelle von einem ähnlichen Schicksal betroffen worden sei. Der Schaden sei auf £ 40 000 geschätzt worden, wovon £ 15 000 nicht versichert gewesen seien.

Coli teilt in seiner Biographie Asiolis (Milano 1834, S. 63)
ein paar Zeilen des »affezionatissimo amico [Asiolis] Muzio
Clementi« mit, die an ihn aus Wien unterm 6. Oktober
1809 gerichtet waren. Man vernimmt daraus, daß Clementi
das theoretische Werk des Mailänders »Trattato d'armonia
e d'accompagnamento« schon vor der Beendigung kannte:
»Il vostro bellissimo travaglio, ossia il Trattato d'Armonia
è finito? Spero que lo farete presto stampare pro bono
publico. Noi siamo ansiosi, ec.« —

Höchst überraschend mutet die Fortsetzung des oben
begonnenen Briefes an Collard an, der hier nur auszugsweise mitgeteilt werden soll, da er zum Teil nur die Ver-
einbarungen des Vertrages zwischen Clementi und Beethoven
wiederholt: »But why have you not yet fulfilled our en-
gagements with Beethoven? He is quite angry: but
I have appeased him, by telling him, I returned to Vienna
on purpose to open again a correspondence with you, in
order to get him paid as soon as possible.« Er legt ihm
dann dringend ans Herz, die mit Beethoven vereinbarten
200 £ dem Wiener Bankhaus Schuller & Co. durch das
Londoner der R. W. & E. Lee zu überweisen und
bittet endlich auch zu eigener Verwendung um dieselbe
Summe. »But, pray, be very quick, for we are both in
immediate want of cash. As soon as Beethoven receives
his money, he promises me, to send you some more
M. S. S. . . .«

Es ist nicht schwer zu erraten, worin der Grund dieser
für Clementi doppelt peinlichen Lage zu suchen ist.
Diese Schwierigkeit, das Geld zu erhalten, bestand natür-
in den damals so widerwärtigen politischen Verhältnissen;
immerhin ist es aber nicht ausgeschlossen, daß die englische Firma durch das oben erwähnte Brandunglück
etwas in Zahlungsschwierigkeiten geriet. Bereits die Biographie im »Quart. Mus. Mag. and Rev.« bemerkt,
Clementi habe ursprünglich beabsichtigt, sofort nach seiner
neuen Reise nach Rom in seine zweite Heimat London
zurückzukehren, aber jegliche Verbindung sei durch den

Krieg unterbrochen gewesen und er habe sich für einige
Zeit aus Geldmangel gezwungen gesehen, von seinen
Schnupftabakdosen und Ringen, die ihm auf seinen Reisen
geschenkt worden waren, zu leben.

Bevor wir die endliche Lösung der Verbindlichkeiten
Clementis Beethoven gegenüber näher betrachten, wollen
wir uns, soweit wir darüber Belege besitzen, noch einigermaßen über den Verkehr des unfreiwillig auf dem Festland
zurückgehaltenen Verleger-Komponisten nach seiner Rückkehr nach Wien unterrichten. Die Hauptquelle dazu bilden
uns die vielgeschmähten, aber höchst wertvollen »Vertrauten
Briefe geschrieben auf einer Reise nach Wien und den
Österr. Staaten zu Ende des Jahres 1808 und zu Anfang
1809« von Joh. Friedr. Reichardt (Amsterdam 1810). Lesen
wir die wichtigsten Stellen über Clementi wörtlich:

»Noch eine angenehme Damenbekanntschaft habe ich
dieser Tage an einer sehr hübschen und fein gebildeten
Frau von Poutot gemacht, die auch gar fein und angenehm das Fortepiano spielt. Ich fand auch ihren ehemaligen Lehrer Clementi dort, den Du [Reichardt richtet
seine Briefe an seine Frau] auch schon mit mir in London
gekannt hast, und den ich letzt ganz unverhofft die Freude
hatte, in einem Morgenkonzert wieder zu finden. Er hat
sich physiognomisch in der langen Zeit gar nicht geändert,
ist noch der magre, feine, fröhliche Mann, dem man sein
Alter nicht ansieht, voll innerm konzentrirtem Leben, voll
Witz und heitrer Laune. Aber die eine böse Laune, die
er während seines ganzen ziemlich langen Aufenthalts in
Italien, behauptet hat, will er auch hier behaupten: er will
gar nicht spielen. Hier hat er nun nicht den in Italien
sehr wohl gegründeten Vorwand, daß es keine guten Instrumente gäbe [s. S. 149], selbst aus seiner eignen
Londoner Fabrik sind mehrere hier. Er findet hier auch
so viele Freunde und Verehrer, die seine große Kunst zu
würdigen und zu schätzen wissen, welches in Italien auch
eben nicht der Fall ist, wo der Gesang über Alles geschätzt und geliebt wird. Auch ehemalige Schüler findet

er hier, die seine feinen geschmackvollen Arbeiten trefflich vortragen, unter denen das Fräulein von Kurzböck ganz vorzüglich seinen eigenen Beifall hat. Das will gar sehr viel sagen: denn er ist unbeschreiblich genau und kritisch im Vortrage seiner Kompositionen, deren innere Freiheit und Gediegenheit schwerlich einer ganz erkennt, der sie nicht von ihm, oder einem seiner besten Schüler, hat vortragen hören. Ich hoffe, seine schöne Schülerin, die Frau von Poutot, wird ihn bewegen, uns einmahl etwas hören zu lassen. Am meisten wünscht' ich ihn wieder so recht aus dem Innern der Seele phantasiren zu hören; ein Genuß, der mich in London damahls mehr als alles Andere ergetzte.

Große Freude habe ich den letzten Sonntag auch an Clementi's herzlicher Freude, und ich kann wol sagen, an seiner Bewunderung gehabt, mit der er die Frau Baronin von Ertmann zum ersten Mal hörte. Es war in dem Quartett bei Semesgall [Zmeskall], wo sie mit Seidler ein Quartett von Beethoven meisterhaft vortrug und Seidler solches ganz vortrefflich begleitete. Selbst Clementi rief mehrmahlen entzückt aus: elle joue en grand maître. Wer ihn kennt, weiß, was das aus seinem Munde zu bedeuten hat, aus dem vielleicht noch keine Schmeichelei in der Kunst gekommen, und der sein Urtheil mit der schärfsten Goldwage der reinsten Kritik abzuwägen pflegt.« (I, 426 ff., Brief vom 20. Febr. 1809.)

»Seit einiger Zeit genieße ich auch wieder das erwünschte Glück, die Frau Baronin von Ertmann hier zu sehen, und angenehme musikalische Morgenstunden bei ihr zu verleben; ein Genuß, der mir über Alles geht. Letzt führte ich Clementi und seinen Londoner Freund, einen sehr großen Italienischen Contraviolinisten[1]) zu ihr, und beide hörten einige der schwersten Clementischen Sonaten von ihr mit großer Freude vortragen. Clementi ließ sich

---

[1]) Domenico Dragonetti lebte 1808/09 in Wien. S. Pohl, Haydn in London, S. 306.

durch die Vollkommenheit der Ausführung nicht abhalten, einige Feinheiten des Ausdrucks und des Vortrags, wie er sich's bei der Arbeit gedacht, hinzuzuwünschen, und die eben so bescheidene als große Künstlerin befriedigte ihn auch darin auf der Stelle mit eben so großer Empfänglichkeit als Bereitwilligkeit.

Clementi hörte auch unsern Rust[1]) große Sachen von Sebastian Bach, Händel und Mozart auswendig mit wahrer Freude, rein und bedeutend vortragen. Jetzt ist auch das herrliche Streichersche Fortepiano der Frau von Ertmann mitgekommen und erhöht noch den hohen Genuß um Vieles.

Die feine Charakter- und Geistesbildung Clementi's lerne ich hier in der Gesellschaft edler feiner Frauen recht erfreulich immer mehr kennen und schätzen; er ist ein gar geistreicher liebenswürdiger Mann, voll guter und schöner Kenntnisse und stets heiterer Laune. Bei der vortrefflichen Gräfin Rzewuska und der Lady Fitzgerald[2]) fand ich mich in der letzten Zeit mehrmahlen mit ihm am runden genußvollen Tische zusammen, und auch die Kraftschen Quartette besuchten wir beide mit gleichem Vergnügen. Die von Schupanzig dauern noch fort, und gewähren mir fortwährend den erfreulichsten Genuß. Auch das ist ein angenehmer Versammlungsort der feinsten eifrigsten Musikfreunde, die edlen Schwestern und Freundinnen, Frau von Schoffen und Frau von Poutot, Frau von Hennigsstein[3]) und Frau von Bigot[4]) und andere

---

[1]) Über ihn, den Sohn des bekannten Dessauer Rust, s. Reichardts Brief vom 9. Febr. 1809, S. 373.

[2]) Über beide Damen ebend. (Brief vom 25. Febr.) S. 439 f.

[3]) Die Frau des Bankiers Henickstein.

[4]) Frau Marie Bigot (S. Grove), die auch als Freundin Beethovens bekannt ist, war eine ausgezeichnete Klavierspielerin. Hier sei gleich erwähnt, daß auch Karoline Longhi, die bedeutende Harfenistin, an einem einzigen mir bekannten Orte, im »Journal des Luxus und der Moden« (1811, S. 404/5) als Schülerin Clementis genannt wird, und zwar in einer Nachricht aus Cassel: »Eine bedeutende junge Künstlerin: Dem. Longhi aus Neapel,

kunstliebende Damen, verfehlen nie dabei sich einzufinden.
Dennoch ist die Gesellschaft nie so zahlreich, als es der
Raum erlaubte und die Ausführung gewiß verdiente, und
als auch das eigentliche Abonnement wirklich sein soll.
Wenn reiche freigebige Menschen doch fühlen wollten,
daß sie dem Künstler mit dem Gelde noch nicht Alles
geben, was er für seine Anstrengungen und Darstellungen
erwartet und verdient. Daß der Mensch nicht von Brote
allein lebe, gilt bei keiner Menschenart mehr und besser,
als beim Künstler, und er hört auf, von dem Augenblick,
an dem er anfängt sich mit jenem allein zu begnügen,
Künstler zu sein, und würdigt sich zum dienenden Hand-
langer herab, welches wol nirgend mehr in die Augen
fällt, als in England, wo der Künstler, dem Professionisten
gleich behandelt, nur besser bezahlt wird, sich seinen Preis
machen muß, für welchen jeder ihn rufen lassen und nach
seiner Weise benutzen kann, und ohne welchen ihn keiner
der stolzen Insulaner in seinem Hause aufnehmen möchte,
wenn er auch noch so bereit wäre, ohne Bezahlung, nur
für eine feinere Behandlung, erscheinen zu wollen. Daher
man auch die meisten Künstler, die man vor ihrem Londoner Aufenthalte noch so groß in ihrer Art gekannt hat,
dort wenn sie London nie verließen, bald herunter-
gekommen, und ihre Kunst vernachlässigend wiederfindet.

machte hier einen kurzen Aufenthalt... Auch hier hat sie die
Ehre genossen, viermal vor den Majestäten in kleinerem Zirkel
zu spielen, und eines Beifalls gewürdigt zu werden, den ihr
seelenvolles Spiel verdient. Leider mußte das größere Publikum
den Genuß entbehren, sie in einem öffentlichen Concert zu hören.
Doch spielte sie mit großer Gefälligkeit in einigen Privatzirkeln
die Harfe, welches jetzt ihr Hauptinstrument ist, obgleich sie,
eine Schülerin Clementi's, auch auf dem Flügel wohl noch
stärker ist, und selbst Violine spielt. ...« Wenn die Notiz begründet ist, könnte sie Ende des Jahres 1808, als sie sich in
Wien befand — sie konzertierte auch hier um diese Zeit auf
dem Klavier (s. Allg. Mus. Ztg. 1809, S. 270) —, vorübergehend
von Clementi unterrichtet worden sein. Sowohl Frau Bigot als
Frl. Longhi gaben um die Wende des Jahres 1809 Akademien.
S. »Allg. Mus. Ztg.« XI, S. 270.

Salomon, der vortreffliche Violinist und Anführer, den wir einst besaßen, und Clementi haben davon immer eine rühmliche Ausnahme gemacht; allein das sind auch beide Männer von Charakter, der ihren Werth ganz fühlen, sich geltend zu machen und in ihrer Würde zu erhalten wissen. Die große Vollkommenheit, Zartheit und Vollendung in der Ausübung, die Clementi sonst in so hohem Grade besaß, mag er aber doch wol auch in dem langen Londoner Leben eingebüßt haben; wenigstens kann man sich des Gedankens kaum erwehren, da er durchaus darauf besteht, nicht spielen zu wollen. Letzt hatten wir nun alle Ursache zu hoffen, daß er sein Versprechen an die Frau von Poutot, es vor einigen sehr wenigen Kennern thun zu wollen, erfüllen würde; er zog mich aber selbst gleich in sein Interesse, ihm dazu behülflich zu sein, daß er davon frei käme. Natürlich war mir die Freiheit eines solchen Künstlers heiliger, als mein eigenes Vergnügen, so sehnlich ich selbst auch wünschte, ihn wieder zu hören.« (II, S. 74 ff., Brief vom 27. März 1809.)

Und in einem Schreiben vom 6. März erfährt man, daß sich zu einer ersten Konzertaufführung der von Reichardt während seines Wiener Aufenthaltes komponierten Oper Bradamante im Konzertsaal des Fürsten Lobkowitz außer der dortigen vornehmsten Welt unter der fachmännischen Zuhörerschaft der Salieri, Beethoven, Weigl, Kozeluch, Gyrowetz, Ries u. a. auch Clementi befand. — Wir wollen uns nicht lange bei diesen Ausführungen Reichardts aufhalten, der wegen seiner Redeseligkeit ein musikalischer Varnhagen von Ense genannt werden könnte. ¹ Mag die Erzählerweise beider auch manchmal allzu persönlich einseitig, ja vielleicht gar selbstbeschönigend sein — die Gegenwart kann ihnen sicherlich nicht genug Dank wissen für ihre Aufzeichnungen, die, wenn sie auch manchmal nach ihrem Tatsachengehalt der Bedeutung zu entbehren scheinen, dennoch in der Festhaltung manches charakteristischen Zuges bedeutender Künstler und des ganzen Wiener Musiklebens von damals — dies natürlich nur in

Hinblick auf Reichardt — wohl berechtigt sind. So sieht man durch Reichardt auch Clementi, wenn auch nicht ausübend, inmitten der glänzendsten Gesellschaft der Donaustadt, man erfährt, daß er an der Ausbildung der trefflichsten Spielerinnen Wiens, der Beethovenschülerin Baronin von Ertmann und des Fräulein v. Kurzbeck[1]), die sonst als Schülerin von Haydn ausgegeben wird, beteiligt war. Noch berichtet Reichardt ebenfalls von einem musikalischen Abend im Hause der Clementischülerin Frau von Poutot, wo sich unter andern ein Fräulein von Zois »mit großer Annehmlichkeit und recht innigem Ausdruck« hören ließ. »Auch kleine Lieder und Kanzonetten hörte ich sie hier endlich einmal mit Sinn und Gefühl singen und genießen und that darin denn auch gerne das Meinige hinzu. Der Staatsrath Franke nahm auch daran sehr großen Antheil, und Clementi erklärte das Petrarchische Sonett: Pace non trovo für seinen Liebling. Schon mehrmahlen hat ers mich, wo er mich wiederfand, singen lassen.« (I, 448 Brief vom 25. Febr. 1809.) Frau von Bigot endlich, die Frau des Rasumoffskyschen Bibliothekars, erinnert uns an des Komponisten Charakterschwäche, seine übertriebene Sparsamkeit: Um Ausgaben für Feuerung und Briefpapier zu vermeiden, soll er sich nach Marmontel (Les Pianistes célèbres, S. 260) zur Erledigung seines Briefwechsels gewöhnlich zu ihr begeben haben.

Die letzte wichtige Bekanntschaft, die Clementi in Wien machte, war der junge Ignaz Moscheles. Näheres ist zwar nicht darüber bekannt geworden, aber wir müssen trotzdem dabei etwas länger stehen bleiben, da Anton Schindler in seiner Beethovenbiographie (II, S. 175 ff.) dieser Tatsache nicht bloß großes Mißtrauen entgegenbringt, sondern Moscheles sogar bewußter Unwahrheit zeiht. Schindlers Angriff auf den bedeutenden Pianisten und Komponisten

---

[1]) Diese führte Reichardt auch bei Haydn ein; ein Besuch, bei dessen Schilderung der Erzähler sie bereits als Clementis Schülerin hinstellt (I, S. 162).

wird, nachdem wir davon Kenntnis genommen haben, daß
Clementi nicht bloß 1807 sondern auch 1808 und später
in Wien weilte, von selbst zurückgeschlagen. Auch in diesen
genügend mißgünstigen Zeilen zeigt sich, wie unzuverlässig
der Beethovenfreund in Zeitangaben ist; er schreibt also:
    »Der Muth des Herrn Moscheles, der Welt nun glauben
zu machen, das er mit allen Klassikern Brüderschaft geschlossen, erstreckt sich auf Mozart, Haydn und Clementi.
In einem die Stuttgarter Ausgabe dieser Classiker empfehlen-
den Aufsatze in der Beilage zur Allgemeinen Musikalischen
Zeitung vom 16. Dez. 1858 (der N. Münchener Zeitung
entnommen), der zugleich die Beteiligung von Moscheles
zu rechtfertigen den Zweck hat, heißt es: ‚Mit Clementi
verlebte Moscheles viele musikalische Stunden, zuerst in
Wien, wo der männlich reife Komponist ihm als Vorbild diente, dann in London, wo der Greis, noch vom
Feuer der Jugend beseelt, sich seine Compositionen von
ihm vorspielen ließ.‘
    Nachstehende Daten mögen dieser Leipziger Inspiration
als Commentar dienen: Moscheles kam 1808 als vierzehn-
jähriger Knabe nach Wien. Clementi war aber nicht in
diesem Jahr [?], sondern 1807 daselbst, bloß in der Absicht, um mit Beethoven einen Verlagsvertrag abzuschließen,
dessen Datum (im vorliegenden Orginal) der 20. April ist.
Der damals bereits 59 [?] Jahre zählende Clementi hatte
das Klavierspiel schon aufgegeben. 1820 kam Moscheles
nach London, als Clementi ein Alter von 78 [?] Jahren
erreicht hatte. Man denke sich das Feuer der Jugend,
das den Greis beseelt haben soll! Man denke sich aber
auch den modernsten der modernen Klavierspieler Moscheles zur Zeit nur mit Vermehrung seines Ruhmes beschäftigt
und — Clementi'sche Sonaten dem Meister vorspielen, der
vor allen modernen Virtuosen eben so große Scheu gehabt,
wie Beethoven. Diese haben auf seine Sonaten mit derselben Geringschätzung herabgesehen, wie auf Beethovens
gesammte Claviermusik. Darüber hat sich Clementi bei
seiner letzten Anwesenheit in Wien — im Sommer 1827 —

nur zu deutlich ausgesprochen. — Es wird den Verfasser nicht überraschen, vielleicht bald zu vernehmen, Herr Moscheles sei unter die Fahne der Zukunftsmusiker getreten, weil dort nun am meisten Ruhm und auch Geld zu erwerben. . . .«

Von allen diesen von Schindler zur »Berichtigung« herangezogenen Zeitangaben stimmt eigentlich nur eine einzige, das Jahr 1827, obgleich es auch hier statt »Sommer« — »Frühling« heißen müßte: Außer im Jahre 1807 weilte Clementi auch noch später in Wien und Moscheles kam nicht 1820, sondern erst 1821 nach London. Am meisten aber zeigt sich Schindlers Oberflächlichkeit in den beiden Altersangaben des Meisters, nach deren erster Clementi 1748 und nach deren zweiter er gar schon 1742 [!] geboren sein müßte. Wo Schindler eben nicht gerade dabei war, muß er, das zeigt dieser Rattenkönig von Irrtümern von neuem, also nur mit größter Vorsicht angehört werden. —

Ob es Clementi gelungen ist, von Papa Haydn in dessen letzter Lebenszeit noch einmal empfangen zu werden, ist sehr fraglich. ». . . so oft wir auch hinausschicken«, erzählt Reichardt am 25. Febr., »uns nach seinem Befinden und einer ihm gelegenen Stunde erkundigen zu lassen, erhalten wir von seinen Leuten stets die Antwort, er sei sehr schwach, und könne niemanden sehen. Auch Clementi verlangt sehr danach, ihn wiederzusehen; er konnte seit seiner Ankunft noch nicht dazu gelangen. Ich fürchte, sein edler Geist entflieht uns bald . . .« Was der Erzähler in den letzten Worten vermutet, sollte sich zwei Monate später erfüllen. Daß von der Anwesenheit eines Clementi bei dem Begräbnis des Alten nichts überliefert wird, möchte uns beinahe bestimmen, zu vermuten, daß er sich damals gerade nicht mehr in Wien befunden habe.[1])

---

[1]) Bei diesem Abschied von Joseph Haydn sei noch kurz erwähnt, daß Franz Lessel (* etwa 1780, ging 1797 nach Wien, wo er Haydns Schüler wurde, 1810 in seine Heimat Polen) eine

Wie dem auch sei. Nach einem unbestimmt datierten
Briefe an Collard, der aber seinem Inhalt nach ins Jahr
1809 gehört, hielt er sich sicherlich noch oder wiederum
im September dieses Jahres in Wien auf. In die Zeit vorher wird der kleine undatierte Brief Beethovens an Dr. Troxler
zu setzen sein, den Clementi danach selbst kennen gelernt haben müßte, wenn das noch nicht der Fall gewesen
war. Es klingt beinahe, wenn man das Schreiben liest,
als ob Troxler Beethoven in Baden von der Ankunft
Clementis benachrichtigt habe:

»Lieber Doctor! Tausend Dank für Ihre Bemühungen
um mich, die Nachricht früher hätte mir einige verdrieß-
liche Tage ersparen können — die Badener Post ist die
elendeste, sie gleicht ihrem ganzen Staat, erst heute erhielt
ich Ihren Brief — Wenn es möglich ist, erwarten Sie mich
morgen früh zwischen 9 und 10 Uhr bei sich — ich
komme nach Wien — ich wünsche sehr, daß Sie Dienstags
mit mir zu Clementi gehn, indem ich besser verstehe,
[mich] mit den Ausländern durch meine Noten verständlich
zu machen, als im sprechen; noch einmal meine lebhafte
Danksagung für alle Ihre Freundschaft und Gefälligkeit
gegen mich . . . .« (Thayer-Riemann, III, S. 163.)

Dr. Troxler hielt sich tatsächlich wenigstens im Sommer
1809 in Wien auf, wie aus Varnhagen v. Enses Denkwürdigkeiten (Lpz. 1871, Bd. II, S. 253) zu entnehmen
ist: »Im Hause von Eskeles lernt' ich zwei berühmte Wiener
Ärzte kennen . . . . Freiherrn von Qarin, und den an-
gehenden, scharfgeistigen, schnell und tief blickenden Mal-
fatti [auch ein Arzt Beethovens], der ein Schüler der Natur-
philosophie mit dem Naturphilosophen Dr. Troxler eng

Fantasie Op. 8 geschrieben hat, die Clementi gewidmet ist. Die
beiden sind also wahrscheinlich durch Haydn in Wien miteinander bekannt geworden. Endlich hat Clementi auch die
Witwe Mozarts mit aufgesucht, da er im Vorwort zu einer Auswahl von Gesangstücken aus dem Don Juan, die er nach seiner
Rückkehr nach London im Klavierauszug herausgab, erzählt, daß
er persönlich die Genehmigung dazu von ihr eingeholt habe.

verbunden war. Auf den letzteren hatt' ich es abgesehen, da seine Schriften mir in hohen Ehren standen . . . .« —
Aus dem nur mit dem Monat »September« bezeichneten Brief Clementis an Collard geht hervor, daß sich seine Verpflichtungen gegen Beethoven immer mehr in die Länge zogen:

»Having disposed, to my satisfaction, of almost all my money, among my relations at Roma, and having been plagued with several letters from Beethoven, who called aloud for his payment, I came to Vienna the latter end of last year — wrote to you five or six letters expressing our common wants, but in vain — no answer!!! At last Messrs A. A. Henickstein, bankers here, and correspondents of Messrs Fermin de Tastet & Co., inform me that the last house give me credit for £ 400 — but no letter for me! — In my first letters I desired to have £ 200 for Beeth. if y o u h a d r e c[e i v e]d all his M. S. S. and £ 200 for myself, but in my last I begged £ 300 for myself. Now, were the £ 400 in consequence of the f i r s t, I should not hesitate a moment to pay Beeth. the £ 200 — As the matter stands, it appears to me probable, that the £ 400 are in consequence of my last letter; and, that you, having rec^d but the half of this M. S. S. have sent him £ 100 (a c c o r d i n g t o a g r e e m e n t) and the remaining £ 300 are for me; but this requires yours instructions. — . . . .«

Die endgültige Lösung der Verpflichtungen zog sich scheinbar noch ziemlich lang hin; diese Lösung trat wohl erst, wie ich mit größter Wahrscheinlichkeit in meiner Studie »Beethovens Heiratsprojekt im Jahre 1810«[1] nachgewiesen habe, im Frühling (April) dieses Jahres ein, da ein undatierter Brief Beethovens, der Clementis Bezahlung meldet, eng mit einigen andern undatierten Schreiben, die in diesem Frühling an Gleichenstein gerichtet sind, zusammenhängt. »Joseph Henickstein hat mir

---

[1] Neue Musikzeitung, Stuttgart 1911.

heute das Pfund Sterling zu 27 fl. und einem halben aus-
gezahlt, und ladet dich und mich samt Clementi auf
Morgen zu Mittage ein, schlag es ja nicht ab, du
weißt wie gern ich mit dir bin, laß mir jedoch sagen,
ob ich dem Henickstein darf ankündigen, daß man sicher
auf dich rechnet.«

So endigten erst nach ungefähr drei Jahren jene ersten
und einzigen geschäftlichen Beziehungen Clementis zu
Beethoven, spät, aber dennoch zufriedenstellend. Für jenen
aber fand sich endlich auch nach dem Quart. Mus. Mag.
& Rev., »im Sommer 1810 eine Gelegenheit, die er, wenn
schon nicht ohne Wagnis, zu benutzen keinen Anstand
nahm, und er erreichte auch glücklich die britische Küste«.

Am 20. Juli 1810, wohl ungefähr um die Zeit der
Überfahrt Clementis nach London, schrieb Härtel an einen
Geschäftsfreund, den Buchhändler Hasse in Fulnek, einen
Brief, der sich u. a. auf die Veröffentlichung einiger neuerer
Werke Clementis und Beethovens in London bezieht, wo-
bei allerdings zu bedenken ist, daß der Schreiber diese
Veröffentlichung in Hinsicht auf Beethoven nur vermutet.
Die uns angehende Stelle ist folgende:

».... Nächstens erscheinen mehrere neue und interessante Werke von Beethoven bei uns, von denen wir
unten einige verzeichnen. Wir haben inbetreff derselben
an Sie eine sehr angelegene Bitte. Es liegt uns nämlich
sehr viel daran, genau zu wissen, wenn, womöglichst, in
welcher Woche diese Beethovenschen Sachen und 3 neuere
Sonaten von Clementi in London herauskommen werden;
denn daß sie auch dort herauskommen werden, das weiß
ich schon mit Gewißheit. Ihnen wird es nicht an musikalischen Bekannten in London fehlen. Sie würden mich
daher ungemein verbinden, wenn Sie die Güte haben
wollten, einem Bekannten in London aufzutragen, daß er
darauf acht habe, uns, was von diesen Sachen, und sobald
es nur herauskommt, zu überschicken. Wahrscheinlich erscheinen auch die Beethovenschen Werke bei Clementi &
Co., doch wissen wir dies nicht gewiß. (Wir haben uns

gegen H. Clementi und H. Beethoven zu einem bedeutenden Honorar engagiert in der Versicherung, daß dort jene
Werke nicht früher als bey uns erschienen, und es liegt
uns der Zukunft wegen daran, von einem so zuverlässigen
Manne, als Sie sind, zu erfahren, wie es damit gegangen
ist. Dies jedoch unter uns. Wir haben in ähnlichen
Fällen schon schlimme Erfahrungen gemacht. Unserer
Discretion gegen Sie hierbei dürfen wir Ihnen nicht erst
versichern) ....«

Dieses Schreiben lehrt vor allen Dingen, daß der
Briefwechsel zwischen Clementi und Härtel durchaus nicht
unterbrochen war, wie der Mangel an Briefen seit 1807
vermuten lassen könnte, oder vielmehr, daß er nicht ganz
aufgehört hatte. Gegen die Möglichkeit aber, daß Beethoven sich in neue Geschäftsverbindungen mit Clementi
eingelassen habe, sprechen die neuen Unterhandlungen
jenes Meisters mit Thomson, wobei gerade damals von
der Überlassung dreier Sonaten die Rede ist.

❖ ❖ ❖

V. Abschnitt.

Wiederverheiratung, neue und letzte Erfolge und Reisen.

1811—1827.

Mit dem Jahre 1811 brach für den den sechziger Jahren nahestehenden Clementi ein neuer Lebensabschnitt an, ein Zeitabschnitt, der zwar keineswegs untätig, aber doch gegen seine Vergangenheit beschaulich und ruhig genannt werden kann. Den Grund zu einem solchen beschaulicheren Leben legte er gleich in diesem Jahre 1811 mit einer neuen Ehe. Weder einer heißblütigen Südländerin noch einem so jungen und lebhaften Blut wie Karoline Lehmann galt diese Liebe, sondern einer englischen Dame, die mit ihrem kühlen Temperament wie geschaffen war für das letzte Viertel seines Lebens, wie denn Moscheles über sie ein paar Worte, zwar erst 1825, in sein Tagebuch schrieb, die einzigen, die mir über ihre Wesensart bekannt geworden sind: »Den größten Kontrast zu ihm [Clementi] bildet seine Frau (es ist seine zweite Frau), sie ist Engländerin und eben so gemessen ruhig, wie er sprudelnd lebendig.«

Der Morning Chronicle brachte in seiner Nummer vom 9. Juli d. J. 1811 — persönliche Vermählungsanzeigen waren damals in Londoner Blättern noch nicht üblich — unter »Married« folgende kleine Notiz: »On Saturday last, at St. Pancras Church, Muzio Clementi, Esq. to Miss Emma Gisborne, of Alfred-place, Bedford-square«, und das »Register Book of Marriages« obiger Kirche (die übrigens heute nicht mehr an derselben Stelle wie früher steht) enthält den Eintrag der Eheschließung unterm 6. Juli 1811 und gibt von dem Witwer Muzio Clementi, Esquire, das zur St. Pancras Church gehörige Kirchspiel an, von der Jungfrau Emma Gisborne das von St. Giles in the Fields als von ihnen bewohnte Londoner Stadtteile. Außer der Unterschrift des Paares enthält das Dokument diejenigen von vier Zeugen, von John Varley, Esther und J. Gisborne und W. F. Collard.

Mit den Gisbornes war Clementi seit langem bekannt und gut befreundet. In seinen Briefen an Collard pflegte er selten seine Empfehlungen an sie zu vergessen. Was für eine kunstsinnige Familie es gewesen sein muß, wird man sich ohne weiteres vorstellen können, wenn man ihren ganzen Verwandtenkreis überblickt haben wird.

Emma Gisborne war vielleicht die älteste Tochter eines Zachariah Gisborne[1]), dessen Stand und Lebenszeit mir unbekannt geblieben ist. Er hatte vier Töchter, von denen mir außer dem Namen Emmas noch diejenigen Esthers und Susannas bekannt geworden sind, und einen Sohn namens John[2]); zwei davon waren ja auch als Trauzeugen bei Clementis Vermählung zugegen.

Der bei derselben Feierlichkeit gegenwärtige John Varley war ein um das Jahr 1780 in London geborener bedeutender Landschaftsmaler, der sich, wie es aus den Einträgen obiger Zeugen leicht ersichtlich ist, erst später, nach 1811, mit Esther Gisborne verband. Deren andere Schwester Susanna wurde die Gemahlin des berühmten Antony Vandyke Copley Fielding (1787—1855), von dem Naglers Künstlerlexicon noch zu seinen Lebzeiten sagte, daß er für den ausgezeichnetsten englischen Aquarellisten gelte. Er

---

[1]) S. Dictionary of English National Biography unter Ant. Vand. Copley Fielding, der die Schwester Emmas heiratete.

[2]) Diese und die folgenden Namen und Zeitangaben sind, wo nicht anders angegeben, »The Portefolio«, Nr. 210, Juni 1887 oder dem Dictionary of English National Biography entnommen.

war anfangs von seinem Vater, dem Maler Nathan Theodore Fielding, in seiner Kunst unterwiesen worden und wurde nachher Schüler von Mulready, der sich 1803 mit der 18jährigen Schwester seines Lehrers John Varley vermählte.[1] Die vierte der Schwestern, deren Namen wir nicht kennen, wurde die Frau eines Geistlichen, der Groy hieß.[2]

Über John Gisborne müssen wir etwas weiter ausholen, um einen flüchtigen Einblick in sein Leben zu erhalten. Seine Frau Maria war als Tochter eines englischen Kaufmanns in Konstantinopel, namens James, im Jahre 1770, dem Anschein nach in England geboren. Mit jungen Jahren vermählte sie sich, nicht gerade glücklich, erst mit dem Gelegenheitsschriftsteller und bedeutenden Architekten William Reveley, der aber 1799 starb. Den Antrag des bekannten Schriftstellers William Godwin schlug sie ab und verheiratete sich im Mai 1800 mit dem Ingenieur John Gisborne, der in verschiedenen Geschäftszweigen tätig gewesen war. »Sie gingen im Jahre 1801 nach Rom und nahmen ihren Sohn Henry Willey Reveley mit sich, der in Italien erzogen wurde, Ingenieur wurde, im Jahre 1824 eine Schwester des Malers Copley Fielding heiratete und sich im Cape Town und endlich in West-Australien niederließ. Die Gisbornes [d. s. also John und Maria Gisborne] lebten um 1815 zu Livorno, wo Gisborne ein Geschäft anzufangen versuchte, nach dessen Mißlingen er sich als Privatgelehrter niederließ. Sie besuchten von Zeit zu Zeit England, und während eines solchen — im Jahre 1820 — schrieb Shelley [der berühmte Dichter] seine schöne ‚Letter to Maria Gisborne'. Die Shelleys waren mit ihnen durch die Godwins bekannt geworden, und Mrs. Gisborne führte Shelley bei Calderon ein. Die Gisbornes kehrten später

---

[1] Ein »Frederick Fielding, Newman Street, London, Gentleman« war als Zeuge bei der Unterzeichnung von Clementis Testament zugegen.

[2] Handschriftliche Anmerkung auf dem mir von Rev. P. Clementi-Smith zur Verfügung gestellten Blatt aus dem »Portefolio«.

nach England zurück und ließen sich in Plymouth nieder.
Mr. Gisborne wurde dort am 16. Jan. 1836 und Mrs. Gisborne am 23. April des folgenden Jahres beerdigt.« (Dict.
of Engl. Nat. Biogr.)

Nun noch das Wenige, was mir von Clementis engerem
Familienkreis bekannt geworden ist. Der Ehe entsprossen
vier Kinder: Zwei Söhne und zwei Töchter. Rev^d.
P. Clementi-Smith wußte mir darüber die folgenden Zeilen
mitzuteilen: »Der Rev^d. Vincent Clementi, der vor ein paar
Jahren [geschrieben 6. Febr. 1908] in Canada starb, wo
ich mich oft mit ihm aufgehalten habe (Peterborough,
Ontario), war sein ältester Sohn und meine Mutter Cecilia
Susannah die älteste Tochter, Caroline (Mrs. Canham) die
zweite Tochter und John der jüngere Sohn — alle gestorben.« Einem Zettel, der einen Abdruck aus einer
History of the County of Peterborough, Ontario,
Canada enthielt und der mir von demselben Gewährsmann persönlich überreicht wurde, entnahm ich, daß Vincent beim Erscheinen dieses Buches bereits über 60 Jahre
alt und im Jahre 1812 geboren war.[1] »Mr. Clementi
wurde für die Kirche erzogen und ist Graduierter des
Trinity College in Cambridge.« Einer Briefkarte eines
anderen Enkels des Komponisten, namens A. E. Clementi-
Smith[2], an J. S. Shedlock vom 21. März 1902 entnehme
ich ferner, daß Rev^d. Vincent Clementi kürzlich hochbetagt
gestorben war; er war also beinahe 90 Jahre alt geworden. »John, der ein eifriger Sportsmann war, heiratete,
verlor Weib und Kind und starb vor etwa 40 Jahren.
Von den Töchtern hieß die älteste Cecilia, die den Rev^d.
J[ohn] Smith heiratete und zwölf Kinder hatte, von denen
ich das älteste bin; die zweite war Caroline, die Mr. Canham
heiratete und eine zahlreiche Familie von Mädchen hatte,
wovon viele jetzt noch leben.« John Smith, der Gatte von

---

[1] Leider fehlen in St. Pancras Church gerade die Tauflisten
des Jahres 1812.

[2] Auch ich habe noch (April 1910) mit diesem ältesten Enkel
des Komponisten Briefe wechseln können.

Cecilia Susanna, war, wie Clementis Testament schon ausweist, Reverend von Saint John's College zu Cambridge
und »Bachelor of Arts«.[1])

Wir sind an dieser Stelle gezwungen, einen kleinen
Gedankensprung zu machen und das nur flüchtig berührte
Jahr 1812 deshalb schon wieder zu verlassen, weil Clementi
in dieser ersten Zeit seiner Rückkehr nach England keine
Gelegenheit hatte, sich öffentlich zu betätigen: Der Krieg,
den wir schon mehrfach als seinen Absichten sich in den
Weg stellend erkannten, war daran ebenso schuld wie an
dem Tiefstand des Handels. So waren eben von der statt-
lichen Anzahl der ständigen Konzerte zur Zeit des Aufenthaltes eines Haydn in London nur gar wenige übrig
geblieben, und wenn wir auch wirklich Nachrichten aus
London in den damaligen deutschen Zeitungen besäßen,
so würden sie doch nur ein trübes Bild des Musiklebens
jener Zeit entrollen. Selbst die Londoner Tageszeitungen
können es nicht frischer gestalten; sie unterstützen vielmehr
das eben ausgesprochene Urteil, daß auch ohne die Ursache
des unterbrochenen Verkehrs, der nur wenig Post nach
dem Festland gelangen ließ[2]), die Ausbeute an musikalischen Notizen recht gering gewesen wäre.

---

[1]) Außer den oben schon angeführten Söhnen von Cecilia,
A. E. Clementi-Smith (Fire Grove, Sunninghill, Ascot, 1910) und
Percival Clementi-Smith (London, St. Andrew's Rectory, 1909)
kann ich noch die folgenden nennen: Cecil (The Garden House,
Wheathampstead, 1902) und Herbert (gestorben in London, 35
Holland Park Avenue, lebte ebenfalls 1902 noch); ein anderer,
der den Namen Smith abwarf, fiel als Oberst im Burenkrieg.
Die meisten dieser Enkel Clementis widmeten sich dem geistlichen Stande. Herbert Clementi-Smith stiftete zum Gedächtnis
seines Großvaters eine Summe Geldes, deren Zinsen (jährlich
£ 28) bei der jährlichen Prüfung im »Royal College of Music«
zu London an einen Studierenden der IV. oder V. Stufe der
Klavierabteilung vergeben werden. Der Preisträger hat kurz
nach der Zuerkennung ein Klavierwerk von Muzio Clementi in
einem Schülerkonzert vorzutragen.

[2]) Z. B. ermangelt die »Allg. Mus. Ztg.« lange Jahre jeglichen
Nachrichtendienstes aus London.

Das Jahr 1813 führte in diesem Tiefstand der Kunst einen gewaltigen Umschwung herbei: die Gründung der noch heute bestehenden »Philharmonischen Gesellschaft«. Clementi stand zu ihr zeitlebens in enger Beziehung, weshalb an dieser Stelle ein näheres Eingehen besonders auf ihre Gründung nicht unwillkommen sein wird. Alles Wissenswerte darüber enthält ein Prospekt, der vor Beginn der Konzerte wahrscheinlich als Rundschreiben herumgeschickt wurde und so lautet:

»The want of encouragement, which has for many years past been experienced by that species of Music, wich called forth the efforts, and displayed the genius of the greatest Masters, and the almost utter neglect into which Instrumental Pieces in general have fallen, have long been sources of regret to the real Amateur and to the well educated Professor: a regret that, though it has hitherto proved unavailing, has not extinguished the hope, that, presevering exertions, may yet restore to the world, those compositions, which have excited so much delight, and re-kindle in the public mind, that taste for excellence in Instrumental Music, which has so long remained in a latent state.

In order to effect this desirable purpose, several Members of the Musical Profession have associated themselves, under the title of The Philharmonic Society; the object of which is to procure the performance, in the most perfect manner possible, of the best and most approved Instrumental Music; consisting of Full Pieces, Concertantes for not less than three principal Instruments, Sestetts, Quintetts, Quartetts, and Trios, excluding Concertos, Solos, and Duets[1]); and requiring that Vocal Music, if introduced, shall have Full Orchestra Accompaniments, and shall be subject to the same limitations.

This Society consists of thirty Members, who have the entire government of it, and an unlimited number of

---

[1]) Hierin wurden in der Folge dennoch Ausnahmen gemacht.

Associates, from whom alone all future Members must be chosen. Both classes are Professors of Music, and pay an annual subsciption of three guineas each, and no emolument whatever can accrue to any individual (all money received being strictly appropriated to the public purposes of the Society only) nor can any Member or Associate who shall assist at the Concerts, receive any pecuniary recompense.

From among the Members seven Directors, for the management of the Concerts, are to be annually chosen·

The Institution being for the reciprocal gratification of the Members and Associates, no distinctions of rank, as to stations in the Orchestra, are allowed to exist.

Subscribers will be admitted to the Concerts on the introduction of a Member, and on paying four guineas each for the season; and the resident Families of any Subscriber on paying two guineas for each individual, for the season.   No Tickets are transferable.

The Concerts for this year will be at the Argyll Rooms, of the following Mondays, viz. March 8th, 15th, and 29th; April 19th; May 3d, 17th, and 31st; and June 14th.

THE DIRECTORS FOR THE PRESENT SEASON ARE

Mr. Cramer . . . 23, Sloane-street.
Mr. P. A. Corri . . 9, Portman-place, Paddington.
Mr. Dance . . . 17, Manchester-street.
Mr. F. Cramer . . 39, Margaret-street.
Mr. Bishop . . . 111, Long-acre.
Mr. Clementi . . 29 — Alfred Place Bedford Square.
Mr. Ayrton (Treasurer) 4 James-street, Buckingham-gate.«

Auf diesem Prospekt war im gedruckten Original zwischen den beiden Namen Bishops und Ayrtons eine Lücke gelassen worden, die auf dem im Britischen Museum befindlichen Exemplar nachträglich von George Smart, dem ursprünglichen Eigentümer, mit dem Namen seines Freundes Clementi ausgefüllt wurde.   Der Grund dafür ist unbekannt. Aber schon ein zweiter Prospekt bezeichnet auch Clementi unter den Mitgliedern durch einen Stern als »Direktor«. Diese »List of the Members« bringt uns manchen Bekannten und Freund Clementis wieder in Erinnerung:

Messrs. Ashe	*Messrs. P. A. Corri	Messrs. Neate
C. Ashley	*Cramer	Novello
Attwood	*F. Cramer	Potter
*Ayrton	*Dance	Salomon
Bartleman	Graeff	Sherrington
Berger	Griffin	Shield
*Bishop	Hill	Messrs. G. T. Smart
Blake	Horsley	Sir Viotti
*Clementi	W. Knyvett	S. Webbe jun.
R. Cooke	Moralt	Janiewicz.

In diesem Zusammenhang soll gleich noch erwähnt werden, daß Clementi vom Beginn der Philharmonischen Gesellschaft bis zum Jahre 1818[1]) (einschließlich) auf der Liste der Direktoren, dann aber bis zum Jahre 1830 als Mitglied genannt ist; von da ab fehlen die Programme im Brit. Mus., weshalb man es bis zu seinem Tode annehmen kann. Dann sei nicht übergangen, daß auch »Mrs. Clementi« in der Subscriptionsliste wenigstens des ersten Jahres 1813 genannt ist.

Clementi war in diesen Konzerten, die gleich von Anfang an als die vornehmsten galten, eifrig mit auf dem Plan. Gleich im Eröffnungsabend, am 8. März, nahm er den Platz am Flügel als dirigierender Spieler ein, während ihm Salomon am ersten Pult der ersten Violine als »Leader« zur Seite stand. Und in derselben Weise wirkte der erste im 3., 5. und 7. Konzert mit, die alle genau an den im Prospekt

---

[1]) **Smart hat auf der Liste dieses Jahres den Stern, der Clementi als Direktor bezeichnet, weggestrichen; wie aber aus einem später noch zu erwähnenden Brief Clementis ersichtlich sein wird, ist er von diesem Amt erst mit dem Jahre 1819 offiziell zurückgetreten. In der Tat hat er jedoch, wegen einer Reise aufs Festland, weder 1817 noch 1818 als Direktor wirken können.**

angekündigten Tagen stattfanden. Aber auch seinem Ruf als Symphoniker suchte er, was man leicht verständlich finden wird, wieder Geltung zu verschaffen. So enthalten die Programme des 4. und 7. Konzertes eine Symphonie, die Clementi als Komponist nicht nur an diesem Abend sondern auch an jenem, wo Cramer sonst am Klavier saß, nach dem »Morning Chronicle« selbst leitete.[1]) Daß indes diese zweite Aufführung eigentlich nur eine Wiederholung der ersten Symphonie war, erzählt übrigens die zweite der teilweise hier folgenden Besprechungen in jener Zeitung; die vom 4. Konzert lautet also z. T.:

»The second part opened with a Symphony by Clementi, who conducted the performance of it himself. It was received with the most rapturous and unqualified approbation, and though it was introduced amidst a blaze of excellence, in a Concert which performs in the most perfect manner the greatest works of Haydn, Mozart, and Beethoven, yet it lost nothing by composition, and shone conspicuously through thus surrounded by the most admirable productions of musical genius.«

Und über ihre Wiederholung finden sich die wenigen Worte:

». . . After this [zwei Stücken aus der »Schöpfung«] Mr. Berger played a quartetto . . ., and this was succeeded by the grand Symphony, which excited such extraordinary applause in the Third [muß heißen: fourth] Concert. Its repetition highly gratified the audience.«

Noch sei kurz erwähnt, daß diese zweite` Aufführung der Clementischen Symphonien die erste Abteilung abschloß und daß diesmal Janiewicz Konzertmeister war.

---

[1]) Die Biographie im »Quart. Mus. Mag. & Rev.« betont ausdrücklich, daß Clementis Geist und Feder während der Reisejahre 1802—1810, obgleich er da nur eine einzige Sonate veröffentlichte, immerfort mit der Komposition von Symphonien und mit der Zubereitung von Material zu seinem »Gradus« beschäftigt gewesen sei.

Die nächsten Jahre können in Hinsicht auf die Philharmonische Gesellschaft mit kurzen Worten abgetan werden, da sowohl das folgende als das übernächste der Mitwirkung Clementis als Komponist ermangelt. Begnügen wir uns mit der kurzen statistischen Übersicht über die Konzerte, wo er am Klavier saß: 1814 war das im ersten (14. Febr.), wo außer einer M.-S.-Symphonie von F. Ries, die für die Gesellschaft komponiert und noch niemals aufgeführt worden war, auch das Finale aus dem Prometheusballett von Beethoven vorgetragen wurde; weiter im dritten (14. März), wo u. a. eine Beethovensymphonie gespielt wurde, im vierten (28. März), fünften (18. Apr.), sechsten (2. Mai, u. a. eine Auswahl aus Beethovens »Christus am Ölberg«) und im achten (30. Mai). Als »Leader« standen Clementi an diesen Abenden Salomon (1. und 5. Konzert), Vaccari (3.), Viotti (4.)[1]) und Spagnoletti (6. und 8.) zur Seite. Bloß viermal war Clementi in gleicher Eigenschaft im Jahre 1815 an den Aufführungen beteiligt, und zwar am ersten Abend (13. Febr.), am dritten (13. März), wo auch eine Beethovensymphonie in ungenannter Tonart gespielt wurde, am fünften (17. April, Prometheusouverture von Beethoven) und achten (29. Mai), der als letztes Konzert mit der Egmontouverture abschloß. Am Pult des dirigierenden Violinspielers saß im ersten Konzert Salomon, im dritten Spagnoletto, im fünften und achten Vaccari.

Im Jahre 1816 mußte das Amt des leitenden Konzertmeisters wegen Salomons Tod gegen Ende des Jahres und wegen Viottis Ausscheidens neu besetzt werden. Neben Clementi als Klavierspieler erschien als Vorgeiger Charles Weichsel im ersten (26. Febr.), im fünften (29. Apr.) und achten Konzert (10. Juni) und außer dem uns schon bekannten Spagnoletti im zweiten (am 11. März), wo gleich zwei größere Beethovensche Kompositionen, eine Symphonie

---

[1]) Der auf dem Programm des 4. Konzertes angegebene Name Salomons ist auf dem im Br. M. vorhandenen Exemplar von G. Smart durchstrichen und durch den Viotti's ersetzt.

und ein Septett gespielt wurden, Nic. Mori am dritten Abend
(25. März), der besonders wegen der Ankündigung eines
Beethovenschen »Finale M S composed for this Society,
and never performed« bemerkenswert ist. Von Bedeutung
ist für uns besonders das Programm des fünften Konzerts
vom 29. April, da wir darin eine neue M. S.-Symphonie
Clementis eingeschlossen finden.

Act I.

Ouverture, Zauberflöte	Mozart.
Motett, M. S. »Father of Light!« Mrs. Salmon, Mr. Gross, Mr. Braham, and Mr. C. Smith	S. Wesley.
Quartetto, two Violins, Viola, and Violoncello Messrs. Weichsel, Watts, H. Smart, and Cudmore	Mozart.
Cantata Pastorale, la Primavera Mrs. Salmon Mrs. Lacy, Messrs. Braham, and C. Smith, M. S. composed for this Society, and never performed	Cherubini.
Sinfonia	Beethoven.

Act II.

New Sinfonia, M. S. composed for this Society	Clementi.
Rec. and Aria, A compir, Mrs. Salmon, Violino obligato, Mr. Weichsel . . .	Guglielmi.
Sestetto, M. S., Pianoforte, etc. Messrs. C. Potter, Ashe, Spagnoletti, Watts, Cudmore, and Dragonetti, composed for this Society, and never performed .	C. Potter.
Finale, Anacreon (by desire).	Cherubini.

Leader, Mr. Weichsel. — Pianoforte, Mr. Clementi.

Wie man schon nebenbei bemerken konnte, hatte
Clementi um die Zeit der Gründung der Philharmonischen
Gesellschaft die Freude, einen alten Schüler und Freund
in London begrüßen zu können. Es war Ludwig Berger,
der 1812 Petersburg verlassen hatte und konzertierend
durch Finnland und über Stockholm nach England ge-

gangen war. »England, wo sein alter Lehrer Clementi ihm zum zweitenmale unter seinen schützenden Auspicien die künstlerische Heimat öffnen konnte, war das eigentliche Ziel der Reise.« (Rellstab, S. 51.) Der Morning Chronicle enthält über sein erstes Auftreten[1]) in Salomons jährlichem Konzert am 26. April 1813 (New Rooms, Hannoversquare) folgende kurze Besprechung: »Die Neuigkeit des Abends war die Einführung Herrn Bergers, der unlängst aus Petersburg angekommen und ein Schüler Clementis ist. Herr Berger spielte ein Konzert seiner eigenen Komposition auf dem Klavier. Sein Spiel ist außerordentlich rasch [rapid] und sauber und seine Musik von erhabenem Guß. Er wurde mit einem Beifall aufgenommen, der nicht nur ihm selbst schmeichelhaft war, sondern tatsächlich ebenso der bewunderungswürdigen Schule gebührte, woraus er hervorgeht.«

Was dies erste Auftreten für Berger zu bedeuten hatte und was Clementi selbst mit diesem seinem Schüler vorhatte, das erzählt unser Gewährsmann Rellstab, indem er gleichzeitig eine den Geschäftsmann Clementi zeichnende Anekdote beibringt, wie folgt (S. 55 ff.):

»Noch mehr [denn als Klavierspieler] imponierte er aber als Componist, und trat auch bald als solcher in die Öffentlichkeit, was bisher, außer mit einigen Jugendversuchen, noch gar nicht der Fall gewesen war. Abermals ein Beweis, wie es des äußeren Anstoßes bei ihm bedurfte. Denn Clementi .... wollte das große Talent eines Schülers, auf den er stolz sein durfte, nicht unerkannt lassen. Er drängte ihn zur Herausgabe seiner Compositionen, und so erschienen denn rasch hintereinander die große Sonate in Cmoll, die durch ihren gehaltenen Stil so meisterhafte Toccata, ein reizendes Rondeau pastorale, der feurige »Pyrenäenmarsch« und die Fuge mit Präludium in Dmoll....«

---

[1]) Das Programm, das in derselben Zeitung erschien, zeigte dieses Auftreten wie üblich an: »Being his first public performance in this country«.

»Man sieht«, plaudert Rellstab weiter, »wie eifrig auch
der Musikhändler Clementi diese Herausgabe der Bergerschen Werke betrieb, weil er wohl wußte, was er tat. Der
Pyrenäenmarsch veranlaßt uns, die eigentümliche Art seiner
Entstehung zu erzählen. Er verdankt diese und seinen
Namen dem Siege des Herzogs von Wellington bei Vittoria.
Die Nachricht davon war eben eingetroffen und erregte
einen jubelnden Enthusiasmus in London. Berger befand
sich bei Clementi im Laden, als ein Freund dieselbe mitteilte. Der spekulative Kopf des alten Italieners behielt
Ruhe genug, um dem Enthusiasmus einen finanziellen Vorteil abzugewinnen. Er rief sogleich aus: ‚Das ist eine Gelegenheit, die man ergreifen muß. Es muß darauf etwas
komponiert werden, — ein Marsch, den wir danach taufen.
Berger, Sie müssen einen Marsch liefern, auf der Stelle
muß er erscheinen.‘ — Berger, dessen Natur sich gegen
nichts so sehr sträubte, als gegen ein augenblickliches Entschließen und Handeln, hatte Bedenklichkeiten. Clementi
wurde um so eifriger; auf der Stelle sollte sich Berger
hinsetzen und etwas aufs Papier werfen. ‚Die Kritik kommt
lange nach dem Erfolg‘, rief er aus. Berger sträubte sich
noch weiter; es falle ihm nicht gleich ein gutes Thema
ein; bei solcher Gelegenheit dürfe man nur das Beste dar-
bringen, und was der Ausflüchte mehr waren. Doch
Clementi ließ nicht nach, brauchte seine Autorität als Lehrer,
und gab dem alten Schüler das Thema, indem er rief:
Voilà un thème de Mozart! und den Anfang des geist-
reichen Concerts in Cdur summte:

»So zwang er ihn, halb mit Scherz, halb mit Ernst
wirklich auf der Stelle an die Composition zu gehen.
Und zwei Tage darauf wurde der Pyrenäenmarsch in vielen
tausend Exemplaren durch ganz London verbreitet, und in
jeder Form des Arrangements an allen öffentlichen Orten
gespielt.« —

Es ist hier nicht meine Absicht, Bergers Wirken in London erschöpfend zu beschreiben. Dennoch soll aber wenigstens erwähnt werden, daß er auch einmal in einem Konzert der Philharmonischen Gesellschaft eine eigene Arbeit aufführen ließ, und es ist sehr wahrscheinlich, daß Clementis Bemühungen dies durchgesetzt hatten. Der letzte dirigierte denn die im 5. Konzert des Jahres 1814 (18. April) gespielte Bergersche »Overture, M. S. composed expressly for this Concert«; Salomon saß an der ersten Violine.

Auf Ferd. Ries, der auch nach London übersiedelte, kann hier nur kurz eingegangen werden. Wie erinnerlich, hatte ihn Clementi schon einmal in Wien (S. S. 139), wenn auch nur mit Blicken kennen gelernt. Das erste Werk, das Ries in der Philharmonischen Gesellschaft aufführen ließ, bestand in der oben schon kurz erwähnten »Sinfonia, M. S. composed for this Society, and never before performed« (14. Febr. 1814). Mangels bestimmter Nachrichten über seine Beziehungen zu Clementi sei wenigstens eine Stelle aus einem Briefe von ihm an das andere große Verlagshaus in Leipzig, C. F. Peters, erwähnt. Dieses Haus scheint den Schreiber zwecks Verbindung mit einem englischen Hause um Auskunft gebeten zu haben. Die Stelle in dem Briefe, der vom 18. September 1815 stammt und jetzt im Britischen Museum liegt, lautet:[1])

». . . Hr. Chappel & Co. ist ein gutes und etabliertes Haus, und schon mit Breitkopf & Härtel in Verbindungen — Laveau [?] ist nicht mehr so bedeutend — Aster & Horwood kenne ich gar nicht. Um nach Amerika zu handeln, würde ich Clementi & Comp. für die besten halten, welche dorthin sehr viele Musikalien senden und besonders mit Klavieren handeln. Ich glaube, daß sich dorthin durch Holland einen leichteren und besseren [so!] Weg bahnen ließe.

Das Nachstechen scheint unter den meisten Verlegern eine Seuche zu seyn.

---

[1]) Aut. Brit. Mus. Nr. 29990.

Ich will mit Vergnügen Chappel, und Clementi auf
ihren Verlag aufmerksam machen, und zur Erfüllung ihrer
Wünsche beytragen, was ich kann, und es wird mir
doppelt angenehm seyn, Ihnen dadurch Beweise meiner
Achtung zu geben, mit der ich immer bleiben werde

Euer Wohlgebohren ergebenster

Ferd: Ries.«

Dem sei nur hinzugefügt, daß es zu einem dauernden
Geschäftsverkehr zwischen Peters und Clementi & Co.
nicht kam; aber immerhin ist das, wie aus der späteren
Veröffentlichung einiger wenigen Kompositionen von
Clementi zu ersehen ist, versucht worden. Die Verbindung
der englischen Firma mit Breitkopf & Härtel mag jedoch
damals gerade zu rege gewesen sein, als daß mit obiger
Firma eine dauernde hätte entstehen können.

Ungefähr in die Zeit der Jahre 1814/15[1]) ist, da der
Erzähler eben vorher von der Ankunft Riesens in London
und seinen Beziehungen zur Philharmonischen Gesellschaft
gesprochen hat, eine kurze Plauderei Will. Gardiners in
seinem Werke »Music and friends. . .« (London 1838,
S. 361) zu setzen. Dieser schildert eine harmlose, kleine
Szene wie folgt:

». . . On our return from Woodfort Mr. Salomon
called upon his friend Mr. Clementi, with whom we found
Bontempo. They were looking at a curious composition,
to which Mr. Salomon's attention was drawn; and while
they were poring over it, I paid them a compliment, by
saying I could cover with my handkerchief the heads of
the three greatest musicians than in existence. Bontempo
was a fine pianoforte player, but is better known as a
composer. He was engaged at the Opera House, and,
I believe, produced one or two unsuccessfull pieces. . .«

Kurz sei auch noch auf eine andere Freundschaft eines
bekannten musikalischen Erziehers mit Clementi hin-

---

[1]) Nicht nach dem Jahre 1815, weil noch von Salomon, der
am 28. Nov. d. J. starb, die Rede ist.

gewiesen, eines Erziehers, der durch seine »Methode« ein Aufsehen wie kein anderer zu erregen verstand, der in seiner marktschreierischen Art — allerdings nur auf einem Sondergebiete — allein im Abt Vogler seinen größeren Meister anerkennen mußte. Das war J. B. Logier.

Wie unangenehm auch sein allzueifriges Rühren der Reklametrommel heute anmutet, so muß man ihn doch zweifellos, weil die Bedeutendsten seiner Zeit äußerst günstig über seine Leistungen und Erfolge urteilten, für einen großen musikalischen Erzieher halten.

Sein »Chiroplast«, ein Instrument zur Erlangung der damals für richtig geltenden Handhaltung beim Klavierspiel, entzückte jedenfalls sogar Klavierspieler vom Rang der Clementi, Cramer, Kalkbrenner und S. Wesley, die sich samt und sonders darüber sehr günstig aussprachen. Das Empfehlungsschreiben, das Logier von Clementi erhalten und in verschiedenen seiner Schriften ohne Zeitangabe mit abgedruckt hatte, lautet in der Übersetzung, die sich in »John Bernhard Logiers System der Musikwissenschaft und des musikalischen Unterrichts« (Buch I, 18. vom Verfasser selbst berichtigte Ausgabe [Berlin], S. 7) befindet und auch einen bestimmten Tag aufweist, wie folgt:

»Herrn J. Logier.   London, den 19. August 1814.

Mein lieber Herr.

Ich habe Ihre neue Erfindung, Chiroplast genannt, welche dazu bestimmt ist, eine richtige Ausführung auf dem Piano - Forte zu erleichtern, geprüft, und bin von dem großen Nutzen dieser Erfindung so sehr überzeugt, daß ich derselben meinen größten Beifall nicht versagen und sie überall empfehlen kann.

Ich bin   Ihr ergebener Freund und Diener
          Muzio Clementi.«

Wir wollen es uns hier versagen, uns weiter in Logiers verschiedene Schriften zu vertiefen, worin er, wie von den Zeugnissen der anderen, so auch von dem Clementis mit dem größten Nachdruck gegen die Presseangriffe auf seine

Methode den ausgiebigsten Gebrauch macht. Nur zwei
Stellen seien als von größerer Wichtigkeit nicht überschlagen.

Die erste davon bietet ein paar Worte Clementis über
den eigenhändigen Versuch, den er mit dem Apparat an-
stellte: »Nachdem Herr Clementi den Chiroplast geprüft
hatte, bemerkte er, indem er seine Hand in die Spalten
für die Finger hielt: ›I have all my life been saying to
my pupils, do so, but you say, it shall be so!‹ (A Refutation of the Fallacies and Misrepresentations contained in
a Pamphlet, entitled ›An Exposition of the New System
of Musical Education‹. . . by J. B. Logier, London 1818,
S. 31).

Und die andere Stelle ergeht sich in Lobeserhebungen
über Clementis Wert, wovon natürlich ein gut Teil auf
ihren Verfasser zurückfallen soll; nachdem Logier den
Appendix der fünften Auflage von Clementis »Introduction
to the art of playing on the Piano Forte [1])« für seine Zwecke
herangezogen hat, drückt er sich darüber und über seinen
Verfasser folgendermaßen aus (der sonstige Zusammenhang
ist nach dem Gesagten wohl leicht zu erraten):

»Nun bitte ich meinen Leser, sich vor Augen zu halten,
daß dies das Werk eines Mannes ist, der mit Recht der
»Vater des Klaviers« genannt wird; dessen Kompositionen
einen erhabenen Rang einnehmen müssen, so lange wie
Musik für dieses Instrument gespielt wird; dessen wunder-
bare Leistungen als Spieler in fast jedem Lande Europas
Bewunderung erregen; dessen Geschicklichkeit als Lehrer
daraus hervorgeht, daß er die größten Klavierspieler unserer
Zeit hervorgebracht hat; und infolgedessen wird jetzt dieses
Werk, bekanntlich eine Schule für dieses Instrument, die
Schöpfung eines Mannes von Talent, Wissen und langer
Erfahrung, dennoch von den Herren Ayrton und Hawes,
Burrowes und Beale, Sherrington und Schenner, Welsh

---

[1]) Der »Appendix« war im Anfang des Jahres 1815 in London erschienen.

und Walmisly, Potter &c. vollständig mit verurteilt. Ich bitte den Leser, darüber nachzudenken und dann selbst eine ganze Untersuchung über das Urteil des Komitees zu fordern. Wenn ich geirrt habe, habe ich wenigstens nach einem großen Vorbild geirrt . . .« (S. 41 ff.).

Wir sind mit den vorhergehenden Ausführungen des Zusammenhangs halber bereits über die Zeit hinausgeeilt, wo ein zwar äußerlich wenig aufregendes, aber, wie man annehmen darf, für Clementi wichtiges Ereignis eintrat. Handelte es sich doch um eine Art öffentlicher Anerkennung seines Wertes, als er Ende des Jahres 1814 zum Mitglied der Königl. Schwedischen Akademie der Musik gewählt wurde. Wieviel er selbst auf diese Ehrung hielt, kann man daraus erkennen, daß er es selbst nie versäumte, seine Würde dabei zu erwähnen, wenn er den Titel eines seiner neuen Werke festsetzte.

Die Auszüge aus einer Matrikel und den Protokollen, die mir von Herrn Dr. Karl Valentin in Stockholm liebenswürdigerweise besorgt wurden, geben über die Wahl Clementis und alle näheren Umstände den einzigen und zuverlässigsten Aufschluß. Wir lesen sie hier also nach den mir übersandten Abschriften:

Auszug aus der Matrikel der Königl. Schwed. Akademie der Musik:

»Muzio Clementi, London, zum Mitglied gewählt am 21. December 1814, † 9. [!10.] März 1832 (siehe Allg. musikalische Zeitung 1832. Leipz. No. 13, 28. März, Pag. 219).«

Auszug aus dem Protokoll bei der Sitzung der K. Acad. der Musik am 7. December 1814. — — — »Zu dem durch den Tod des Herrn Grétry freigewordenen Platze unter den auswärtigen Mitgliedern wurden von den Vorgeschlagenen — — — die Herren La Cepede, Clementi und Cramer als Candidaten aufgestellt.«

Auszug aus dem Protokoll der Academie am 21. December 1814 — — — »waren als Candidaten aufgestellt Graf La Cepede in Paris, die Herren Clementi und

Cramer d. ä., in London, und wurde — — — Herr Clementi
als Mitglied gewählt.«

Auszug aus dem Protokoll der Academie am
16. März 1816 — — — »wurde ein Brief Herrn Clementis
vom 16. Februar 1816 vorgetragen, in welchem er den
Secretär bittet, der Academie seinen Gruß und Dank für
das ihm übersandte Mitgliedsdiplom [1]) zu übermitteln.«

Über diesen Brief fügte Herr Dr. Valentin hinzu, daß
er sich im Archive der Kgl. Schwed. Ak. der Musik nicht
vorfinde, sondern daß er s. Z. vom Sekretär wahrscheinlich
als an ihn persönlich gerichtet betrachtet worden sei.

Den Notizen in den Protokollen sollen nur noch ein
paar kurze Bemerkungen über ihren Inhalt angefügt werden:
Grétry, dessen Erbe Clementi in der Mitgliedschaft der
genannten Akademie wurde, war am 24. Sept. des Jahres
1813 gestorben. Von Clementis beiden Nebenbuhlern
Cramer (worunter natürlich Johann Baptist, der Klavierspieler, zu verstehen ist) und dem Comte de La Cepède
ist uns der erste ja zur Genüge bekannt. Es soll aber
an dieser Stelle wenigstens darauf hingewiesen werden,
daß auch ihm später noch die Würde eines »Membre de
l'Académie Royale de Stockholm« verliehen wurde.

Unbekannter ist aber der Comte La Cepède (auch
Lacepède geschrieben), dessen Verdienste das »Harmonicon«
vom Jahre 1825 (S. 236) nach seinem Tode in einem Aufsatz würdigte. Er war zwar nicht ausschließlich Musiker und
Musikgelehrter, hatte sich aber, was ihm bei seinem Stande
nicht schwer gefallen sein wird, besonders durch einige
allgemein ästhetische Werke einen angesehenen Namen gemacht. Mit ein paar von ihm komponierten Opern hatte
er kein Glück; sie blieben unaufgeführt. Er war im Jahre
1756 zu Agen in Guienne geboren und starb als Träger

---

[1]) Forkel ließ sich für seinen Almanach aufs Jahr 1784 die
Abschrift eines Diploms aus dem Jahre 1779 kommen. Ob die
dort S. 197 gegebene Aufsetzung 35 Jahre später noch ebenso
lautete, ist nicht sicher.

vieler Würden auf seinem Landhaus zu Epinay am 7. Oktober 1825. — — —

Die Möglichkeit, ein paar eigene Symphonien im Théatre Italien zu Paris aufzuführen, wird es in erster Linie gewesen sein, was Clementi bewog, wieder einmal die weite Reise nach Frankreich zu machen. Am Ende des Jahres 1816 traf er in jener Stadt ein, wo er nach der Angabe seiner Adresse an Härtel im Hôtel St. Phar, Boulevard Poissonière (damals No. 22) Unterkunft fand. Es war nur natürlich, daß er die Gelegenheit benutzte, den ersten Band seines Gradus ad Parnassum, wovon er Härtel ein Jahr vorher berichtet hatte, er feile nur noch daran und verspreche sich viel davon, Mad. Bonnemaison [1]) zu übergeben, um ihn zugleich in Paris herauszubringen. Auch einen in London verfertigten Abzug sandte er nach Leipzig mit der Anweisung, das Werk solle in den drei Städten an demselben Tage, dem 1. März 1817, erscheinen.

Der Brief erwähnt auch die Dame, der der Gradus gewidmet ist: Madame la princesse Wolkonsky née Wolkonsky. Lenz, der manchen Beitrag zu Petersburger Musikverhältnissen jener Zeit geliefert hat, sagt, daß es die Fürstin Sophie Wolkonski, die Frau des späteren Ministers des Kaiserlichen Hofes und Feldmarschalls gleichen Namens sei.

Ein langes Antwortschreiben Härtels auf diesen Brief ist noch in der Kopie vorhanden. Es ist erst unterm 3. Febr. 1817 abgefaßt, da Härtel durch ein rheumatisches Leiden verhindert war, eher zu schreiben, und gipfelte in der Dankbarkeit des Absenders für die Überlassung des schönen Werkes, über dessen Wert er urteilte: »Cet excellent ouvrage suffiroit tout seul pour garantir à Votre nom une grande et longue célébrité, si elle n'étoit pas déjà aussi

---

[1]) Es handelt sich um das Haus Erard in Paris. S. darüber in Joh. Friedr. Reichardt's vertrauten Briefen aus Paris geschrieben in den Jahren 1802 und 1803 (Hamburg 1804), I, S. 150 ff. Darnach war eine Tochter Erards mit dem Maler Bonnemaison verheiratet.

fondée et générale, comme elle l'est . . . .« Und die zweite Hälfte des Briefes befaßte sich mit dem schon in früheren Jahren unternommenen Versuch, den Komponisten und seine Londoner Firma zu engeren Geschäftsbeziehungen zu bewegen, zu einer »Korrespondenz«, wie er sich ausdrückte, unter der allerdings auch wieder im Grunde der beliebte gegenseitige Austausch von Verlagswerken gemeint war. Die Anregung hatte Erfolg; denn seit ungefähr dieser Zeit wurden die geschäftlichen Beziehungen zwischen beiden Häusern flotter, und Clementi selbst hieß in einem seiner nächsten Briefe den Vorschlag willkommen und versprach, seine Londoner Teilhaber zu veranlassen, ihren Katalog nach Leipzig zu schicken.

Doch wieder zurück in das Jahr 1816. Von dem am 25. Dez. veranstalteten Konzert, worin, der Komponist am Klavier, eine Symphonie und eine Ouverture Clementis wiedergegeben wurden, sind verschiedene Berichte vorhanden, die hier, zum Teil nur auszugsweise stehen sollen. So schreibt das »Journal de Paris« in der Nummer vom 26. und 27. Dez. 1816 zwar nicht viel über das Konzert selbst und gar nichts über die aufgeführten Werke, aber die Nachricht schließt über das Ansehen, das Clementi als »englischer Italiener« trotz den damaligen französisch-englischen Feindseligkeiten in Paris genoß, genug fesselnde Einzelheiten ein, um hier zum großen Teil gelesen zu werden:

»Les concerts se succèdent avec rapidité, et comme on se lasse de tout, il devient plus difficile à chaque soirée musicale de piquer l'attention et d'attirer le public. Pour celle-ci, on avait annoncé une symphonie et une ouverture du célèbre Clementi, et cette fois, au moins l'épithète, trop souvent prodiguée, avait été donné à juste titre. Clementi est connu dans toute l'Europe; il jouit, dans un âge, assez avancé, de la réputation que ses travaux lui ont méritée: il a la gloire d'avoir composé le premier de bonne musique pour le piano, car il a précédé Dusseck et Steibelt. . . .

Les personnes qui, sur l'annonce vague de l'affiche, espéraient entendre Clementi, ont été trompées dans leur attente; il a seulement tenu le piano, c'est-à-dire qu'il a dirigé la partition et donné les mouvemens; des musiciens comme ceux qui composent l'orchestre des Bouffons, n'avaient point sans doute besoin de ce secours; mais c'est un hommage que des artistes français se sont empressés de rendre à un grand talent.«

Auch mehre deutsche Blätter gingen auf das Konzert ein. So das Tübinger »Morgenblatt für gebildete Stände« (Nr. 14, S. 56 vom 16. Jan. 1817) unterm 27. Dezember:

».... Interessant war es am Weihnachts-Feste, beym Concert spirituel an der italienischen Oper den berühmten Clementi am Klaviere sitzen, und eine vortreffliche Symphonie seiner Komposition begleiten zu sehen. Ich sage sehen, denn hören konnte man das Klavier nicht! Solos hat er gar nicht gespielt. Im Grunde hatte die Theaterdirektion blos eine Gelegenheit haben wollen, diesen berühmten Mann dem Publikum zu zeigen; vermutlich hatte er das Solospielen abgelehnt. Er wurde bey seinem Erscheinen mit Beyfallklatschen empfangen, doch ohne den Enthusiasmus, den das Pariser Publikum mehrern andern großen Tonkünstlern bezeigt hat. Dieß kommt wohl daher, weil Clementi nur den Musik-Kennern bekannt ist; hätte man eine beliebte Oper von ihm, so würde er auch dem großen Haufen bekannt seyn, und daher weit mehr Beyfall eingeerntet haben. Ein Fremder, ich glaube es war ein Russe, wunderte sich über die geringe Sensation, die das Erscheinen eines solchen Tonkünstlers errege, da Clementi doch der Papa aller Klavierspieler sey, so wie Viotti jetzt als der Papa der Violinisten gelten könne. Eine Woche zuvor hatte sich der junge Mayer, der Schüler eines Schülers Clementis,[1] hören lassen. Auf dem Anschlag-

---

[1] Charles Mayer (*21. März 1799) war mit seinem Vater, einem Klarinettisten, aus seiner Heimat Königsberg nach Petersburg und Moskau gereist und war von Field unterrichtet worden. 1814 machte er seine erste Kunstreise nach Warschau, Deutschland, Holland und Frankreich. Dabei kam er also nach Paris.

zettel stand: der junge Mayer wäre ein Schüler des berühmten Field. Die Journalisten erklärten aber, dieß sey das erste Mal, daß man von diesem berühmten Mann reden höre, und dieß war in Paris auch wahr. Ich nahm mit einiger Rührung von der Gestalt Clementis Abschied, indem ich daran dachte, daß dieser Greis alle die berühmten Komponisten aus der Mitte des vorigen Jahrhunderts überlebt habe und daß durch ihn die ehrwürdige Reihe werde geschlossen werden. Dg. [unterzeichnet].«

Durchaus nicht im Einklang mit diesen beifälligen Besprechungen steht ein Bericht der »Allg. mus. Ztg.« (XIX, S. 149 ff.), den ein Mitarbeiter, G. L. P. Sievers, unterm 31. Dez. 1816 aus Paris erstattete. Dieser Journalist, dem gründliche Kenntnisse der Musikgeschichte zwar abgesprochen, jedoch große Vertrautheit mit der zeitgenössischen Kunst nachgerühmt werden, hat sich besonders späterhin durch seine »Schröpfköpfe« in der »Cäcilia« bekannt gemacht, die Schillings Universal-Lexicon, wo man mehr über sein Leben und Wirken findet, »um des besonderen Kunst-Interesses willen hervorhebt, welches diese Reihen von Aufsätzen in der That geben, so anstößig sie hier und da um ihres oft giftig beißenden Tones willen erschienen seyn mögen.« Schon in seiner damaligen Kritik über Clementi waltet dieser Sarkasmus seiner späteren Jahre vor:

»Am ersten Weinachtstage, wo wie gewöhnlich, alle anderen Theater geschlossen waren, hat die Administration der italienischen Oper ein sehr glänzendes Concert Spirituel gegeben, glänzend wegen der Künstler und Kunstsachen, welche in demselben gehört wurden, und glänzend durch das in ziemlicher Menge anwesende Publikum, dessen weiblicher Teil an diesem Abende sowol durch seine natürlichen, als durch seine erborgten Reize ganz insbesondere glänzte. Um die Aufmerksamkeit meiner Leser fast eben so sehr durch meine Anzeige zu fesseln, als das Concert selbst die Aufmerksamkeit der Zuhörer gefesselt hat, brauche ich nur zu sagen, daß wir Clementi in demselben gesehen und 2 große Symphonien von ihm gehört und daß auch Duport[1]) einige wenige Solostellen zu einer Arie von Paer gespielt hat. In Clementis Symphonien habe ich ungeheuer viel Geräusch, sehr viele Trompeten und Bässe, Flöten und Pauken, Geigen und Oboen, Bratschen und Klarinetten, alles recht ergötzlich durcheinander gemischt, ziemlich viele abgerissene Einzelheiten, viele Genialität, aber wenig ganzes und gar keine Klarheit gefunden. So hat weder Mozart noch Haydn gesetzt. Clementi hat sich's schon früher beigehen lassen, beider Manier zu einer zu verschmelzen und sie in seiner Person vereinigen zu wollen: Das würde aber dem Gotte der Tonsetzer selbst nicht möglich werden. Was die Ausführung dieser beiden Symphonien, die, wie sich ohnehin versteht, von ungeheurer Schwierigkeit sind, wo besonders die Blasinstrumente pausieren müssen, als sollten sie numerieren lernen, so hat das Orchester, welches ich unbedingt für das erste auf der Erde erkläre, in seinem Leben vielleicht nie so schlecht gespielt, wie diesen Abend. Und das ging so zu. Clementi hatte sich's einfallen lassen am Fortepiano zu dirigieren; an der Spitze des Orchester aber dirigierte schon Grasset, dieser vortreffliche Anführer des italienischen Theaters: beide genierten sich aber gegenseitig nach einander, keiner wollte durchgreifen, und das Orchester wußte nicht, nach wem es sich richten sollte. So entstand denn ein Plänkern, ein Zögern, ein Hin- und Her- und Durcheinander, wie ich es, seit ich aus Deutschland entfernt bin, nicht gehört habe. Glücklicherweise beschränkte sich Clementi während der Singesachen meistens darauf, hinter dem Fortepiano zu figurieren; Grasset ergriff keck die Zügel, und somit ging das Ganze, mit einigen wenigen Ausnahmen, im alten, gewohnten, sichern Gleise. Selbst gespielt hat übrigens Clementi nichts, außer den einzelnen Akkorden, die er zur Begleitung auf dem Fortepiano angeschlagen, die aber auch um so vollkommener gehört wurden, als sie stets vor und nach dem Orchester eintraten.

---

[1]) Jean Louis Duport, bedeutender Cellist.

Ehe ich von Clementi Abschied nehme, muß ich noch anführen, daß derselbe ein Kaufmann geworden; er liebt,
gleich andern genialen Komponisten, schäumende Weine
und klingende Fortepiano's, nur mit dem Unterschiede,
daß jene den Wein tranken und auf dem Fortepiano spielten,
er aber mit beiden Handel und Wandel treibt.[1]) Dafür
ist Clementi ein steinreicher Mann, und Mozart — —!
O Schicksal! O Gerechtigkeit!....«

Ich überlasse es dem Leser, die verschiedenen Berichte
miteinander zu vergleichen und selbst darüber zu urteilen,
inwieweit sie sachlich abgefaßt sind. Die folgenden Ausführungen werden indes ergeben, daß noch ein anderes
deutsches Blatt — sein Name ist mir unbekannt geblieben —
anscheinend noch viel schärfer gegen Clementis Kompositionen
vorging; nur ist es unklar, ob damit auf die oben erwähnte
Symphonie und Ouverture abgezielt war, oder, wie es ein-
leuchtender erscheint, auf zwei kurze Zeit nachher aufgeführte Symphonien von ihm, da die hier später folgende
Entgegnung nur von Symphonien spricht und erst im Juli
1817, also nach beträchtlicher Zeit, eingerückt war. Wie
indes das »Journal de Paris« zu berichten weiß, wurden
im Théatre Italien am 6. April 1817 zwei Symphonien
von Clementi aufgeführt, wovon die zweite vielleicht
wiederholungsweise gespielt wurde (nur die erste erhielt
das Beiwort »neu komponiert«). Das Programm lautete
folgendermaßen:

»Première partie: 1⁰. Symphonie nouvellement composée par M. Clementi.   2⁰. Air de la Résurrection de
Jésus Christ, de Paër chanté par M. Porto.   3⁰. Concerto
de Steibelt, dit l'Orage exécuté sur le piano par le jeune
Hertz.   4⁰. Ettore et Andromaca, duo de Paër, chanté de
M. Garcia et Madame Dickonse.   5⁰. Air varié, composé
et exécuté par M. Baillot.

Seconde partie: 6⁰. Symphonie de Clementi. 7⁰. Duo

---

[1]) Bezüglich des Weines ist das sicher eine Verwechselung
mit Viotti.

de Fioravante, chanté par M. M. Garcia et Chiodi. 8⁰. Air
varié de Hummel, exécuté sur le piano par le jeune Hertz.
9⁰. Trio de l'Oratorio d'Isaac, de Cimarosa, chanté de
M. Garcia, Mesdames Morandi et Goria. 11⁰. Andante de
concerto et air varié (redemandés) composés et exécutés
par M. Baillot.«

Die Kritik derselben Zeitung hatte für Clementi diesmal
nur wenige abfällige Worte; während sie über die neue
Symphonie überhaupt nichts berichtete, sagte sie von der
andern nur: »Der zweite Teil des Konzerts wurde mit einer
großen Symphonie in vier langen Sätzen von Clementi
eingeleitet; die Liebhaber würden eine Symphonie von
Haydn, Mozart oder Bethoven [so] vorgezogen haben.
Wie alles wieder gut gemacht wird, selbst in den Konzerten,
so hat M. Baillot zwei Stücke mit seinem nicht gewöhnlichen aber gewohnten Talent gespielt; das anwesende
Publikum ergriff die Gelegenheit, Beifall zu klatschen;
denn es hatte dazu noch keinen Anlaß gehabt.«

Dieses Urteil ist augenscheinlich etwas gefärbt; daß es
aber nicht ganz unrichtig war, darf man aus dem eines
anderen sachverständigen Ohrenzeugen unbedingt schließen.
Marmontel hat es aus Aubers eigenem Mund und teilt es
folgendermaßen mit: ». . . . Auber hat mir versichert, daß
seine Orchesterwerke nur ein relatives Verdienst hatten,
der Eigenart ermangelten und gegen die farbenreichen,
geist- und lebensvollen Werke Haydns und Mozarts sehr
verblaßt erschienen . . . .«

Noch einmal müssen wir denselben Schriftsteller, gerade
hier deshalb heranziehen, weil er von H. Herz,[1]) der in
obigem Konzert mitwirkte, eine kleine Anekdote über
Clementis Knickertum vernommen hatte. Beinahe erscheint
es aber, als ob sie doch in das Jahr eines späteren Aufenthalts Clementis in Paris zu verlegen sei, eine Ansicht, wozu
man wegen der Angabe eines andern Hotels als des oben
genannten neigen möchte. Nachdem unser Gewährsmann

---

[1]) Dieser war damals erst 11 Jahre alt.

von der Schwäche des Komponisten bekannte Tatsachen
berührt hat, plaudert er weiter: »Henri Hertz sagte mir, er
sei Zeuge folgender lustigen Tatsachen gewesen: Clementi
kam im Hotel Petit-Carreau an, wo ihn schon von seinem
Talent begeisterte Schüler erwarteten, und übergab dem
Dienstmann, der beauftragt war, seine Koffer nach der
dritten Etage hinaufzutragen, zehn Centimes als ganze Bezahlung.« —

Lesen wir nun auch jene Rechtfertigung eines Ungenannten in der Allg. Mus. Ztg., die das Urteil über die
für uns verschollenen symphonischen Kompositionen ab-
schließender gestaltet:

»Wir glauben den großen Verdiensten eines Künstlers,
dem wir und alle, die sich seit etwa 30 Jahren für Musik
ausgebildet, vieles, mittelbar oder unmittelbar, bewußt oder
unbewußt, zu verdanken haben — schuldig zu sein, folgende
Mitteilung eines gleichfalls sehr achtungswürdigen Meisters
öffentlich bekannt zu machen. [Vorbemerkung der Red.]

Mit inniger und gewiß gerechtester Indignation lese
ich in einem der, leider so zahlreichen, deutschen Unter-
haltungsblätter, wie unser trefflicher Meister, Clementi, von
dem pariser Correspondenten jenes Blatts bei Gelegenheit
der Aufführung der noch ungedruckten clementischen Symphonien im Concert spirituel zu Paris gemißhandelt worden
ist. Es ist Ihnen, wie mir und allen, die an Clementi teil-
nehmen, bekannt, daß er schon seit zwölf bis fünfzehn
Jahren die Summe seines Geistes und seiner tiefen Kunst-
kenntnisse, so wie die besten Stunden seiner Muse und
die strengen Übungen seines Fleißes auf eine Folge von
sechs großen Symphonien — welche Gattung er, wie jeder
Kenner, als den Gipfel der neuern Instrumentalmusik betrachtet — verwendet hat; daß er nur darum sie noch
nicht bekannt gemacht hat, weil er noch immer daran
bessert und feilt; und daß er eben mit ihnen, jetzt, in
späten Lebensjahren, seinen hochgeachteten Namen in der
musikalischen Welt, nicht sowohl anfrischen — denn das
braucht er nicht, als vielmehr, ihn der Nachwelt übergeben

und anempfehlen wollen. Ohne also auch die geringste
Kenntnis davon zu haben, wie nun diese Werke wirklich
ausgefallen sein mögen, wird und kann doch Niemand von
ihnen etwas Gemeines, Gewöhnliches und Oberflächliches
erwarten, als wer in Unwissenheit und anmaßender Frivolität
alles kann; gelten nun aber die einstimmigen Urteile der
ausgezeichnetsten Künstler und Kunstkenner Londons, die
mit diesen Symphonien bekannt sind, etwas — die einstimmigen Urteile Viotti's, Cramer's, Ries's, Dragonetti's,
Wessely's [Wesley?], Kalkbrenner's etc.: so gehören sie, in
jeder Hinsicht, zu dem Vorzüglichsten, was in dieser Gattung
seit Haydn und Mozart geliefert worden. Auch ich, der ich
wenigstens die zweye kenne, die Clementi voriges Jahr in
London im Concert der philharmonischen Gesellschaft aufführete, muß von diesen eben so urteilen, und als Augen-
und Ohrenzeuge hinzusetzen, daß sie einstimmigen Beifall
von allen anwesenden Kennern und Nichtkennern erhielten,
und daß selbst die, welche sonst Clementi'n nicht wohl-
wollen, ihnen ihr großes Verdienst nicht absprechen konnten.
Wenn sie daher wie der Pariser Korrespondent jenes Unter-
haltungsblatts berichtet, dort kein Glück gemacht haben —
was wohl möglich: so können gar leicht, und müssen
wohl ganz fremdartige Verhältnisse, es kann schon das
viel mitgewirkt haben, daß Clementi eben jetzt jene Werke
in Paris aufführete und daselbst als ein Engländer betrachtet
wird; auf jeden Fall aber bleibt die Art, wie er im angeführten Briefe behandelt ist, empörend und häßlich.
Welcher wahrhaft verdiente Künstler, Musiker oder andere
— ja man kann hinzusetzen: welcher verdiente Schriftsteller,
und wer irgend sonst öffentlich zu wirken sich angelegen
sein läßt --- soll sich denn ferner zu großen Arbeiten und
andern bedeutenden Leistungen hergeben, treibt ihn nicht
Not und Eigennutz dazu, wenn solch ein übermütiges,
wegwerfendes, verhöhnendes Auftreten gegen ihn und seine
Arbeiten, öffentlich ohne irgend einen angegebenen Grund,
ja ohne irgend eine nur einigermaßen bedeutende Autorität,
vielmehr allen Gründen und Autoritäten entgegen, einem

jedweden erleichtert wird, der es sich selbst erlauben will?
wird sich nicht lieber Einer nach dem Andern zurückziehen, um seinen schwer errungenen Ruf, sein würdig be-
hauptetes Ansehen nicht noch bei Lebzeiten zu gefährden;
und auch der persönlichen Kränkung überhoben zu
bleiben? . . .«

Will man versuchen, den Namen dieses Ungenannten
festzustellen, so könnte man, da man auf einen Musiker
deutscher Abkunft und aus dem Bekanntenkreise Clementis
schließen muß, zuerst an Ludw. Berger denken. Doch
muß dieser deshalb gleich von vornherein abgewiesen
werden, weil er sich zur Zeit der Aufführungen der beiden [?] [1])
Symphonien Clementis »voriges Jahr« (1816) schon in
Berlin befand und allem Anschein nach schon während
der Konzertzeit des Jahres 1815 nicht mehr in London
war. Aber ein anderer Schüler des Meisters ist es, für
den vieles und gegen den überhaupt nichts spricht: Aug.
Alex. Klengel.

Dieser war 1815 nach London gegangen, am Anfang des
Jahres 1817 jedoch nach Dresden als Hoforganist berufen
worden. Übrigens war von ihm sogar im ersten philharmonischen Konzert, worin ja auch Clementi als Dirigent
am Klavier tätig war, ein »New Quintetto, M. S. composed
for this society, for Pianoforte, Violin, Viola, Violoncello
and Contra-Basso« mit ihm selbst am Klavier (außerdem
Baillot, Watts, Percivall und Dragonetti) vorgetragen worden.
Welcher »sehr achtungswürdige Meister«, wie ihn die
Schriftleitung nennt, der u. a. davon wußte, daß Clementi
»seit zwölf bis fünfzehn Jahren« mit der Komposition von
sechs Symphonien beschäftigt war, könnte in dieser Frage
überhaupt noch in Betracht kommen?

Doch kehren wir nun zu Clementi selbst zurück. Aus
dem nächsten noch erhaltenen Schreiben an Härtel, das
zwar der Zeitangabe ermangelt, jedoch in die Mitte des

---

[1]) Darin irrt sich der Schreiber wohl: Die Programme des
Jahres 1816 weisen nur eine Symphonie von Clementi auf.

Monats Oktober 1817 zu setzen ist, geht zugleich hervor, wie lange sich der Komponist in der Seinestadt aufgehalten haben wird.[1] Es ist ein in Frankfurt a. M. aufgesetztes Billet, das sich in der Hauptsache mit der Empfehlung eines jungen Mannes, namens Bondard, befaßt. Dieser hatte sich dem Komponisten von Saarbrücken als Reisegefährte angeschlossen und hatte die Absicht, sich in Leipzig dem Kaufmannsberuf zu widmen. Unter ein paar geschäftlichen Bemerkungen erwähnt es aber auch ein von Härtel bestelltes Pianoforte, das Clementi nach seiner Rückkehr nach London selbst auszuwählen gedenkt; es gefiel jedoch, wie ein späterer Brief zeigt, dem Auftraggeber sehr wenig, woran vielleicht die von der deutschen sehr verschiedene Mechanik, also auch die ungewohnte Spielart der englischen Konstruktion schuld war. Nach dem eigentlichen Zweck des beinahe halbjährigen Aufenthalts des Komponisten in Frankfurt forscht man aber in diesem Briefchen ebenso vergebens wie in einem zweiten Schreiben aus derselben Stadt vom 12. April 1818. Ebensowenig beantwortet eine hier folgende Notiz aus Frankfurt, die das »Morgenblatt« am Anfang Januar 1818 (S. 36) mitteilt, die Frage nach seiner langen Abwesenheit von Weib und Kind in zufriedenstellender Weise: »Was Frankfurt immer im Flor erhalten wird, ist der Besuch der Fremden aus

---

[1] Ein Empfehlungsschreiben der Firma Clementi & Co. vom 14. Juli 1817 an Artaria & Co. für den Pianisten und Komponisten Cipr. Potter, einen guten Freund Clementis, sagt an einer Stelle, daß Clementi »gegenwärtig in Paris ist«. Sicherlich war dieser also eben erst in Frankfurt eingetroffen, als er das oben gleich zu erwähnende Billet für Härtel aufsetzte, was um so wahrscheinlicher ist, als der Überbringer, dessen Ziel Leipzig war, nur als Durchreisender mit nach Frankfurt kam. Das Empfehlungsschreiben für Potter, der übrigens noch Briefe von andern mitbekommen hatte, erhärtet aber zugleich Thayers Annahme (S. Thayer-Deiters Riemann, L. v. Beeths. Leben IV, S. 54 ff.), daß der Besuch dieses Komponisten ins Jahr 1817 (nicht 1818) zu setzen ist. Auch an Breitkopf & Härtel war Potter, wie eine Antwort an die Londoner Firma aus dem Monat November 1817 ergibt, von dieser empfohlen worden.

14*

fast allen Zonen der kultivierten Welt. Außer einem
Hummel und einem **Schnyder von Wartensee** er-
freuen wir uns der Anwesenheit des Nestors der größten
Komponisten der Zeit — eines **Clementi**, der den reini-
schen Himmel zur Vollendung eines seiner Werke dem britti-
schen Nebellande vorzieht und vielleicht den Rest seiner
Tage bey uns verlebt. Sein Umgang ist voller launigen
Humors, und seine Phantasie in frischer Jugendgluth.«

Joh. Nep. Hummel, der bekannte Pianist, gab am
14. November 1817 in Frankfurt ein Konzert im Saale des
sogenannten Rothen Hauses. Das veranlaßt die Allg. Mus.
Ztg., auch der Anwesenheit Clementis zu gedenken:
»Unter den achtsamsten und teilnehmendsten Zuhörern
war auch ein Fremder — ein dem Aussehen nach noch
rüstiger Mann, den nur das weiße Haar als einen
70jährigen Greis bezeichnete, und dessen Ausdruck allen,
die auf ihn merkten, leicht verriet, er verstehe das Ding
von Grund aus: Muzio Clementi war es, der von England
nach Italien geht.« Mehr von diesem Konzert weiß
Heinr. Henkel in seinem Werkchen »Leben und Wirken
von Dr. Aloys Schmitt« (Frankfurt a. M. 1873) zu erzählen. Nachdem der Tenorist Schelble mit seiner
»Schildwache« (Sentinelle) aufgewartet hatte und auch
Mozarts C-dur-Symphonie verklungen war, spielte der
berühmte Pianist sein Amoll-Konzert und improvisierte
mit stürmischem Beifall. »Und während sich der greise
Clementi erhebt, dem wackern Künstler Glückwunsch und
Beifall spendend, ruhen begeistert die Augen von vier
jungen Männern auf der Gruppe: es waren Aloys und
Jakob Schmitt, Xaver Schnyder und Wilhelm Speyer.« [1]

---

[1] Aloys Schmitt, *26. Aug. 1788, † 25. Juli 1866 in Frankfurt
a. M., war ein bedeutender Klavierlehrer und Komponist; Jakob,
sein jüngerer Bruder, *2. Nov. 1803, † 1853, desselben Standes.
X. Schnyder von Wartensee (1786—1868), Komponist und Schriftsteller, hatte sich eben erst (1817) in Frankfurt, seiner Heimat,
niedergelassen. Wilh. Speyer war Kaufmann und Musiker
(1790—1878).

Am 12. April 1818 befand sich also Clementi noch in Frankfurt, wie der Brief an Härtel von diesem Tage ausweist; in der Hauptsache beschäftigt sich dies Schreiben, wohl das längste an den Leipziger Verlag, mit geschäftlichen Dingen. Er bestätigt, vor 7 bis 8 Monaten in Paris zwei Exemplare des ersten Bandes seines Gradus empfangen zu haben, den er nochmals von Kalkbrenner[1]) und einem andern, namens George, habe durchsehen lassen; das Ergebnis dieser Durchsicht teilt er daraufhin dem Adressaten mit und kommt endlich auf ein »Plagiat«[2]) J. B. Cramers zu sprechen, dem er vorwirft, ihm ein Thema aus seinen 4 händigen Sonaten Op. 14 (Nr. III, Adagio) gestohlen zu haben[3]), weshalb er es wieder mit in den ersten Band seines Gradus übernommen habe und zwar mit den Worten Virgils: »Tulit alter honores.« Wenn er dann verrät, daß er den zweiten Band dieses Werkes eben vollendet habe, so ist damit natürlich das gemeint, was die obige Notiz des Morgenblattes erwähnte. Endlich kommt der Meister in diesem wichtigen Brief noch ausführlich auf einen Fall, der ebenfalls Cramer betrifft, zu sprechen: Ungefähr im Jahre 1801 habe er dem Harfenbauer Erard in London, der ihn um ein bedeutendes Studienwerk für seine Pariser Nichten gebeten hatte, erzählt, daß er sich schon lang mit einer Sammlung von Übungen zur Bildung fertiger Klavierspieler getragen habe, und diese habe er »Studio« nennen wollen. Erard habe dies seinem guten Freund Cramer anvertraut, und dieser habe die Gelegenheit seiner (Clementis) großen Reise nach dem Festland benutzt, ihm mit seinem

---

[1]) Nach dem »Catalogue de la Bibliothèque de M. Theophile Lemaire« (Paris, 1896; die Sammlung wurde im Anfang des Jahres 1896 versteigert) trägt ein Widmungsexemplar des Gradus die Inschrift: »Clementi al suo caro amico F. Kalkbrenner«.

[2]) Es handelt sich um ein anderes als das S. 34 erwähnte »Plagiat.«

[3]) S. des weiteren meinen Artikel in den »Blättern für Haus- und Kirchenmusik« 1909, 4, S. 53 ff.

Studio (Etüden) zuvorzukommen.[1]) Wenn daher, fügt er hinzu, irgend eine Ähnlichkeit — was ihm von der Allg. Mus. Ztg. vorgeworfen worden war — des Gradus und der Cramerschen Etüden vorhanden sei, so liege das nur daran, daß Cramer denselben Wegen nachgegangen sei, die er selbst Erard ausgeplaudert habe. — Von Bedeutung ist auch in dem langen Briefe noch die Mitteilung an Härtel, daß Clementi den Vorschlag dieses Leipziger Verlegers annimmt, mit ihm Musikalien auszutauschen, woraus man wieder einmal schließen muß, daß die Geschäfte dieser Art zwischen beiden Häusern trotz allen Anläufen dazu doch noch nicht so richtig im Gang waren. Clementi endigt seinen Brief: »I set out to-morrow for Brussels, where I may stay a week, and then I return to England; but not immediately to London, for my wife and family being on the sea-coast, I shall spend some time with them. As soon as I am in London I shall look out for one of our best 6 octave horizontal grand Pianofortes for you, if you still remain in the same mind. For my part, I can never change my mind with regard to you, for whom I shall always feel a particular esteem and friendship.«

In kurzer Zeit konnte Clementi endlich nach langer Abwesenheit seine Familie umarmen. Erst im November des Jahres aber kehrte er nach London zurück, sofern wir des Meisters eigene Worte, die er an eine unbekannte Adresse, auf seine weitere Bekleidung einer Direktorstelle der Philharmonischen Gesellschaft verzichtend, am 17. November richtete, ganz ernst nehmen dürfen; der Schluß des Schreibens lautet so: »Being lately returned from the Continent, and but just arrived in town, besides having mislaid your address, must plead my excuse for the delay of this answer . . . .«

---

[1]) Gemeint ist wahrscheinlich — Cramer hat mehrere Etüdensammlungen herausgegeben — sein ‚Studio per il Piano Forte, consisting of forty two exercises‘ Op. 30. Das im Brit. Mus. liegende Exemplar, ein Erstdruck, wird 1807 erschienen sein; wenigstens gibt der Katalog diese allerdings mit einem ? versehene Jahreszahl an.

Da Clementi in dem letzten Brief an Härtel auf die Lieferung eines ersten Klaviers an diese Firma zu sprechen kommt, sei gleich noch kurz auf diesen Instrumentenhandel eingegangen. Nach den vorhandenen Briefen scheint er indes zwischen den beiden Firmen nicht so recht in Schwung gekommen zu sein. Das Londoner Pianoforte, das nach einem Brief vom 15. November an die Hamburger Speditions-firma Beyer & Ferber am 9. November 1819 eingetroffen war, hatte zwar dem Anschein nach ebenso wie etwaige folgende gefallen, aber ein im Juni 1821 geliefertes Instrument, das noch in einem Briefe nach London vom 28. Nov. 1823 für schlechter als die früheren erklärt wurde, wollte durch-aus keinen Käufer finden, so daß sich Breitkopf & Härtel endlich in einem Brief vom 18. Mai 1824 bei Clementis Schüler Zeuner in Petersburg folgendermaßen erkundigten: »Können Sie nicht ein gutes Flügel-Pianoforte von Clementi & Co. vielleicht einmal für einen Ihrer Schüler brauchen, welches mich bis hierher 650 rth. kostet und welches ich Ihnen, (weil die englischen Instrumente hier keine Käufer finden) für 500 rth. — franco Lübeck über-lassen würde? Ich wollte einen Versuch mit englischen Instrumenten machen, welcher aber mißlungen ist, da man hier die bessern Wiener und die Pianofortes meiner Fabrik der Spielart wegen vorzieht . . . .« Und ein Brief Clementis vom 21. Juli 1826 berichtet von den Vorhaltungen gegen seine Teilhaber wegen Übersendung minderwertiger Klaviere. Ob sich allerdings die Leipziger Firma dann noch auf Weiteres eingelassen habe, ist wohl zu bezweifeln.

*
* *

Nach seiner Rückkehr nach London war Clementi be-strebt, dem ersten Band seines »Gradus« einen zweiten folgen zu lassen, oder vielmehr, einen aus seinem bereits vor-handenen Material fertigzustellen. Ein Brief vom 26. Januar 1819 benachrichtigt Härtel von seiner Absicht, ihm ein Exemplar des englischen Stiches zu übermitteln, und giebt ihm Anweisungen für die deutsche Drucklegung. Und aus dem nächsten Briefe vom 19. März erfährt man, daß der

15. April als Tag der Herausgabe festgesetzt worden ist;
außerdem teilt der Schreiber dem Adressaten eine ganze
Anzahl Stichfehler der englischen Ausgabe mit, die er be-
seitigt wissen will. »Spero anche la Rezensione sarà fatta
da un sapiente nome e di buon gusto« ist sein Wunsch
im Hinblick auf die Allg. Mus. Ztg.

Das geschah denn auch wie schon früher mit dem
ersten Band. Wir können hier füglich auf die Wiedergabe dieser Besprechungen verzichten, da sie zu umfangreich sind und auch wirklich nichts wesentlich Neues
bieten.[1])

Daß es Clementi sehr viel darauf ankam, seinem Namen
auch als Symphoniker einen guten Klang zu verleihen, was
ihm zwar für seine Zeit, und da auch nur bedingt gelungen
ist, beweist sein andauernder Fleiß auf diesem Gebiete.
Für das Jahr 1819 läßt sich die Aufführung von zwei
»neuen« Symphonien feststellen, wovon die zweite wiederholt wurde; allerdings ist damit nicht bestimmt, ob die
eine oder die andere schon in Paris gehört worden war.
Da die Programme der Philharmonischen Gesellschaft im
Brit. Mus. vom Jahre 1819 ab leider fehlen und sie auch das
Quart. Mus. Mag. & Rev. im Anfang nicht berücksichtigt hat,
sind wir hier in der Hauptsache auf die Allg. Mus. Ztg. angewiesen. Diese vermag nun gleich am Anfang des Jahres
von einer Wiedergabe eines symphonischem Werkes zu berichten (XXI., S. 163): »Am 11. Januar wurde im Saale des
philharmonischen Concerts eine neue Symphonie von Clementi
gegeben, welcher eine von Beethoven voranging und eine
andere desselben Komponisten folgte. Die Clementische
Symphonie entzückte das zahlreiche Auditorium durch Erfindung, Kunst, Geschmack und durch meisterhafte Instru-
mentation, und man erkannte ihr, als einem Meisterwerke
von Melodie und Harmonie den Preis zu. —«

---

[1]) Die Besprechung des ersten Bandes befindet sich a. a. O.
XX, S. 201 ff. (Nr. vom 18. März 1818), die des zweiten XXIV,
S. 773 (Nr. vom 27. Nov. 1822).

Leider läßt es sich nicht feststellen, welche Symphonien des Wiener Meisters dem Werke Clementis »unterlagen«. Überhaupt scheinen die Londoner gerade damals Beethoven sehr wenig gewogen gewesen zu sein. Waren doch gerade um jene Zeit ihre eifriger denn je betriebenen Bemühungen, ihn zur Reise nach London zu bestimmen, wieder einmal vergeblich gewesen. Aber auch andere Werke von ihm haben damals in England wenig angesprochen.

Eine weitere Symphonie Clementis wurde am 1. März aufgeführt. Der Morning Chronicle berichtet darüber das Wenige: »Eine neue, auf klassischer Grundlage aufgebaute und von melodischen und harmonischen Wirkungen überfließende Symphonie von Clementi wurde zum ersten Mal gegeben; die Teilnahme, die sie erregte, wurde nicht wenig dadurch vermehrt, daß sie der große und berühmte Komponist persönlich leitete.«

Es läßt sich leider auch nicht mehr feststellen, ob mit einem symphonischen Werk Clementis, das in der Mitte des Jahres 1819 in der Allg. Mus. Ztg. nach einem Berichte vom Juli aus London analysiert wurde, die am 1. März aufgeführte Symphonie gemeint sei. Da man aber aus dem Bericht erfährt, daß die Symphonie »neulich« wiederholt aufgeführt worden war, darf man das wohl annehmen.

Von großer Wichtigkeit ist es, daß uns ein an Clementi & Co. gerichteter, von Breitkopf & Härtel kopierter Brief vom 26. Aug. 1819 verrät, daß die Schilderung der Symphonie von dem Londoner Haus (Collard?) selbst herrührte. Die Stelle aus diesem Schreiben lautet: »La notice que vous avez eu la bonté de nous donner sur la nouvelle Sinfonie de Mr. Clementi nous a été très agréable. Nous en avons profité pour l'inserer à la gazette musicale qui paroît chez nous....« Nun folge der ausführliche Bericht selbst noch:

»Eine neue Symphonie von Clementi wurde neulich in dem Concert der philharmonischen Gesellschaft und in verschiedenen andern Concerten zu London mit dem glänzendsten Erfolge aufgeführt. Diese schöne Composition ist mit dem glücklichen Genie entworfen, und mit der meisterhaften Kunsteinsicht ausgeführt, welche die Werke dieses großen Tonsetzers auszeichnen. Sie geht aus D-dur. Auf die kurze, aber majestätische Einleitung folgt ein geistvolles Allegro, über dessen Anfangs-Thema, am nachdrücklichen Schlusse des ersten Tutti, der Verfasser einen bewunderungswürdigen Kanon gearbeitet hat, den die Violinen anfangen und um einen Takt später die Violoncells und Bratschen beantworten. Dann kommt ein Satz, den die Italiener il Pasetto nennen, eine äußerst gefällige Melodie, welche auf natürliche Art zu einem zweiten Kanon più stretto führt, worin die Violinen anfangen und einen halben Takt später alle Bässe, mit Blasinstrumenten verstärkt, antworten. Hiermit schließt der erste Theil. Im zweiten Theil ergreifen die zweiten Violinen und Flöten die Anfangsnoten des vorhergehenden Canons, während die erste Violine das Anfangsthema auf eine sehr sinnreiche und ergötzliche Art per augmentationem einwebt. Hieraus entwickeln sich Modulationen in doppelten Contrapunkten, welche das Subjekt des Canons schön in eine unerwartete Tonart überführen; und hier zeigt der Meister seine Macht über seinen Stoff in den reichsten und hinreißendsten Modulationen im fugierten Styl. Eine Pause tritt nun ein, um eine neue Art vierstimmigen Canon per augmentationem von mannigfachen Wendungen über das Anfangsthema zu Gehör zu bringen. Dieser Canon beginnt piano, aber durch allmählige Zusammenziehung des Stoffes wird die Stärke der Composition so erhöht, bis sie die ganze Kraft des Orchesters aufbietet. Darauf erfolgt wieder eine Pause, und nach einer Wiederholung der Hauptgedanken aus dem ersten Theile, wird der zweite Theil zu einem höchst lebhaften und effektvollen Schlusse geführt. Das nächste Stück ist ein Larghetto cantabile in G-dur von ausnehmender Schönheit und Innigkeit, worin über das Anfangsthema ein dreistimmiger Canon zwischen den Violoncellen, Bratschen und ersten Violinen, allmählig verstärkt von den Blasinstrumenten, eine eben so außerordentliche als wahrhaft erfreuliche Wirkung hervorbringt. Hierauf folgt ein Minuetto pastorale in D-dur, von großer Originalität. Ein Satz im Molltone vertritt die Stelle des gewöhnlichen Trio und die ganze Menuett ist wegen der vielen schönen, sinnreichen Veränderungen, die der Componist bei den Wiederholungen angebracht hat, für das ganze Orchester vollständig ausgeschrieben. Das Thema des Finale ist höchst anmutig und mit vieler Lebhaftigkeit behandelt; die doppelten Contrapunkte, womit es bereichert ist, offenbaren des Verfassers tiefe Einsicht, während sie dem Orchester den mächtigsten Effekt geben. Weil der Componist bemerkte, daß die Coda nicht Feuer genug hatte, so schrieb er eine andere für die zweite Aufführung, welche den lautesten Beifall fand.

Diese Produktion ist gewiß unter die größten klassischen Werke zu zählen, welche dem Geschmack seine Richtung zu geben, und noch die Bewunderung künftiger Zeiten zu erregen bestimmt sind.«

Unter den im Brit. Mus. liegenden mehr oder weniger ausgeführten Symphonieskizzen Clementis befindet sich gerade auch eine umfangreichere von einem ersten Satze, worauf die Ausführungen über den ersten Satz jener Symphonie recht gut passen, wenn sich auch ein paar Kleinigkeiten nicht decken. Das Autograph ist betitelt: »Sinfonia 4ª per grande Orchestra di Muzio Clementi« (Nr. 29321, 42 Partiturseiten) und enthält die weitere Bemerkung: »Purchased of C. Hamilton 12 March 1873.« Selbstverständlich verschlägt es durchaus nichts, daß ihre 22 Takte umfassende Einleitung (Andante sostenuto) in d-moll und erst das Allegro vivace in Dur steht.

Bevor wir uns von dem Jahr 1819 verabschieden, sei noch kurz der Absicht des Hauses Clementi & Co. gedacht, eine neue Auflage der Gesamtausgabe der Werke ihres berühmten Teilhabers zu veranstalten. Nur der schon kurz erwähnte Brief des Leipziger Handelshauses vom 26. Aug. d. J., der ein Schreiben vom 2. Juli aus London beantwortet, bezieht sich darauf: »Ce que vous nous dites d'une nouvelle edition revue des Oeuvres de Mr. Clementi nous a fait grand plaisir et nous regrettons bien d'avoir fait imprimer typographiquement l'édition que nous avons publiée de ses ouvrages et de ne pouvoir profiter de cette nouvelle édition pour la nôtre, jusqu'à ce que celle-ci sera épuisée et que nous pourrons penser à une édition nouvelle. Nous vous prions de dire de notre part à Mr. Clementi tout ce qui pourra exprimer notre haute considération et notre reconnaissance ...«

Nach diesen Zeilen zu schließen, hatte sich wohl die Londoner Firma an Breitkopf & Härtel um Überlassung der Platten für eine eigene beabsichtigte Gesamtausgabe gewandt, ohne freilich zu bedenken, daß man sich bei der früheren Auflage des typographischen Verfahrens bedient hatte, das ja Immanuel Breitkopf s. Z. erfunden oder vielmehr nur vervollkommnet hatte. Infolgedessen stand man wohl gleich von vornherein von der genannten Absicht ab.

Die nächsten beiden Jahre trat Clementi nicht vor die Öffentlichkeit. Wir können uns deshalb hier kurz fassen und wollen, das Jahr 1820 einleitend, gleich erwähnen, daß dies das Jahr war, wo Spohr vom Anfang bis zum Sommer in London weilte. Über sein Zusammentreffen mit Clementi ist nichts mehr bekannt geworden als die wenigen Worte, die Spohr darüber bei der Schilderung seiner ersten Bekanntschaft mit ihm in Petersburg mitteilt, daß er nämlich Clementi in London noch geiziger als früher wiedergefunden habe.

Da uns der Briefwechsel mit Härtel über Clementis Kompositionstätigkeit für die nächste Zeit ziemliche Klarheit verschafft, sei darauf nunmehr ein kurzer Blick geworfen. Ein Brief vom 28. April 1820 zeigt an, daß erst kürzlich eine Klavierbearbeitung von »Schmäle, schmäle, lieber Junge« (aus Mozarts Don Juan) mit einer von Clementi hinzukomponierten Introduktion und Coda in London herausgekommen war; diese wünschte Clementi auch in Leipzig gestochen. Dann soll eine neue Sonate, die einem ehemaligen Schüler und damaligen Freund von ihm gewidmet ist, in

Leipzig, London und wahrscheinlich auch in Paris am
20. Mai herausgegeben werden. Der englische Titel davon
lautet: »Sonata for the P. F. composed and dedicated to
his Friend Fred. Kalkbrenner, as a mark of esteem for his
eminent talents by M. Cl.« Und schon kann er wieder die
Übersendung zweier Capriccios in Aussicht stellen, die er
wirklich am 13. Dezember mit einem Briefe zur Veröffentlichung am ersten Februar 1821 an seinen Leipziger
Correspondenten abschickt. (Es sind eigentlich auch zwei
Sonaten; sie sind seiner Frau gewidmet.) Dieser neue Brief
ist indes von Paris aus geschrieben. Er enthält außer der
Bemerkung über die beiden Capriccien vor allem noch
die Mitteilung, er habe Härtel gleichzeitig seine »Fantaisie
avec Variations p. le Piano sur l'Air, ‚Au clair de la lune'«
überwiesen. Sie ist gewidmet »Madame la Maréchale
Moreau,« vielleicht derselben Madame Moreau in Paris, der
Reichardt (Vertraute Briefe aus Paris, II. Th., S. 70) als einer
von den Virtuosinnen gedenkt, »die sich neben den größten
Künstlern hören lassen können«; auch erwähnt Reichardt,
sie spiele u. a. Clementische Sonaten.

Daß Clementi diesen wahrscheinlich nur kurzen Abstecher nach Paris nur aus Geschäftsrücksichten gemacht
hatte, davon überzeugt man sich vollständig, wenn man
noch von einem Brief Clementis an den Harfenspieler und
Verleger Nadermann in Paris Kenntnis nimmt. Das Schreiben
ist mir zwar in der Handschrift unbekannt geblieben, aber
es ist seinem Inhalt nach wiedergegeben in einem »Catalogo . . . degli Autografi e Documenti di Celebri o
Distinti Musicisti posseduti da Emilia Succi, Accademia Fil-
harmonica di Bologna« (Bologna 1888). Danach meldet
Clementi am 29. Dez. 1820, daß er am 15. Januar nächsten
Jahres seine oben genannte Fantasie und am 1. Februar die
beiden Capriccien veröffentlichen werde. Man erkennt also in
Nadermann einen jetzigen Pariser Geschäftsfreund. Wir sind
imstande, den Schluß des Briefes nach dem Katalog zu lesen:
»Nous avons eu une traverse fort ennuyeuse et désagréable,
et nous avons payé notre taxe à Neptune très amplement;

mais je considère que trop de bile ne vaut rien; ainsi, encore une fois Dieu soit loué . . .«[1])

Über die Beziehungen zu Nadermann ist sonst nicht viel weiter überliefert worden. Was davon bei Marmontel verlautet, ist auch wenig, doch deshalb von einiger Bedeutung, weil er den bedeutenden Harfenspieler seinen Gönner nennen kann. »Clementi«, so schreibt Marmontel (a. a. O. S. 53/4), »war mit dem berühmten Harfenspieler Nadermann sehr befreundet, der einer der Protektoren meiner Jugend war. Nadermann leitete auch eine bedeutende Musikalienhandlung und -fabrikation, und Clementi verkaufte ihm das Eigentumsrecht auf mehre seiner Werke. Ich habe vor einigen Jahren [Marmontels Buch erschien 1878] einer der Töchter Nadermanns nach einem Exemplar des Gradus, das mit zahlreichen Fingersätzen Clementis bereichert war, Stunden gegeben.« —

Das nächste Schreiben an Härtel stellt dem Fleiß Clementis wiederum ein günstiges Zeugnis aus. Es stammt vom 2. April 1821 und berichtet von der baldigen Überweisung dreier neuen Sonaten Op. 50. Sie sind Cherubini gewidmet, den Clementi wohl 1802 in Paris kennen gelernt hatte, da sich dieser schon 1803 auf ihn bezogen haben soll (S. S. 137). 1815 hielt sich Cherubini übrigens zwecks Aufführung einiger Werke auch in London auf. Außer einigen anderen Notizen, die besonders für einen thematischen Katalog der Clementischen Werke wichtig sind, vernimmt man noch, daß der Komponist schon wieder mit der Komposition einer Symphonie zu Ende ist, »which on paper pleases me infinitely more than my preceding ones. I hope to hear it performed in Paris pretty soon, as Viotti has written fo me to request I would have one or two executed there; for which reason I shall set out in 2 or 3 days for that capital. When I shall feel satisfied with them, I shall

---

[1]) Über Am. Méreaux' Lektion, die er von Clementi in diesem Jahre 1820 in Paris empfing, s. S. 10. Daß das Jahr stimmt, davon überzeugt vor allem der Hinweis auf die Kalkbrenner gewidmete Sonate.

be glad to see them published. With regard to my fame, I know I am in very good hands at Leipsic, thanks to the warm interest which your friendship inspires you with....«

Es ist sonst nichts überliefert, daß Clementi im Frühling 1821 noch eine Symphonie in Paris aufgeführt habe; der Reiseplan scheint also vorläufig offenbar verschoben worden zu sein. Auch wurde der nächste Brief nach Leipzig vom 12. Juli d. J. wieder von England aus geschrieben. Wieder handelt er von geschäftlichen Dingen: Von der Herausgabe seiner »12 Monferrinas« (Piemontesische Tänze im $^3/_8$ Takt) Op. 49, und vor allem seiner drei sehr bekannt gewordenen Sonaten Op. 50.

Bevor noch auf diese bemerkenswerte neue Reise Clementis nach Frankreich und Deutschland näher eingegangen werden kann, muß hier erst der Erneuerung einer alten Bekanntschaft gedacht werden, der Bekanntschaft mit Ignaz Moscheles. Dieser war bereits in seinem achten Jahre mit Clementi in Wien zusammengetroffen und kam in dem Jahre, wo wir jetzt stehen, auf seinen Konzertreisen auch nach London, das er auf lange Jahre zu seinem Wohnsitz erwählte. Durchaus mit der Erzählung von Frau Moscheles, die Clementi unter den »Preisrichtern« ihres Mannes anführt, stimmt ein Bericht der »Zeitung für Theater und Musik« (hgb. von Aug. Kuhn, 1821, S. 111) überein, der hier z. T. seinen Platz finden soll. Er ist geschrieben: »Im Juni 1821.«

»Moscheles aus Wien, dessen Ruf als einer der größten jetzt lebenden Klavierspieler von Amsterdam und Paris ihn uns bereits bekannt machte, ist hier angekommen. Er wurde in eine Gesellschaft eingeladen, wo auch die Herren Clementi, Kalkbrenner und Rieß zugegen waren. Daß sein Spiel und seine Phantasie von diesen Männern bewundert wurde, will viel sagen. Den andern Tag kam Herr Rieß nebst zwei Direktoren der Philharmonischen Konzerte zu ihm und luden ihn ein, in dem bevorstehenden letzten Concerte dieser Gesellschaft zu spielen, eine Ehre, die selten ausländischen Künstlern zu Teil wird. Sie fügten hinzu, daß er das Doppelte erhalten sollte, was bis jetzt je ein ausländischer Künstler erhalten habe. Herr Moscheles nahm dies an. Bei seinem Erscheinen wurde er von einer Salve von Applaudissements begrüßt. Der Beifall nach dem ersten Stücke war groß, wurde aber nach dem Adagio, wozu sich das Clementische Pianoforte vorzüglich eignete, noch größer . . . .«

In dieser ersten Aufenthaltszeit in London spielte Moscheles in der Tat »vorzugsweise auf Clementischen Flügeln«, wie Frau Moscheles besonders hervorhebt. »Das schönste Möbel«, schreibt sie noch, »blieb ihnen [nämlich dem Künstler und seiner Gemahlin] stets Clementi's Geschenk, ein herrlicher Flügel, der, von seiner eigenen Hand geschrieben vornan, wo sonst der Name der Firma steht, die Inschrift trug: ‚Muzio Clementi e Socj all'ingegnosissimo J. Moscheles ed alla sua amabilissima consorte.'« Der Pianist selbst beurteilte die Instrumente der Clementischen Fabrik wohl etwas besser als die von Broadwood, der größten Londoner Konkurrenzfirma: Er fand ihren Anschlag leichter und ihren Klang heller, »während Broadwood bei etwas dumpfem Klang und schwerer Auslösung mehr Fülle des Tons erzielte . . . .«

Seine in dem Brief an Härtel vom 12. Juli 1821 ausgedrückte Absicht, er gedenke in ein oder zwei Tagen nach Paris zu gehen, machte Clementi diesmal wohl pünktlich wahr; denn ein weiterer Brief vom 28. August an denselben Adressaten ist von dort aus geschrieben. Er enthält Anweisungen über die Ausgabe seiner neuesten Kompositionen, die auf den 15. Okt. d. J. festgesetzt wird, und die endgültige Festlegung der Widmung der drei Sonaten: Vielleicht beschloß er erst auf seiner neuen Reise nach Paris, sie Cherubini, dem neuen Direktor des Pariser Konservatoriums zu widmen. Dann vermerkt er eine ganze Anzahl Stichfehler, die bei der deutschen Ausgabe des Werkes vermieden werden sollen. Von der Aufführung einer Symphonie, die er früher in Aussicht gestellt hatte, verlautet jedoch nichts; es ist sehr wahrscheinlich, daß sie durch die Jahreszeit vereitelt wurde. Über seine Absichten berichtet er gegen den Schluß des Briefes vom 28. August: »I shall leave Paris in a few days, and my intention is to visit Munich, where I may, perhaps, stay a few weeks; after which I shall return to London . . . .«

Wie ein Bericht in der Allg. Mus. Ztg. (XX, S. 549/50) mitteilt, waren (im Jahre 1818) drei Kapellmeister, Grua, Peter v. Winter und Blangini bei der Münchener Königl. Hofmusik tätig. Da könnte Clementi ebenso gut zu dem letzten, der fast immer in Paris weilte, wie zu Peter v. Winter, der einige Male nach London gereist war, Beziehungen gehabt haben. Näheres ist aber darüber nicht bekannt.

Wann er in der Stadt ankam, läßt sich nicht mehr auf den Tag bestimmen. Sicher ist nur, daß eine seiner neuen Symphonien am 19. November d. J. mit dem Theaterorchester aufgeführt wurde[1]; Clementi selbst berichtete unterm 7. Dez. an Härtel, daß sie trotz mangelhaften Proben sehr gefallen habe. Aus dem Schreiben erfährt man aber auch, daß er, falls das Leipziger Gewandhausorchester der großen Besetzung, die zur Aufführung seiner neuen Werke nötig sei, Genüge leiste, nicht abgeneigt sei, zu diesem Zweck einen kleinen Abstecher nach Leipzig zu machen. Seine Münchener Adresse giebt er wie folgt an: »A Mons. Muzio Clementi, Maitre de Chapelle, in der Kaufinger Strasse. No. 1617. Chez Madame Ritter. Au 1ʳ Etage.« Und als ihm sein Leipziger Freund umgehend, unterm 14. Dezember, hatte Antwort zugehen lassen, flog nach der alten Meßstadt hinüber ein neues Schreiben, das Clementis Entschluß übermittelte, ungefähr am 12. Januar in Leipzig einzutreffen und Härtels liebenswürdigem Angebot zu folgen, er möge unter seinem Dach wohnen. Wirklich kam der Meister um die Mitte des Monats an. Das Leipziger Tageblatt meldet sein Eintreffen in der Nummer vom 15. Jan. 1822

---

[1] Nach der auf Nachforschungen im Münchener Hoftheaterarchiv beruhenden Mitteilung von Fräulein Anna Liedl in München.

unter dem »Thorzettel vom 14. Januar« (Petersthor). Die Notiz lautet: »Gestern Abend, Hr. Capellmstr. Clementi, aus Rom, bei Härtel. 10 U[hr].«

Schon am 29. Oktober 1801 hatte einmal eine Symphonie Clementis auf dem Programm des Gewandhauskonzertes gestanden, natürlich eine von den beiden, die 1786 herausgekommen waren. Nun sollten seine drei neuen Manuscriptsymphonien für das volle Beethovensche Orchester in dem schon damals angesehenen Leipziger »Abonnement-Concert« zum ersten Mal aufgeführt werden. Donnerstag, den 24. Januar 1822 stand die erste »Symphonie, von Muzio Clementi (Manuscript), vom Komponisten selbst aufgeführt«, auf dem Programm, und zwar wie auch die zweite und dritte (am 14. Febr. und 14. März) als Eröffnungsnummer. Während die Tonart der ersten beiden nicht genannt ist, verzeichnet der Konzertzettel die letzte als in D-dur stehend.

Merkwürdigerweise brachte die Leipziger Allg. Mus. Ztg. gerade in diesem Jahre keine Berichte über das Gewandhaus. Hingegen finden sich über Clementi und seine Symphonien zwei Notizen im »Morgenblatt« (Tübingen und Stuttgart) aus der Feder von A. W. (dem Leipziger Professor und Schriftsteller Amadeus Wendt): »Das dritte größere Musikwerk, welches wir aufführen hörten, war eine Symphonie von Clementi. Diese, die erste uns bekannte Symphonie Clementi's für das volle Instrumental-Orchester und gegenwärtig noch Manuscript, machte uns der würdige Meister, der seit Kurzem hier anwesend ist, die Freude mit unserm wackern Orchester selbst einzustudieren und bey der Aufführung zu leiten. Lebhaftigkeit, Kraft, Klarheit und Gediegenheit der Arbeit, die Eigenschaften, welche Jeder aus den berühmten Klavierkompositionen Clementis kennt, sprechen auch aus diesem Werke; namentlich erfreuten uns die beyden Mittelsätze, das schöne und fließende Adagio, nebst dem spielenden Scherzo. Zahlreiche Zuhörer freuten sich, den Veteran auch von Angesicht zu sehen, der ihnen schon in längst verschwundener

Jugend durch seine Töne lieb geworden war. Wir haben die Hoffnung, noch eine zweite ebenfalls noch nicht herausgegebene Symphonie von seiner Komposition in einem der folgenden Abonnements-Konzerte zu hören . . . .«

Und die andere aus dem Juni desselben Jahres (S. 668): ». . . . Der bis gegen Ostern anwesende Komponist Clementi bezeugte denselben [den Leipziger Künstlern] seine Zufriedenheit, und führte, außer den schon früher erwähnten, noch zwey neue Symphonien von seiner Komposition in dem Abonnementskonzerte in eigener Person auf« . . . .

Die letzte Mitteilung beruht, wenn sie nicht doch auf einen Irrtum Wendts zurückzuführen ist, auf einem Druckfehler. Es waren im Ganzen eben nur drei Orchesterwerke Clementis aufgeführt worden. Dörffel, der Verfasser der »Geschichte der Gewandhauskonzerte«, fand bei seinen Forschungen u. a. auch einen Zettel[1]), worauf die Anfangstakte der drei aufgeführten Clementischen Symphonien in B-dur, D-dur und C-dur standen. Der Anfang der C-dur-Symphonie stand übrigens in C-moll; aber die folgenden Erwägungen ergeben, daß ihr eigentlich die hier gebrauchte Bezeichnung zukommt.

Wir hatten oben im ersten Satz der am Anfang des Jahres 1819 zu London aufgeführten D-dur-Symphonie des Meisters die noch im Britischen Museum aufbewahrte Skizze in derselben Tonart zu erkennen geglaubt (S. 219). Der Vergleich des Anfangs jener dritten Symphonie (auf dem Zettel in C-moll) mit der Skizze ergiebt nun, daß sie nur eine Transposition des ursprünglich einen Ton höher stehenden Werkes ist. Deshalb hat Dörffel unrecht, wenn er die D-dur-Symphonie, die auf dem Zettel an zweiter Stelle steht, und die aus derselben Tonart gehende, am Anfang 1819 aufgeführte gleichstellt. Vielmehr mag Clementi da-

---

[1]) Ich fand diesen Zettel bei meinem persönlichen Vorsprechen im Gewandhaus nicht mehr vor und weiß deshalb nicht, ob er von Clementis eigner Hand war. Wahrscheinlich war er aber für den Graveur einer gleich zu erwähnenden Tasse bestimmt, die man Clementi widmete.

durch, daß zwei seiner neuen Symphonien in einer Tonart geschrieben waren, bewogen worden sein, jene Transposition aus D-dur nach C-dur vorzunehmen.

Als Andenken wurde, wie schon Dörffel berichtet, dem greisen Komponisten von der Konzertdirektion des Gewandhauses eine Tasse von Meißner Porzellan aus Anerkennung und Dank in einem schön gearbeiteten Futteral übersandt. Ihr Wert war nach demselben Gewährsmann in der Ausgabe mit 22 Thlr. 7. 6. verzeichnet. Die Inschrift, von A. Wendt, dessen Feder schon die überlesenen Zeitungsberichte entstammen, »Montags den 18. Februar ausgeheckt«, lautete:

Mucio Clementi

aetatis suae Orpheo

memoriae caussa offerebant

Odei majoris Lipsiensis

antistites.

Die Tasse war noch vor wenigen Jahren im Besitz des Rev. H. Clementi-Smith in London, nach dessen Ableben sie mit einigen Clementibriefen und andern Reliquien in unbekannte Hände überging. In einem Brief jenes Geistlichen an Mr. J. S. Shedlock ist das Geschenk in englischer Sprache noch folgendermaßen näher beschrieben: .... »Die Inschrift ist, wie ich Ihnen erzählte, und auf jeder Seite sind Sinnbilder gemalt — das eine in einer Lyra bestehend, umwunden mit blühendem Lorbeer, mit hellen Lichtstrahlen, die von ihr ausgehen; und das andere in einem Füllhorn, Früchte ausschüttend, umwunden mit Weinranken und durchquert von zwei Hirtenpfeifen oder -flöten. In der Mitte der Untertasse befinden sich drei Notenschnörkel [music scrolls], deren zwei in Symphonieanfängen bestehen, und zwar folgendermaßen: [Hier folgen die Anfänge in C-moll und B-dur.] Für den dritten hat man keinerlei Anhaltspunkte.« Weitere eingehende Aufschlüsse über Clementis Anwesenheit in Leipzig gewähren auch die Kopierbücher der Leipziger Firma nicht. Nur in einem einzigen Briefe vom 2. März 1822 an Ries in London ist gegen Ende kurz davon die Rede:

».... Herr Clementi von London ist seit mehreren Wochen in Leipzig und wohnt bei uns. Er hat uns das Vergnügen gewährt, seine neuen Sinfonien hier öffentlich executiren zu lassen. Seine neuesten Klaviercompositionen sind bei uns bereits gestochen . . . .‹

Noch muß aber eine Notiz L. Rellstabs aus Schillings Universal-Lexikon der Tonkunst erwähnt werden. Sie lautet kurz: »Clementi wurde vielfach aufgefordert, seine Reise weiter fortzusetzen und auch nach Berlin zu kommen, wo ihm viele Freunde und dankbare Schüler lebten; allein er lehnte es aus unbekannten Ursachen beharrlich ab, und ging, nachdem er mehrere Monate in Leipzig verweilt hatte, von dort nach London zurück.« — Es genügt wohl lediglich der Hinweis auf Rellstabs Freundschaft mit L. Berger, um die Nachricht als verbürgt zu rechtfertigen.

In seinem ersten Briefe nach seiner Rückkehr nach London — er stammt vom 5. November 1822 — schildert Clementi dem Leipziger Freund sein Mißgeschick auf der Rückreise. Ein rheumatisches Leiden hatte ihn unterwegs von Leipzig nach Calais überfallen; er sah sich gezwungen, schon hier ärztliche Hilfe in Anspruch zu nehmen, war aber auch in Dover von seiner Krankheit noch nicht befreit. In London angekommen, versuchte er sie auf alle mögliche Art zu lindern — aber vergebens. Endlich beschloß er, sein Heil im Seebade zu versuchen. Zwar war er genötigt, wegen Nasenblutens vom Bädergebrauch abzustehen, aber der Luftwechsel und beständige Einreibungen mit Senfessenz taten endlich ihr Bestes. »I am now returned home in statu quo, thank’s to God . . . .« Einige geschäftliche Bemerkungen seien hier übergangen. Doch sollen die Personen genannt werden, denen Clementi seine Grüße ausrichten ließ. Es sind dies in erster Linie der Neffe Härtels, Wilhelm, sein »geschätzter Freund«, der bayrische Generalkonsul und Kaufmann Wilh. Heinr. Campe sowie »Mr. Matthias« (gemeint Matthäi), der Gewandhauskonzertmeister.

Nach dem letzten Brief ist in der Korrespondenz Clementi-Härtel eine ziemliche Lücke vorhanden — ob eine tatsächliche oder nur mangels verloren gegangener Urkunden gegenwärtig festzustellende, ist nicht ganz sicher[1]). Wir wenden uns daher wiederum dem Tun und Treiben des greisen Meisters in London zu.

Bevor ein paar Worte über Clementis Privatleben und seine im Verein mit den Teilhabern betriebene Geschäfts-tätigkeit jener Jahre gesagt werden sollen, wollen wir im Zusammenhang mit unseren letzten Ausführungen die weiteren Pläne und Erfolge des Komponisten auf sym-phonischem Gebiet betrachten.

Wenn das Programm des 5. Konzerts der Philharmonischen Gesellschaft vom 21. April 1823 eine Clementische Sym-phonie zu Recht »New Sinfonia, M. S. (never performed)« nennt, so fällt auf den Fleiß des alten Meisters auf diesem Gebiete von neuem ein helles Licht. Leider ermangelten, wie schon oft unangenehm empfunden wurde, die Konzert-zettel jener Zeit immer noch im allgemeinen der Angabe der Tonarten. So verzeichnet das Programm des an-gegebenen Konzertes nur die Tonarten der Anfangs- und Endnummer, der G-moll-Symphonie Mozarts und einer D-dur-Ouvertüre von A. Romberg. Von den übrigen In-strumentalkompositionen, einer Fantasie für Flöte von Nicholson, einer »New Overture, M. S. (never performed in this Country)« von Beethoven und eines Spohrschen Violinkonzerts sowie der Clementischen Symphonie, ist die Tonart nicht ohne weiteres bestimmbar; Beethovens Werk ist natürlich die Ouvertüre »Weihe des Hauses« (komp. 1822); der Meister spricht von der Londoner Druck-legung und Aufführung in einigen Briefen aus dem An-fang des Jahres 1823 (S. Thayer-Deiters-Riemann, Beet-hovens Leben, IV [1907], S. 382 ff.). Die beiden neuen Werke folgten gerade hintereinander, das Beethovensche am Schlusse der ersten, das Clementische am Anfange der

---

[1]) Daß wenigstens die geschäftlichen Beziehungen schon vorher etwas eingeschlummert waren, beweist übrigens die Kopie des Antwortschreibens auf diesen Brief.

zweiten Abteilung. »Leader« war Mr. Loder, »Conductor«
am Klavier Clementi selbst.

Sowohl das Quart. Mus. Mag. & Rev. als auch das
mit dem Jahre 1823 einsetzende Harmonicon, das auch
den Konzertzettel enthält, brachte kritische Berichte, die
letzte Zeitschrift, indem sie beiden, Beethoven und Clementi,
in Lobeserhebungen gerecht wurde. (Das Werk des
Wiener Meisters wurde fälschlich als »kürzlich für diese
Gesellschaft komponiert« bezeichnet.) Mehr als von der
Symphonie Clementis, die selbst nur flüchtig gestreift wurde,
war indes, und zwar wiederum mit recht allgemeinen
Worten, von dem greisen Meister und seinen Verdiensten
die Rede: . . . . »und ihren [seiner vielen Werke] Verfasser noch wohlauf zu sehen — zu hören, daß seine
Talente noch all ihr jugendliches Grün behalten, erfreut
nicht nur seine persönlichen Freunde und die, die ihn als
Musiker bewundern; sondern es ermuntert auch die Natur
des Menschen und stärkt die Hoffnungen, die — ohne den
zufälligen Eintritt solch eines Beispiels — von den Zu-
fällen des Lebens nur allzu leicht niedergeschlagen werden
können.« [1])

Die für uns wichtigsten Stellen aus der Kritik im Quart.
Mus. Mag. & Rev. seien dem Leser auch nicht vorenthalten.
Nachdem sie sich ausführlich mit Beethovens Werk befaßt
hat, ohne damit gänzlich einverstanden zu sein, heißt es
über Clementis Ouverture weiter: »Die Symphonie von
Clementi war eine vornehme Komposition, vollendet künstlerisch aufgeführt, äußerst verständnisvoll gearbeitet und
mit schönen und neuen Wirkungen erfüllt. Sie bewies,
daß dieser mit Recht bewunderte Veteran noch im Besitze
der Fülle seiner Kräfte ist, und sie entfaltete eine Stärke
der Phantasie und der Gedanken, die mehr einem Genie
in der Fülle jugendlicher Kraft entsprechen als einem
Mann, der schon die Grenze überschritten hatte, wo-

---

[1]) Der Bericht in der Allg. Mus. Ztg. (XXV, S. 564) ist in
der Hauptsache ein Auszug aus dem Harmonicon.

durch dem menschlichen Leben gewöhnlich ein Ziel gesetzt wird.« — — [1])

Das Jahr 1824 verzeichnet Clementis letzte Erfolge als Symphoniker. Zuerst schließt das Programm des ersten »Concert of Ancient and Modern Sacred Music« (»similar to the Concerts Spirituels at Paris«) seinen Namen als Komponisten wie als dirigierenden Klavierspieler ein. Die Aufführung wurde von Rossini [2]), der, 1823 nach London gegangen, wohl zum erstenmal mit Clementi in Berührung gekommen war, am 5. März des laufenden Jahres im King's Theatre geleitet. Chor und Orchester umfaßten 120 Personen, unter den übrigen Mitwirkenden ragten besonders die Catalani hervor. Clementis »Grand Symphonie«, die den zweiten Teil einleitete, wird, weil nicht näher bezeichnet, eine schon früher aufgeführte gewesen sein. Aus jüngerer Zeit war jedoch eine am 22. März im ersten Philharmonischen Konzert aufgeführte »Overture, M. S. (never

---

[1]) Auch die »Zeitung für Theater, Musik und bildende Künste« (Beiblatt zum Berliner »Freimüthigen«, 1823, S. 178) enthält einen kurzen Bericht über die Aufführungen der neuen Werke Beethovens und Clementis: »Die erste [B.s Ouvertüre] trägt ganz den Stempel der Genialität des großen Seniors an sich, ohne jedoch so reich an Original-Ideen zu sein, wie frühere Werke desselben Meisters in derselben Klasse. Die Symphonie von Clementi ist ein wahres Wunderwerk voll kühner Originalgedanken und herrlicher neuer Effekte, in Kunstbegeisterung empfangen und rein-classisch geboren; der würdige Veteran, welcher die Aufführung in eigener Person, trotz seines hohen Alters mit jugendlichem Feuer leitete, legte der Welt einen erhebenden Beweis vor Augen, wie wenig die geniale Kraft des Geistes und das Feuer der Phantasie notwendig an irgend eine Epoche des reiferen Alters gebunden sei.«

[2]) Über die persönlichen Beziehungen Rossinis zu Clementi ist bisher noch nichts Näheres bekannt geworden. In ihrer Verehrung des Alten und seiner Werke scheinen Rossini und Moscheles gleicher Meinung gewesen zu sein. Als dieser bei einem Zusammensein mit dem Italiener im Jahre 1860 erklärte: »Was ich bin, verdanke ich der alten Schule, dem Altmeister Clementi«, ging Rossini ans Klavier und spielte auswendig Bruchstücke aus dessen Sonaten. (Aus Mosch. Leb. II, S. 307.)

performed)«, die die erste Abteilung abschloß.[1]) Das Quart.
Mus. Mag. & Rev. bemerkte darüber: »Die neue Komposition Clementis ist eine schöne und geistreiche Ouverture,
voller Annehmlichkeit wie kühnen Wirkungen und mit
Meisterhand gearbeitet. Sie ist die dritte Vorführung seines
unerschöpflichen Genies während der gegenwärtigen Saison:
Sie wurde mit allgemeinem Beifall aufgenommen.«

Die Bemerkung, daß der Meister schon das dritte
Mal in diesem Jahre in die Öffentlichkeit getreten sei,
scheint auf einem Irrtum zu beruhen, den wir einige
Zeilen später zu klären versuchen werden. Einstweilen
wenden wir uns einem neuen »Concert of Ancient and
Modern Sacred Music« zu, das vier Tage später, am
26. März stattfand; das im Morning Chronicle von diesem
Tage enthaltene Programm weist ein neues Clementisches
Werk auf: »A new Grand National Symphony (by particular
desire) composed expressly for the occasion, by Mr. Muzio
Clementi, who will himself preside at the pianoforte.«
An der ersten Geige saß Spagnoletto. Das Quart. Mus.
Mag. & Rev. enthält einen Bericht über diese ersten Abende
und geht besonders auf die Gestaltung der »National Symphonie« ein (VI, S. 71, A.). Allerdings spricht es vom
3. Konzert, das am 19. März stattgefunden haben muß, da
die Aufführungen wöchentlich an Freitagen vor sich gingen.[2])

---

[1]) Noch damals ist der Begriff der »Ouverture« nicht in
jedem Falle fest bestimmt, und es ist oft zweifelhaft, ob der
Ausdruck im heutigen Sinne aufzufassen sei oder für »Symphonie«
stehe. Weil auch das Harmonicon in seinem Lebensabriß des
Meisters mit der Bezeichnung »Grand Overture« das Werk in
Gegensatz zu zwei von ihm aufgeführten Symphonien stellt, weil
ferner diese Bezeichnung für ein an den Schluß einer Abteilung
gestelltes Werk wenig Sinn gehabt hätte, möchte ich dazu
neigen, sie in heutiger Bedeutung aufzufassen.

[2]) Es ist indes nicht ausgeschlossen, daß die erste Aufführung der »National Symphony« wirklich am 19. März, also im
3. Konzert, stattfand; hierfür spricht auch der besondere Hinweis
auf dem 4. Programm: »by particular desire«, während die Bemerkung, das Werk sei ausdrücklich für diese Gelegenheit kom-

»Eine große, am dritten Abend wiedergegebene Nationalsymphonie windet frischen Lorbeer um die Stirn dieses
anßerordentlichen Mannes. Die Einleitung ist ein wunder-
bares Cantabile, und der erste Satz vereint eine meisterhaft
künstlerische Ausarbeitung mit Wirkungen, die so glänzend
wie vornehm sind. Im Anfang des Andante liegt eine
imponierende Größe, und es besitzt eine eigenartige Ver-
quickung von Eigenart und einer Empfindung, womit der
Hörer schon irgendwie bekannt zu sein scheint. Diese
Empfindung ist stufenweise entwickelt, bis endlich das
Nationallied »God save the king«, in allen Glanz der
reichsten und vornehmsten Harmonie eingekleidet, an das
Ohr braust. Das Thema ist mit so viel Genie in Um-
kehrung und krebsgängiger Führung behandelt, daß es
einen höchst angenehm beim Anhören überkommt und
eins der schönsten Beispiele von Kunst und Wirkung darstellt, die je erreicht wurden. Das Menuett ist originell
und voller Geist und Phantasie, und das Trio bezeugt den
besten Geschmack. Der glänzende letzte Satz ist sehr
kunstreich mit Motiven des Andante verwoben, trotz der
unterschiedlichen Taktart, und gleich einem großen Maler
hat der Verfasser seine Farben so über das ganze Werk
zu verteilen gewußt, um damit ein Gemälde von höchst
harmonischem und imposantem Charakter darzubieten.«

Ob diese Nationalsymphonie nun schon einmal gehört worden war oder nicht — das Eine ist sicher, daß
sie »auf besonderen Wunsch« in dem folgenden Konzert
desselben Unternehmens am 2. April unter Leitung derselben Musiker, Clementis und Spagnolettos, noch einmal
aufgeführt werden mußte (nach dem im Morn. Chron. vom
obigen Tage enthaltenen Programm). Daß Clementis Er-

---

poniert, dem wieder entgegen ist. (Ein Programm des 3. Konzertes fand ich leider nicht.) Im letzten Fall wäre das Werk,
wie man sehen wird, zweimal wiederholt worden; auch hätte
dann der Berichterstatter des Quart. Mus. Mag. recht, indem er
die oben herangezogene M. S. Ouverture als drittes diesjähriges
Werk Clementis hinstellt.

folge als Symphoniker in diesem Jahre wirklich bedeutend waren, kann man sicher daraus schließen, daß in dem letzten, dem sechsten Konzert, wiederum eine »New Grand Symphony (as performed at the Philharmonic Concert)« von und unter ihm aufgeführt werden mußte (ebend. Nr. vom 9. Apr.).

Nachdem wir von diesen Aufführungen Clementischer Symphonien in üblichen Konzerten Kenntnis genommen haben, sei auch noch einer kleinen Feier in Gestalt eines Abschiedskonzerts gedacht, worin Clementi auch eins seiner Orchesterwerke aufführte. Es fand zu Ehren von Ferdinand Ries statt, der im Begriff war, nach Godesberg a./Rh. zu gehen, und wurde im »Morgenblatt« (aus London, unterm 23. April 1824, S. 484) mit folgenden Worten geschildert: »Am 8. dieses gab Hr. Ferdinand Ries sein Abschiedskonzert in den Argylzimmern. Der dortige Saal ist bekanntlich auf mehrere hundert Personen berechnet; aber schon um acht Uhr, als das Konzert anfing, war derselbe so gedrängt voll, daß Niemand mehr hinein konnte, und Hr. Ries viele aufs Orchester nehmen und noch mehr in den Vorsälen bleiben mußten, ohne daß man doch die geringste Klage vernahm, obgleich der Eintrittspreis für eine jede Person eine halbe Guinee betrug....« Nachdem die schlechte Besetzung der Gesangspartien getadelt worden ist, heißt es weiter: »Die Instrumentalmusik fiel umso besser aus: Das Orchester war vortrefflich besetzt, und die Art, wie die mannigfaltigsten Kunstwerke aufgeführt wurden, erregte großen Beifall. Das größte Vergnügen gewährte ein von Hrn. Ries für die Gelegenheit geschriebenes Abschieds-Konzert und eine Ouvertüre von Clementi (unter dessen eigner Leitung) schien mir vortrefflich. Die Hrn. Cramer und Kalkbrenner konnten aus Familienursachen nicht spielen....«

Wenn aber auch der augenblickliche Erfolg Clementischer Orchesterwerke nach all den obigen Pressenotizen nicht gering gewesen sein kann, so hat sich doch keins davon über eine oder einige Aufführungen hinaus halten

können, und Moscheles hat, wenn auch nicht darin, daß
sie »ganz erfolglos« gewesen seien, so doch in dem kurzen
allgemein absprechenden Urteil recht, das er über Clementis
und Ries' Schöpfungen dieser Art vereint fällte und das
in der Hauptsache deshalb hier nicht übergangen werden
soll, weil es gegen die meisten andern zeitgenössischen
Urteile sehr auf Kosten Clementis absteht. » .... Was aber
Orchesterwerke anbetrifft,« so heißt es a. a. O. I. S. 53,
»so war er [Ries] darin nicht glücklicher als Clementi.
Symphonien von Beiden wurden in Philharmonischen
Concerten in London ganz erfolglos aufgeführt; sie ver-
schwanden spurlos vom Repertoire und wußten sich auch
in anderen Ländern keine Heimat zu gründen.«

Das Jahr 1824 ist besonders deshalb noch bemerkenswert in Clementis Leben, weil da der Alte einen blutjungen Künstler kennen lernte, der berufen sein sollte, einst
dessen Hauptverdienst, die Entwickelung der Klaviertechnik,
auf einen Gipfel zu führen, dessen Höhe bisher nicht überschritten werden konnte. Es war der junge Franz Liszt,
der, noch nicht dreizehnjährig, mit seinem Vater über Wien
und Paris Ende Mai nach London gekommen war. Am
29. Juni schrieb Vater Liszt an Carl Czerny nach Wien
unter anderm: »Wir gaben am 21. Juni unser erstes Konzert — zu einem zweiten konnten wir nicht gelangen,
weil zu viele Konzerte schon arrangiert waren — wozu
ich die Herren Clementi, Cramer, Ries, Kalkbrenner ein-
lud, die auch wirklich erschienen, außer diesen die ersten
Künstler Londons....« (J. Kapp, Franz Liszt, S. 23/4).
Lina Ramann berichtet, freilich ohne Quellenangabe etwas
näheres über das Konzert (F. Liszt, I, S. 71): »Clementi,
Cramer, Ries, Neste [soll heißen Neate], Griffin, Kalkbrenner,
Potter, Latour und andere Virtuosen standen am Instrument
und bildeten gleichsam den Einfassungsrahmen zu »Master
Liszt vor seinem Erard in London«. Er spielte als erste
Nummer ein Konzert von Nepomuk Hummel mit Orchester,
letzteres dirigiert von Sir G. Smart. Der anhaltendste
Applaus folgte und einstimmig riefen ihn die Künstler, die

seinem Vortrag mit Aufregung gefolgt waren, wiederholt hervor.« Das weitere möge man a. a. O. selbst nachlesen.

Hier muß die Erinnerung eines angesehenen Pianisten und Schriftstellers namens Charles Salaman (1814—1901) eingefügt werden, obgleich dabei ein Irrtum, der hier nicht zu klären ist, obwaltet. Herr Louis A. Klemantaski in London war so freundlich, mir auf meinen Wunsch folgende Stelle aus Blackwood's Edinburgh Magazine vom September 1901 zu übermitteln (Pianists of the Past, Personal Recollections of the late Charles Salaman):

»Probably there are few living besides myself who can establish what I may call a personal link with the actual beginning of pianoforte-playing, a modern musicians understand it. I have a distinct remembrance of the great Muzio Clementi, the »Father of the Pianoforte«. . . . Clementi was an old man of seventy-five when I saw him at a Philharmonic rehearsal at the Old Argyll Rooms on the morning of May 25, 1827. The venerable appearance and benevolent expression of the bold-headed veteran, and the deference shown to him by all in that select assembly, attracted my attention, alert with boyish enthusiasm; and great was my delight when my master, Charles Neate, whom I had accompanied to the rehearsal, spoke to him, and then, turning to me as the old man kindly patted my head, said, ‚this is Muzio Clementi, a very great pianist and composer.‘ I can well remember my excitement on learning that I was in the presence of the famous Italian musician who had practically founded and developed the art of pianoforte-playing while the harpsichord was still the instrument of general use. Keenly did I watch the aged Clementi's face as, with intense interest, and his brilliant dark eyes glistening, he followed the marvellous performance of Hummel's now cruelly-neglected Concerto in A minor by a pale-faced boy of fifteen, the afterwards world-famed Franz Liszt.«

Wie erwähnt, muß sich Salaman, da sich Clementi im Mai 1827 überhaupt nicht in England befand, irgendwie geirrt haben. Allerdings vermehrt der Hinweis, daß es sich um eine Probe der Philharmonischen Gesellschaft handele, noch die Schwierigkeit der Erklärung; denn tatsächlich spielte Liszt erst im Jahre 1827, doch bereits am 21. Mai, in der Philharmonischen Gesellschaft zum ersten Mal und zwar gerade ein Konzert von Hummel. Es ist daher wohl möglich, daß Salaman zwei Gelegenheiten miteinander verwechselt.

Um von dem öffentlichen Wirken Clementis ein paar Blicke in sein Privatleben zu werfen, wird sich als schickliche Überleitung die Mitteilung eines kleinen Genrebildes aus der Feder Méreaux' empfehlen, den wir in Übersetzung gleich selbst erzählen lassen wollen:

> . . . Als Beleg dafür, was ich [vorher] über die erstaunliche Erhaltung von Clementis Talent vorbringe, will ich die kleine folgende Anekdote anführen, die mir von dem erzählt worden ist, der mehr ihr glücklicher als kluger Held war.

Ein französischer Künstler und befähigter Pianist, ein enthusiastischer Jünger seiner Kunst, Camille Petit, der von Clementi zur Zeit der letzten Pariser Reise dieses großen Pianisten einige Lektionen erhalten hatte, hat mir erzählt, daß er, als er um das Jahr 1822 London besuchte, das unverhoffte Glück gehabt habe, Clementi spielen zu hören; ein Glück, das er durch eine Keckheit hervorgerufen hatte, die übrigens nicht wenig mit dem Beweggrund ehrerbietiger Neugierde zu entschuldigen war, der der junge Eingeweihte nachgegeben hatte. Es bewahrheitet sich also, daß nur der Bescheidene im Spiel verliert; und der Dichter hat immerhin recht: Audaces fortuna adiuvat.

Die erste Sorge Camille Petits war gewesen, bei Clementi vorzusprechen. Kaum in einen Wartesaal hineingeführt, hörte er die Töne eines Klaviers, worauf man Etuden spielte. Er öffnete eine erste Tür, dann eine zweite und gelangte bald an die des Zimmers, woher die Töne kamen, die ihn so mächtig anzogen. Er blieb stehen, um andächtig auf das Spiel zu hören, wovon er glaubte, daß es von Clementi

selbst herrühren müsse; denn wenn er es nicht erfahren
hätte, so wüßte er es von ihm, daß nicht ein Tag verging,
ohne daß er fast wie in seiner Jugendzeit arbeitete. Mit
welcher Ehrerbietung er daher obacht gab, um nicht eine
einzige von den Noten zu verlieren, die da an sein Ohr
schlugen! — Nach den Übungen kam das Stück an die
Reihe, und was für ein Stück. Wenn der kühne Zuhörer
befragt worden wäre, er hätte keine bessere Wahl treffen
können. Das war das Präludium und die Fuge in fis-moll
aus den Suiten von Händel, die Clementi mit der vortreff-
lichsten Vollendung spielte. Das Klavier verstummte, Camille
Petit stand noch unbeweglich vor Bewunderung, als die
Tür sich auftat und Clementi seinen unbedachten Besucher
auf frischer Tat künstlerischer Dreistigkeit ertappte. Man
muß gestehen: Der Meister nahm diese Indiskretion, die
er ihm sogar lebhaft genug vorwarf, nicht gerade gleich
sehr günstig auf; aber er verzieh, und Camille Petit wurde
von ihm auf die Gefahr hin entlassen, bei einem großen
Künstler in Ungnade gefallen zu sein. Er bezahlte mit
ein paar lebhaften Verweisen gar wohlfeil das ungeteilte
Glück, Clementi gehört zu haben. Das ereignete sich im
Jahre 1822. Clementi war damals siebzig Jahre alt.«
Camille Petit, der Held dieser kleinen Erzählung, ist
nach Fétis als Sohn eines Violinspielers am 27. April 1800
geboren, war Schüler von Pradher und Madame de Mont-
geroult, ist also aber auch zu denen zu zählen, die Clementis
zufälligen Aufenthalt in ihrer Stadt dazu benutzten, einige
Stunden zu nehmen. In den Jahren 1826 und 1827 ließ
er sich mit großem Erfolg in einigen Londoner Konzerten
hören. Er hat sich späterhin als Klavierlehrer und Komponist bekannt gemacht. Wenn sich weder Petit noch
Méreaux — trotz dessen ausdrücklicher Versicherung[1]) ist
die Jahresangabe doch etwas anzuzweifeln — nicht geirrt
hat, muß die Anekdote wohl gegen Ende 1822 gelegt
werden, da dies das Jahr seiner letzten Leipziger Reise war.

---

[1]) Das erste Mal sagt er allerdings »um 1822«.

Ein anderer, der sich ebenfalls einiger Unterweisung Clementis zu einer Zeit erfreuen konnte, wo dieser das Unterrichten eigentlich so gut wie ganz aufgegeben hatte, war der im Jahre 1792 zu London geborene Organist, Klavierspieler und Komponist William Henry Cutler. Zwar hat man sich dessen Lernzeit bei ihm eine Anzahl Jahre zurückzudenken — hauptsächlich deshalb, weil der »Dictionary of Musicians«, dem diese Notizen entnommen sind, bereits 1824 erschien —, aber ein Brief Cutlers an den Herausgeber des Quart. Mus. Mag. and Rev. aus dem Anfang des Jahres 1824, der sich hauptsächlich auf Clementi bezieht, läßt uns an den jungen Musiker erst hier denken. Als Logier im Jahre 1818 seine Methode bekannt machte, studierte sie Cutler und eröffnete dann eine eigene Akademie. »Unter andern glücklichen Umständen, die im Laufe seiner musikalischen Erziehung eintraten, war Cutler glücklich genug, sich gelegentlich der Beratung Clementis, sowohl über seine Kompositionen als auch über seine Leistungen auf dem Pianoforte, erfreuen zu können.« Die Titel zweier seiner Liedkompositionen machen außer mit der Bestätigung von seinen persönlichen Beziehungen zu Clementis auch mit dem Talente von dessen ältestem Sohn Karl bekannt. Diese Titel seiner Op. 31 und 33 lauten so: »A Girl to my Mind! a Parody, by Charles Clementi, Esq. [!] Son of the celebrated Clementi« und »Andiamio Aldiavolo! Words by C. Clementi, Esq.«

Der a. a. O. (1824, VI, S. 31) mitgeteilte Brief Cutlers hat diesen Wortlaut:

»Sir,

I have been auxious some time that my friend Mr. Clementi should be invited to fix figures of the metronome to our glossary or index of Italian terms used in music, that pupils and composers may understand each other.

Adagio	14,567	[Diese Tempobezeichnungen
Andante	12,398	sind natürlich scherzhaft
Allegro	198	entstellt.]

Your insertion of this will oblige yours truly

London, February 26, 1824.   W. H. Cutler.«

Die Zeitschrift fügt ihm noch weitläufige Ausführungen über die Schwankungsmöglichkeiten der Bedeutung von Metronomziffern an. Sie mögen für die Zeit Mälzels[1]) besonders aktuell gewesen sein, wir wollen aber hier darüber hinweggehen. Nur das sei erwähnt, daß sich Clementi schon frühzeitig der Metronomisierung bediente, was bei seiner sonstigen Genauigkeit in allen seinen künstlerischen Betätigungen wenig auffällt.

Noch sei eines blutjungen Künstlers gedacht, den man zwar kaum unter Clementis eigentliche Schüler rechnen kann, den aber ein eigentümliches Schicksal mit dem unseres Meisters verknüpfen sollte. Es ist der nach Grove (Appendix zum Dict.) im Juni 1813 zu Manchester geborne George Aspull, »der in gar jungen Jahren eine außerordentliche Fähigkeit zum Klavierspieler zeigte . . . . Er trat zum erstenmal in einem Konzert im Jahre 1822 auf. Im folgenden Jahre spielte er vor Clementi in London . . . . Die hochgespannten Hoffnungen seiner Freunde wurden, da er an einer Lungenkrankheit im Alter von 19[2]) Jahren starb, vereitelt — die Folge einer Erkältung während des Leichenbegängnisses Clementis. Er starb am 19. August 1832 in Leamington und wurde zwei Tage darauf in Nottingham begraben.«[3])

In den folgenden Zeilen seien nun noch einige andere Nachträge gegeben, deren richtige zeitliche Einreihung entweder nicht von besonderer Bedeutung erschien oder nicht mehr ganz streng gegeben werden konnte. Da sei denn gleich an erster Stelle der Tatsache gedacht, daß unter den Namen, welche die in der zweiten Hälfte des Jahres 1822

---

[1]) Es ist merkwürdig, daß über die Beziehungen dieses Mechanikers zu Clementi, der ihn doch sicher auch kennen gelernt hatte, nichts überliefert ist.

[2]) Bei Grove heißt es 18, was aber nicht stimmt, wenn das Geburtsjahr richtig gegeben ist.

[3]) Über Aspull als Nebenbuhler Franz Liszts im Jahre 1824 siehe meinen Aufsatz «Aus Liszts Frühzeit« in der Neuen Zeitschrift für Musik, Jahrg. 73, S. 602.

gegründete Londoner »Royal Academy of Music« in der
Liste ihrer Professoren stehen hatte, auch Clementi mit als
Aushängeschild benutzt ist. Während er in der ersten
Ankündigung dieses Instituts als Lehrer für Orgel und
Klavier die erste Stelle einnimmt (Quart. Mus. Mag. & Rev.,
IV, S. 380), ist er in einer zweiten Anzeige (S. 516),
bevor der Unterricht noch überhaupt begonnen hatte, in
das Verzeichnis der »Honorary members« übergegangen.
Sicher war es dem alten Meister bei seinem langjährigen
Grundsatz, keine Schüler mehr heranzubilden, gleich von
vornherein nicht Ernst damit, sondern er gab seinen
Namen gewiß nur deshalb dazu her, um seinen dabei
beteiligten Freunden genüge zu leisten. Und das erscheint umso eher der Fall, als er sich wahrscheinlich
mehr und mehr daran gewöhnte, sich vor der Hand, allerdings wohl hauptsächlich den Sommer über, auf dem
Lande anzusiedeln.

Das giebt uns Veranlassung, auch einmal wieder die
Wohnungsfrage zu berühren. Da muß gleich von vornherein gestanden werden, daß darüber merkwürdig wenig
aufzufinden ist, was zum guten Teil darin begründet
liegt, daß man wenig Ursache hatte, nach seiner Privat-
adresse zu fragen. Clementi selbst giebt seine Adresse in
seinen Briefen — wenn er es überhaupt tut — stets als
»26 Cheapside« an, wo sich ja das Geschäft befand. Dabei
muß man sich aber immer gegenwärtig halten, daß die
noch erhaltenen Briefe zum größten Teil an Verleger
gerichtet waren, also gewöhnlich nicht für Privatbriefe
gelten konnten. Man hat tatsächlich nicht den geringsten
Anhalt, daß Clementi vor oder nach seiner größten Reise
aufs Festland jemals »26 Cheapside« wohnte. Immerhin
lassen sich einige mehr oder weniger genaue Wohnungs-
angaben aufweisen.

Einmal ist es sicher, daß er nach seiner Rückkehr nach
England im Jahre 1810, oder doch wenigstens seit seiner
Verheiratung im folgenden Jahre, No. 29 Alfred Place,
Bedford Square seinen Wohnsitz hatte (nach der bei jener

Gelegenheit angeführten Zeitungsnachricht). Und das war noch bei der Gründung der Philharmonischen Gesellschaft seine Adresse. (Eigentlich wurde erst da auch die Hausnummer angegeben, S. S. 188). Wielange er aber da gewohnt haben mag, ist ebenso unsicher, wie die meisten seiner nächsten und späteren Adressen. Daß Clementi auch einmal im Kensington ein eigenes Haus hatte, erfährt man aus J. S. Shedlocks Clementi Correspondence, dem wir gleich selbst das Wort geben wollen: ».... Ich setzte mich in Verbindung mit dem bejahrten Künstler Mr. J. C. Horsley, R. A., dessen Vater von Muzio Clementi das Haus kaufte, worin er jetzt lebt (High Row, Kensington) und Clementi selbst fünf Jahre lang lebte. Ich sah mir das gemütliche kleine Studierzimmer an, worin der Komponist arbeitete und Mr. Horsley's Vater William Horsley, der berühmte Glee-Komponist, und Mendelssohn so manche Stunden zusammen verbrachten ....« Der Grund dafür, weshalb ich vermute, daß Clementi etwa, nachdem er die Wohnung am Alfred Place aufgegeben hatte, also um die zwanziger Jahre jenes Haus in Kensington besaß, liegt lediglich darin, daß eigentlich fast keine andere Zeit gut in Frage kommen kann; denn da es verfehlt wäre zu glauben, daß er schon vor 1800 als unverheirateter Mann, zumal in einer Zeit, wo er sein Geld nötiger für geschäftliche Dinge brauchte, Hausbesitzer gewesen wäre[1]), bleiben nur noch die Jahre um 1820. Daß Clementi die letzten Jahre seines Lebens nicht in Kensington gewohnt hat, das werden ja spätere Ausführungen deutlich genug beweisen.

In den folgenden Zeilen werden wir gleich noch von einem anderen Aufenthalt Clementis und seiner Familie vernehmen, von Elstree, einer Stadt, die vom Centrum Londons gegen 20 Kilometer entfernt und in Hertfordshire liegt.

---

[1]) Auch erscheint das auch mit Rücksicht auf die Jugend W. Horsley's (* 1774), der es ja von Clementi gekauft haben soll, nicht sehr glaubhaft.

Das war aber jedenfalls nur der Sommeraufenthalt für das Jahr 1825 oder für einige Jahre mehr. Gewiß war es nicht die einzige »Sommerfrische« der späteren Lebenszeit Clementis.

Aus der Zeit in Elstree entwirft Frau Moscheles ein kleines, aber anziehendes Bild von Clementis Leben und Treiben (Bd. II, S. 106): »Ihre Sonntage brachten sie [Moscheles und seine Frau] bei Clementi's in Elstree unweit London zu, wo man stets ein Zimmer für sie in Bereitschaft hielt. ‚Clementi [1]) ist einer der rüstigsten Siebenziger, die man sehen kann, schon in aller Frühe beobachten wir ihn von unserm Fenster aus, wie er trotz des Morgentaues, den Kahlkopf unbedeckt, im Garten umherläuft. Überhaupt läßt ihn seine Lebendigkeit nie ruhen. Bei Tische ist er unermüdlich im Plaudern und Scherzen; er kann aber auch heftig werden; es ist eben eine heißblütige italienische Natur. Zum Spielen ist er selten mehr zu bringen. Er behauptet, er habe von einem Fall aus dem Schlitten in Rußland eine steife Hand zurückbehalten; es giebt Leute, welche meinen, er wolle nicht mehr spielen, weil die Bravour inzwischen so große für ihn unerreichbare Fortschritte gemacht hätte. Den größten Kontrast zu ihm bildet seine Frau (es ist seine zweite [!] Frau), sie ist Engländerin und eben so gemessen ruhig, wie er sprudelnd lebendig.' Clementi war damals mit den Gebrüdern Collard Besitzer einer schwunghaft betriebenen Pianofortefabrik. Moscheles rühmt den Instrumenten dieser Fabrik einen leichteren Anschlag nach, als den Broadwood's, weshalb er sie vorzugsweise zu seinen öffentlichen Productionen gebrauchte; auch ihren Klang fand er heller, während Broadwood bei etwas dumpfem Klang und schwerer Auslösung mehr Fülle des Tons erzielte. ‚William Collard, den jüngeren Bruder, nennt er einen der geistreichsten Männer, die ihm vorgekommen.' Dieser wurde der intime Freund und Ratgeber des jungen Paares; auch er fand

---

[1]) Von , bis ‘ eigene Tagebuchnotizen von Moscheles, das übrige von seiner Frau hinzugefügt.

sich regelmäßig in Elstree ein. Wenn die Freunde bei-
sammen waren, pflegte Clementi zu sagen: ‚Moscheles play
me something.' Dann wählte dieser irgend eine Sonate
seines Wirtes, der während des Spiels mit vergnügtem
Lächeln, die Hände auf dem Rücken, seine kleine unter-
setzte Gestalt hin und her bewegte, oft Bravo dazwischen
rief und Moscheles, sobald er geendet hatte, freundlich auf
die Schulter klopfte und ihn mit neuen Bravo's über-
schüttete.«

Von den damals sehr innigen Beziehungen zur Familie
Moscheles spricht deutlich auch ein Brief, der in der
39. Autographenversteigerung bei Leo Liepmannssohn in
Berlin in mir unbekannte Hände übergegangen ist. Er ist
aus Elstree unterm 27. Nov. 1825 an Moscheles gerichtet
und enthält Glückwünsche für seine »acquisition of a son
and heir.« (Am 20. November war Moscheles ein Sohn
geboren worden.) Es sei nebenbei bemerkt, daß Clementis
Verweilen in Elstree noch Ende November durchaus nicht
für einen dauernden Landaufenthalt zu sprechen braucht,
da es in England ja Sitte war, erst ungefähr Ende Dezember in die Hauptstadt zurückzukehren.

An dieser Stelle halte ich auch für geboten, einen Teil
der im Brit. Mus. liegenden, handschriftlichen »Reminiscenses« eines anderen Freundes, Samuel Wesley's[1])
(S. 147 ff.) mitzuteilen, obgleich darin von den ver-
schiedensten Dingen die Rede ist. Um sie nicht zerreißen
zu müssen, gebe ich hier also auch z. T. sehr weit zurück-
liegende Erinnerungen wieder; Wesley erzählt also:

»The Musician who may be justley denominated the
Parent of the Piano Forte Style in England is undoubtely
the late Muzio Clementi, whose Compositions for that

---

[1]) S. Wesley (nicht zu verwechseln mit seinem Bruder Charles,
der ebenfalls Organist war) ist 1766 zu Bristol geboren und
starb in London am 11. Okt. 1837; er war einer der bedeutendsten
englischen Organisten und Komponisten seiner Zeit. Seine Kompositionen bestanden hauptsächlich in kirchlichen Chorwerken,
Orgel-, Klavier- und Kammermusikwerken.

Instrument will never cease to be voluable, as long as its use shall exist.

He was the first who introduced rapid Successions of Thirds, Sixths and Octaves in brisk and spirited Movements and the Facility and Grace with wich he executed them will long be remembered by all who have witnessed his Performances.

His works for his Instrument are various, and all excellent, and his Style wholly original: whenever his Melodies are light and airy, they are never trivial or frivolous, and his Book of practical Harmony, consisting of a Selection from the Works of the best Authors is a Volume which ought to be in the musical Library of every Lover and Judge of meritious Composition.

I think it is in his last Work of all that he has inserted what he terms the daily Exercise for the Piano which consists of a Serices of Passages for both Hands, meandring through out all' the Keys and occupying several Pages, but so constructed as to prove eminently advantageous to the diligent Student. His Powers of Compositions were not limited merely to the Piano Forte, there was a Symphony of his performed at the Philharmonic Concerts replete with Novelty, Originality, and erudite Combinations, and which might be fairly put in Competition with any one of Haydn or Mozart.

Clementi was a Person of a very lively Mind, and cheerful Conversation, and had a Taste for Literature. — He was however too much given to Punning upon Words, a Custom not indulged by a real, genuine Wit.

I was intimately acquaint with him, and at different Times inspected several Organs, he accompanying me.

I once composed a Trio for three Piano Fortes, which he came to hear, and did me the Honour highly to approve.

On the first night that his Symphony was performed I expressed my high Admiration of it, and he was pleased to say to me »Your Praise is a Volume in Folio.«

At a Concert which was given for my Benefit many
years ago, I brought forward a Pupil of mine, young
Mr. Wilson, who performed on the Piano Forte a Concerto
I had composed for him, which when Clementi had heard,
he said to me ‚Why, Wesley, you have brought us here
a young Man with two right Hands.'

Upon it being observed that he had been long a
Resident in this Country, he remarked »Yes, truly, I am a
very young Roman, but a very old Englishman.‹

Eine kleine Stelle[1]) mit scherzhaftem Abschluß aus
einem Briefe, der am 13. Mai 1816 von Wesley an V. Novello
über dessen Trio für drei Klaviere gerichtet wurde, soll
im Anschluß an die Erinnerungen hier mitgeteilt werden:

»Clementi tells me he shall strain a point to come,
saying (handsomely enough) that, wherever he had heard
a good thing once, he likes to hear it twice, & that three
times are better, & so on in proportion.

I have invited Kalkbrenner — Cramer of course is too
grand for us, we must be contended with the attention of
Clementi — his master.«

Bevor wir Clementi ein letztes Mal auf einer großen
Festlandreise das Geleit geben, wollen wir uns nur noch
einen kurzen Überblick über die Verlagsarbeit des Hauses
Clementi & Co. und über dessen sonstiges Wirken gönnen.
Wenn man die zeitgenössischen Musikzeitschriften daraufhin
durchgeht, findet man, daß diese Verlagtätigkeit sich nicht
auf die Musik für Klavier und Gesang beschränkte, sondern
sich auch auf andere Instrumentalmusik, besonders für die
Orgel, Violine und Flöte erstreckte.   Modekomponisten
beherrschten zwar das Feld; immerhin muß aber zugestanden
werden, daß man auch die ernste Kunst genügend be-
rücksichtigte, wie denn die Namen unserer größten Klassiker
natürlich — und wenn auch bloß mit Bearbeitungen ihrer

---

[1]) Sie befindet sich unter den mir von Mr. J. S. Shedlock
zur Verfügung gestellten Materialien und ist von F. G. Edwards
nach der Handschrift, die sich vielleicht im Brit. Mus. befindet,
kopiert.

Werke — ständig vertreten waren und sogar Beethovens
Name ab und zu, allerdings gewöhnlich nur mit einem
älteren Werk, einmal mit auftauchte. Von den sonstigen
Komponisten, die mit Clementi bekannt waren, trifft man vor
allem aber auf die Namen I. Moscheles, Fr. Kalkbrenner,
F. Ries, S. Wesley, J. B. Cramer, auch Ludwig Berger und
John Field. Obgleich der letzte erst nach seiner Rückkehr
nach London am Ende des Jahres 1831 auch in England
wieder von sich reden machte, waren doch seine Beziehungen dahin nicht unterbunden. Daß ihn schon
vorher mit Clementi ein Briefwechsel verknüpfte, darf
man ohne weiteres schon daraus folgern, weil er damals
bei der Londoner Firma ein paar seiner Kompositionen
stechen ließ, wovon als besonders überzeugend ein Lied
von ihm genannt werden soll, das im Harmonicon vom
Jahre 1823 so angezeigt wurde: »The Maid of Valdorno,
the words by W. F. Collard, the music by John Field, of
Petersburg.« Diesen wenigen Mitteilungen über die umfang-
reiche Verlagstätigkeit der Firma sei nur noch hinzugefügt,
daß sich der Instrumentenbau, wie man es schon immer
bestätigt fand, hauptsächlich auf die Herstellung von Pianofortes erstreckte. Da muß vor allem wieder des Namens
W. F. Collards d. j. gedacht werden, der ein recht er-
finderischer Kopf auf diesem Gebiete gewesen zu sein
scheint. Nach E. F. Rimbault (The Pianoforte, its Origin,
Progress and Construction, London 1860) hatte er sich
für »bestimmte, von ihm erfundene Verbesserungen an dem
aufrechten Pianoforte« schon am 9. Sept. 1811 ein Patent
geholt; ziemliches Aufsehen erregte es aber erst, als er am
8. März 1821 ein weiteres Patent für einen neuen Steg und
einen beweglichen Dämpfer erhielt, Erfindungen, worüber
man in den englischen und ausländischen Musikzeitschriften
lange Berichte brachte. Von weiteren Verbesserungen besonders in der Widerstandsfähigkeit gegen Hitze und Kälte
wußte Clementi selbst im Juli 1826 an Härtel in Leipzig
zu melden, und auch von einer neuen Art der Besaitung
der Instrumente, wofür die Herren Collard im Jahre 1827

ein Patent erhielten, berichtet Rimbault (a. a. O. S. 178; s. auch dort über die von der Firma übernommene patentierte Mechanik, die ein Mr. George Stewart erfunden hatte).

Auf die Herstellung von andern Instrumenten, wovon besonders Harfen [1]) angeführt werden müßten, sei hier nicht eingegangen, doch sollen wenigstens ein paar Worte darüber gesagt werden, daß das Haus auch mechanische Musikwerke herstellte. Obgleich das »Handbuch der Erfindungen« von Gabr. Christ. Benj. Busch (1806, 3. T., 2 Abt.) die Erfindung einer neuen Drehorgel, woran auch Pauken, Triangel, Trommel, Flageolett und andere Instrumente angebracht waren, Clementi selbst zuschreibt, ist das wohl nicht wörtlich zu verstehen, sondern sie wird überhaupt der Firma Clementi & Co. zugeschrieben werden müssen. In diesen Drehorgeln wird man übrigens die mechanischen Instrumente erkennen dürfen, die zu Beginn eines ausführlichen Berichts über selbstspielende Pianoforte in einem Buch »Concert Room and Orchestra Anecdotes« by Thos Busby (London 1825, Clementi & Co., Vol. II, S. 95 f.) erwähnt werden. Fesselnd ist aber die darauffolgende Schilderung der von Clementi & Co. hergestellten selbstspielenden Klaviere, die gewisse Vorläufer unserer modernen Klavierspielapparate bedeuten. Eine ausführliche Darlegung ihrer Mechanik würde hier zu weit führen; nur sei erwähnt, daß sie mit Stiftwalzen betrieben wurden [2]).

Wie sehr der Musikalienhandel von Clementis in der Cheapside blühte, kann man daraus ersehen, daß im

---

[1]) Ein satyrisches Gedicht eines zeitgenössischen Humanisten und Dichters Thomas Hood (der etwa 1810 bis 1840 schrieb) bezieht sich auch auf die Herstellung von Harfen durch die Firma Clementis. Betitelt »Miss Kilmansegg and Her Precious Leg, a golden legend«, macht es sich über die Überspanntheiten plötzlich zu Reichtum gelangter Leute lustig, die all ihren Besitz in Gold anlegen, und enthält auch die folgende Stanze: »...And his daughters, who sang Italian airs, had their golden harps of Clementi.« ...

[2]) Die Schilderung in den »Concert Room and Orchestra Anecdotes« wurde auch von Rimbault a. a. O. übernommen.

Februar des Jahres 1825 ein weiteres Verkaufsgeschäft in
der Regent Street Nr. 217, im Westende zwischen Conduit
und Maddox Street, eröffnet werden mußte. Dieses Zweig-
geschäft wurde, wie die Anzeige auf dem Umschlag des
Harmonicon [1]) vom genannten Monat aufwies, von einem
T. Lindsay (von der Firma Clementi & Co.) geleitet.

Noch muß auf ein Unternehmen, woran Clementi persönlich teilgehabt haben soll, hingewiesen werden, auf das
im Jahre 1823 eingeleitete Erscheinen eines musikalischen
Nachschlagwerkes, betitelt »The Encyclopaedia of Music.«
Leider war bisher noch kein Exemplar davon aufzufinden,
und man ist deshalb auf das wenige angewiesen, was die
Allg. Mus. Ztg. sich darüber (1823, S. 261 ff.) unterm
26. März aus London berichten ließ. Das Werk wurde da
als »musikalisches Journal« angeführt; doch ergibt sich aus
dem Hinweis auf das Lexikon von Koch, daß damit wahrscheinlich ein in Lieferungen herausgegebenes Musiklexikon
gemeint war. Wir lesen den Bericht:

»Die Encyclopädie der Musik wird von den Herren
Clementi, Bishop, Horsley und Wesley bearbeitet — ein
Theil des Werkes, heißt es ausdrücklich, wird den Vortheil
haben, von Hrn. Shield, dem berühmten Liedercomponisten
revidiert zu werden — den mathematischen Theil wird ein
Hr. Hewitt berichtigen, und das Ganze soll vor der Herausgabe der mehrmaligen Durchsicht des oben genannten [2])
Hrn. Bacon anvertraut werden. Das Werk erscheint theil-
weise und soll überhaupt aus vier Theilen oder zwey
Bänden in Quarto bestehen. Auf Subscription kostet jeder
Theil 15 Schilling; sonst zwanzig. Die Herausgabe des
ersten Theils wird wohl dieser Tage statt haben. Bis dahin
enthalten wir uns jeden Urtheils. Versprochen haben die
Herausgeber in dem vorausgeschickten Programm genug,
wir wollen hoffen, daß sie Wort halten. Alles, was in

---

[1]) Exemplar im Besitz der Berliner Königlichen Bibliothek.
[2]) Bei Anführung des »Quart. Mus. Mag. and Rev.« Er war
der Herausgeber dieser Zeitschrift.

Deutschland, Italien und Frankreich über Musik Vorzüg-
liches ans Licht getreten, soll dieser Encyclopädie einverleibt
werden. Auch hier[1]) soll wieder das musikalische Lexicon
unsers Koch, des gelehrten Deutschen, wie er hier vorzugsweise genannt wird, wesentliche Dienste thun, wiewohl
man ihm so sehr Mangel an Vollständigkeit vorgeworfen.
Die Vielheit der Mitarbeiter, und daß derselbe Artikel durch
mehrere Hände gehen wird, dürfte dem Werke zum Nach-
theile gereichen — es wird nicht wie aus einem Gusse
seyn. Demungeachtet ist es eine willkommene Erscheinung
— auch die Encyclopädie beweist das Fortschreiten der
Tonkunst in diesem Lande.«

Aus dem, was Max Maria von Weber in seiner Weber-
biographie (III, S. 657) noch hinzufügt, ist nicht recht
ersichtlich, ob es seine eigene Zutat ist oder auf persönlicher Kenntnis des Lexikons beruht: »Die Publikation erhielt durch diese Namen etwas Orakelhaftes und das Erscheinen ihrer Hefte wurde wie das Verkünden von
Gnaden- und Todesurtheilen, gegen die kein Appell war,
angesehen.« (Darnach müßte sie eigentlich auch kritische
Beurteilungen gebracht haben.)

Wie lange sich dieses Unternehmen hielt, ist nicht bestimmt. Sicher ist nur, daß es am Ende des Jahres 1824
noch bestand, was die Allg. Mus. Ztg. in ihrer Nummer
vom 16. Dez. d. J. (S. 381) mit den Worten anzeigte:
»Mit Clementi's Musikalischer Encyclopädie bleibt es in
statu quo: sie erscheint aber sine die.« Wahrscheinlich ist
aber, daß sie sich nicht mehr lange hielt, da sie doch sonst
gewiß in jeder größeren englischen Bibliothek zu finden
sein müßte.

Über Clementis Schaffen ist seit dem Jahre 1822 nicht
viel mehr zu berichten. Da auf seine Orchesterwerke schon
genügend hingewiesen worden ist, ist hier nur ein Arrangement von Mozarts Jupitersymphonie für Klavier und Be-
gleitinstrumente ad libitum zu nennen, dem ein paar Jahre

---

[1]) Wie vorher beim »Harmonicon«.

später noch eine Anzahl ähnlicher Bearbeitungen von Symphonien desselben Tondichters folgen sollten.

Die Jahre bis 1826 schlossen aber vor allen Dingen das Standwerk seines Gradus ad Parnassum ab. Bevor darüber einiges mitgeteilt werden soll, müssen erst noch ein paar andere Einzelheiten aus dem Jahr 1826 angeführt werden. Der erste Hinweis auf Clementi findet sich da bei der Beisetzung des unglücklichen C. M. v. Weber, der am 5. Juni in London seinen Geist aufgegeben hatte. Immerhin muß die Anwesenheit Clementis selbst aus einem sonderbaren Grunde angezweifelt werden. Das Quart. Mus. Mag. & Rev. nennt unter denen, die sich zur Teilnahme an dem Leichenzug im Portland Hotel versammelten, auch einen C. Clementi. Es ist zwar naheliegend zu glauben, daß man es hier mit einem Druckfehler zu tun hat; aber angenommen, Muzio Clementi sei zufällig nicht in London gewesen — wäre es dann nicht selbstverständlich, daß er von seinem ältesten Sohn Carl bei der Trauerfeier vertreten worden wäre? Daran ändert auch Max M. v. Webers Hinweis auf Clementi als Teilnehmer an der Feier nur wenig: Im ersten Wagen sollen die nächsten Freunde Webers, in den folgenden auch Clementi mit gesessen haben; denn der Biograph seines Vaters wird schwerlich über eine andere Quelle als die unsere verfügt haben. Bemerkt sei aber noch, daß Frau Moscheles, die eine ziemlich ausführliche Beschreibung von Webers Beisetzung gewährt, Clementis mit keinem Wort gedenkt.

Hingegen findet sich eine Bemerkung über die nächste Zeit in ihren Blättern. Mit Beziehung auf den jungen Sigismund Thalberg schrieb sie (S. 26, I): »Es war Moscheles eine hohe Genugthuung, diesen unter seiner Leitung emporgekommenen jungen Künstler nicht nur im Publikum, sondern auch von solchen Männern wie Cramer und Clementi anerkannt zu sehen . . . .«

Nun zum letzten Teile des Gradus.

»I have at least finished«, so meldete Clementi am 4. Juli des laufenden Jahres, »my 3^{d} and last Volume of

my Gradus ad Parnassum.« Und nach den üblichen Anweisungen über den Stich, den er so sorgfältig als möglich
wissen wollte, teilte er ihm die Absicht mit, in zwei bis
drei Wochen nach Paris zu gehen, natürlich, um die Herausgabe seines Werkes mit dem Pariser Korrespondenten
persönlich zu besprechen. Wie aber ein Brief vom 21. Juli
verrät, der noch einige Fehler in der an Härtel übersandten
Korrektur nachwies, hatte er seine Abreise wieder auf zwei
bis drei Wochen hinaus verschoben, und ein nächster
vom 5. Sept., der den 1. November als den Tag der
Herausgabe bestimmte, war immer noch aus London ab-
gesandt, setzte aber seine Abreise nunmehr bestimmter auf
den »nächsten Sonnabend« fest. Der letzte noch vor-
handene Brief an Härtel, ein ganz kurzes Schreiben vom
23. September 1825 verschob die Veröffentlichung endgiltig
auf den 31. Oktober, da der 1. November ein französischer
Feiertag war. Wie erstaunt man aber zu hören, daß der
Alte die Absicht hatte, noch einmal Italien zu besuchen,
indem er seine Nachrichten mit den paar Worten abschloß:
»I have some intentions of going to Florence, where, if
I remain any time, I shall do myself the pleasure of writing
to you . . . .«
Leider vermögen wir dem Meister auf seine letzte
italienische Reise nicht zu folgen; denn abgesehen von
einer später anzuführenden kurzen Nachricht versagten darüber alle Quellen, was jedenfalls, wie man auch erst später
sehen wird, seinen guten Grund hat. Wir treffen Clementis
Spur erst wieder, als er, aus Italien zurückgekehrt, in Baden
bei Wien im nächsten Frühling zur Kur weilte.
Der greise Komponist ist in den Badener Kurlisten des
Jahres 1827 unter der chronologischen Nummer 63 gemeldet: »Herr Muzio Clementi, Kapellmeister aus London,
wohnt im Sauerhofe. Tag der Ankunft: 20. Mai.«[1]) Dieses

---

[1]) Diesen Eintrag sowie die später folgende Stammbuch-
inschrift verdanke ich der Liebenswürdigkeit des Herrn Schriftstellers Paul Tausig in Wien. Die Inschrift wurde von ihm schon
in der »Österr. Illustr. Zeitung« veröffentlicht.

Gasthaus steht noch heute und wird als ärarisches, hauptsächlich Offiziers-Badehaus, in der Weilburgstraße gelegen, verwendet. Außer einer kleinen Anzahl Briefe, die, von Clementis Hand aus jener Zeit stammend, noch im Besitz der Adressaten Artaria & Co. in Wien sind, haben wir noch von Anton Schindler, dem Freund Beethovens, einige Mitteilungen über seine Besuche bei Clementi in Baden, und zwar sind in dieser Hinsicht seine »Anmerkungen über Auffassung und Vortrag der Clementischen Sonate Didone abandonata« zu einer Ausgabe von André von Bedeutung.

»Als Clementi«, berichtet dort Schindler einleitend, »im Jahre 1827 zum letzten Mal die östreichische Kaiserstadt besuchte und einige Monate in dem nahen Baden weilte, war es meine angelegentlichste Sorge, ihn oft zu sehen und mich über mehrere seiner Werke, die Beethoven bekanntlich zum Studium eines schönen und gediegenen Klavierspieles vor allen anderen empfohlen, belehren zu lassen. Vornehmlich waren es die Sonaten in h und fis-moll, dann die oben genannte [Did. ab.], über welche sich der greise Meister mit sichtbarer Vorliebe am breitesten ausgelassen hat; über die Didone speziell wurde ein förmlicher Vortrag gehalten und Anmerkungen verschiedener Art von des Komponisten Hand in mein Exemplar geschrieben.«

Hier in Baden kamen der Lernbeflissene und der alte Lehrer natürlich auch auf Beethoven zu sprechen.[1] Jener

---

[1] Auch in der Niederrheinischen Musikzeitung vom 20. Mai 1854 erzählt Schindler von seinen Besuchen bei Clementi in ganz ähnlicher Weise. Hier sei nur noch die folgende Stelle daraus hinzugefügt: ». . . Daß Beethoven's [der erst vor ein paar Monaten gestorben war] anbei oft gedacht worden, auch des anfänglich zwischen ihnen bestandenen Mißtrauens, dessen Ferdinand Ries in seinen Notizen ebenfalls erwähnt, war unfehlbar. . .« Die Unterhaltung wurde, wie das von Schindler in Klammern gestellte Wort »brusque« für »ungestüm« beweist, das Clementi auf Beethovens Spiel anwandte, in französischer Sprache geführt.

hat in seiner Biographie des Meisters nur Clementis Urteil über den Klavierspieler Beethoven festgehalten, das sich auf die wenigen Worte beschränkte: »Das Spiel war nur wenig ausgebildet, nicht selten ungestüm, wie er selbst, immer jedoch voll Geist.« Endlich sei noch bemerkt, daß Schindler die Bekanntschaft mit Clementi benutzen wollte, Moscheles, mit dem er im Briefwechsel stand, einige Beethovenreliquien zu übersenden, was aber, wie die folgende Briefstelle darlegt, vereitelt wurde: »Ich wollte Ihnen alles zusammen durch Herrn Clementi schicken, dessen Bekanntschaft ich in Baden[1]) machte, allein ich versäumte seine Abreise, von der ich auch nicht unterrichtet war.«

Mit dem Erfolg seiner Kur in Baden scheint Clementi zufrieden gewesen zu sein; wenigstens läßt der Eintrag in das Stammbuch des Rollett-Museums in Baden darauf schließen. Er lautet:

»Per l'insegne e distinto nella sua arte, il Sigr. Antonio Rollett. Muzio Clementi.« [2])

Nicht lange nach der Ankunft des Komponisten in Baden langte hier auch seine Gemahlin an. Daß sie ihm entgegengereist war, ergibt sich aus einem kurzen, bei Artaria & Co. mit aufbewahrten Schreiben aus Wien vom 12. Juni d. J. an den Briefpostmeister in Genf, worin Clementi diesen bittet, ihm durch die Wiener Firma einen Brief zukommen zu lassen, der postlagernd an seine Frau von deren Mutter nach Genf geschickt worden war. »Elle n'a pû la reclamer, ayant pris une autre route; et elle l'attend ici avec impatience.« Der geforderte Brief wurde darauf jedenfalls in Clementis Schreiben eingeschlossen, dessen Adresse durchstrichen und mit der Clementis ver-

---

[1]) Hier steht im Werke von Frau Moscheles »London«, was natürlich verlesen ist.

[2]) Anton Franz Rollett, geboren 1778 und gestorben 1842, ein berühmter Badener Arzt, ist Vater des Dichters Hermann Rollet und begründete das Badener Rollettmuseum. Er war mit Grillparzer, Raimund und andern bedeutenden Männern bekannt.

sehen wurde, und gelangte so wohl richtig an; das
Schreiben an den Postmeister blieb aber bei Artarias liegen.
Dieser anscheinenden Nebensächlichkeit mußte hier aus
einem bestimmten erst unten einzusehenden Grunde gedacht werden.

Wenn auch das eben angeführte Billet nach Clementis
eigener Überschrift aus Wien stammt, wenn er sich sogar
den Brief durch die Adresse von Artaria & Co. erbittet,
so darf man doch keineswegs annehmen, daß der greise
Komponist sich längere Zeit in Wien aufgehalten habe.
Sein Hauptzweck war natürlich, obgleich die Wahl Badens
als Kurort etwas auffällt, der Gebrauch der Bäder in diesem
Städtchen. Ein anderes Billet an Artaria vom 24. Juni ist
denn wieder aus Baden geschrieben. Es enthält nur die
Nachricht von der Annahme eines Vorschlages über ein
Manuskript von Mayseder. Die Geschäftsbeziehungen
zwischen den beiden Firmen kamen also bei dieser Gelegenheit wieder frisch in Fluß. Das nächste Schreiben
vom 6. August kündigt die bevorstehende Abreise des Ehe-
paars aus Baden an. Er bittet seinen Freund, ihm »due
camere con tre letti puliti cioè senza cimici, per tre o
quattro giorni, tanto que potete vicino a voi« zu besorgen. Seine Absicht ist, am Morgen des 11. August
aufzubrechen. Daß er drei Betten wünschte, läßt darauf
schließen, daß seine Frau die lange Reise nach Wien in
Begleitung eines Kindes oder einer Gesellschafterin gemacht
hatte. Das geht auch aus dem letzten noch erhaltenen
Brief Clementis an Artaria hervor, worin er am 17. September d. J. aus Calais erst die Grüße seiner Frau an
Artarias ausrichtet, dann aber seinem Freunde selbst den
Dank und die Glückwünsche ihrer aller: » . . . e **tutti** vi
rinsciamo ad augurarvi salute e felicità.«

Da Clementi den letzten Brief kurz nach seiner Ankunft in
Calais schrieb, dehnte er vermutlich seinen Aufenthalt in
Wien — er wollte ja schon vor Mitte August abreisen —
noch etwas länger aus, als er ursprünglich beabsichtigt hatte.
Unter der Führung eines Kutschers Simon Bilzinger,

dessen Namen Clementis Brief erwähnt, ging die Rückreise von statten. In Salzburg war man wegen der Last des Wagens gezwungen, ein Pferd hinzuzukaufen, wodurch die Fahrt um 315 Gulden verteuert wurde, die auszulegen er seinen Wiener Freund bat.[1]) Er ersuchte ihn zugleich, sich mit darum zu bekümmern, daß sein Kutscher das Trinkgeld erhalte, das nach Übereinkunft in der Bezahlung mit inbegriffen war . . . .

Bevor wir jedoch Clementi, wohl zum letzenmal, von festländischem Boden scheiden sehen, müssen wir noch ein paar Zeilen von Méreaux (a. a. O. S. 77) kritisch betrachten, deren Inhalt sich, wie gleich vorausgeschickt werde, im großen Ganzen mit unseren letzten Ausführungen deckt, aber von dem Erzähler ins Jahr 1831 verlegt wird. Wir geben auch diese Stelle in Übersetzung:

»Im Jahre 1831 entwarf er den Plan, noch einmal, bevor er sterbe, seine Heimat Rom zu besuchen. Er bereitete diese Reise unter geheimnisvollen Umständen vor, aus Furcht, seine Familie möchte sich ihr wegen seines hohen Alters widersetzen. Er gab also vor, seinen Pariser Freunden einen kleinen Besuch abstatten zu wollen; aber kaum hatte er das Festland berührt, als er seine Reise auf Rom richtete. Groß war die Unruhe aller Seinigen, die er ohne jede Nachricht ließ. Frau Clementi kam nach Paris, wo sie ihn jedoch nicht fand und sogar nicht die geringste Auskunft über ihn erhalten konnte: Man hatte ihn nicht gesehen. Endlich, nach einigen Monaten der Abwesenheit und beunruhigenden Schweigens, kam Clementi mit seinen 80 Jahren, immer munter und behend, wie ein Jüngling, Italien und Frankreich durchquerend, zurück nach London, wohin ihn seit langer Zeit die Stimmen aller derer riefen, die er so beunruhigt hatte.«

---

[1]) Die Quittung darüber ist auf einem dem Briefe beiliegenden Zettel erhalten. Sie stammt vom 28. Sept. 1827 und ist mit »Franz Bindtner«, dem Namen des Fuhrgeschäftbesitzers, unterzeichnet.

Abgesehen von der Jahresangabe 1831 sowie von der
kurzen Bemerkung, daß er über Frankreich zurückgereist
sei (was übrigens noch nicht einmal falsch zu sein braucht),
widerspricht diese Schilderung einer italienischen Reise
unseren obigen Ausführungen durchaus nicht. Daß er
Härtel seine Absicht, von Paris aus nach Florenz zu gehen,
mitteilte, daß er nach Schindlers Bericht wirklich in Italien
weilte, wissen wir bereits. Wir wissen aber auch, daß
ihm seine Gemahlin entgegenreiste, ja — und hier knüpfe
ich an den oben erwähnten Brief an den Postmeister an
— daß sie ursprünglich die Richtung nach Genf hatte ein-
schlagen wollen, also aller Wahrscheinlichkeit nach über
Paris gekommen war. Wenn Méreaux jedoch die Sache noch
so darstellt, als ob Frau Clementi ohne ihren Gemahl wieder
nach Hause zurückgereist sei, so ist dieser Irrtum wahrscheinlich einfach auf ungenaue Auskünfte zurückzuführen.
Die falsche Jahresangabe hat übrigens nicht viel auf sich:
Eine Nachprüfung der bei ihm gegebenen Zeiten zeigt Un-
genauigkeiten im allgemeinen — bei Clementis Biographie
im besonderen — in Fülle auf. So ist es denn nicht ver-
wunderlich, wenn Méreaux ein zu Ehren des greisen Komponisten in Wirklichkeit Ende des Jahres 1827 gegebenes
Bankett ins Jahr 1831 »à l'occasion de cet heureux retour«
verlegt. Wenn es nun wahr ist, daß man mit aus Freude
über die glückliche Rückkehr des Greises diese Festlichkeit veranstaltete, so spricht damit nur ein Punkt, und
zwar überzeugend, mehr dafür, das der Bericht des französischen Schriftstellers ebenfalls ins Jahr 1827 zu verlegen ist.

VI. Abschnitt.

Lebensabend und Tod.

1827—1832.

Nur die Äußerlichkeit, daß der alte Meister mit seiner letzten großen Reise durch Frankreich, Italien und Österreich gewissermaßen Abschied von den Stätten nahm, womit ihn Erinnerungen seiner Jugend und jungen Erfolge verknüpften, bestimmt mich dazu, seinen »Lebensabend« hier beginnen zu lassen. Den Jahren nach längst ein Greis, hatte er sich eine seltene körperliche und geistige Frische bewahrt, die ihm, wie wir wissen, gestattete, nicht nur jene großen festländischen Reisen zu unternehmen und sich um geschäftliche Dinge zu bekümmern, sondern auch Werk auf Werk, wenn auch gemächlich, zu schaffen. Es scheint allerdings, als ob er sich nun mehr und mehr von den Geschäften zurückgezogen und sie mehr und mehr seinen Teilhabern, den Collards, überlassen habe.

Noch eine andere Äußerlichkeit tritt hinzu, in der Zeit, wo wir jetzt stehen, für den alten Clementi den Beginn eines neuen, letzten Lebensabschnitts zu rechtfertigen: das bekannte, Ende des Jahres 1827 ihm zu Ehren gegebene Bankett, ein schönes Zeichen dafür, welcher Beliebtheit und Achtung sich der alte Komponist in London allgemein erfreute.

Die folgenden Ausführungen sollen nunmehr an der Hand der sich gegenseitig ergänzenden beiden Londoner Musikzeitschriften ein möglichst vollständiges Bild der Festlichkeit gewähren.

17*

Clementi wird ungefähr zwei Monate wieder in London geweilt haben, als auf Betreiben einiger Freunde, J. B. Cramer und I. Moscheles an der Spitze, ein Rundschreiben an alle bedeutenden Musiker der Stadt erging. Während einer Beratung wurde beschlossen, Clementi zu einem Diner einzuladen, das seinem Namen zu Ehren gegeben werde. Ein Komitee wurde ernannt, und man wählte als Tag der Feier den 17. Dezember, als Ort das Albion Hotel. Moscheles, der in seinem (von seiner Frau benutzten) Tagebuche der Festlichkeit ebenfalls gedenkt, spricht im Gegensatz zum Harmonicon, das die Anwesenden auf über sechszig schätzt, von neunzig Personen. »Jeder zahlte eine Guinee für das Couvert, nur Clementi war unser aller Gast. Cramer und ich empfingen ihn in einem Zimmer allein, und erst als die ganze Gesellschaft sich versammelt hatte, führten wir ihn zu dieser, und halfen ihn mit einem Sturm von Applaus zu begrüßen. Er saß zwischen dem an der Tafel präsidierenden Sir G. Smart und mir« (a. a. O. II, S. 177). Als Vize-Präsidenten standen dem ersten übrigens noch Horsley und Collard zur Seite, und das Quart. Mus. Mag. & Rev. stellt Smart selbst als geschicktem und schlagfertigem Vorsitzenden der Tafel das beste Zeugnis aus. Außer den Einberufern Cramer und Moscheles soll ihn aber nach dem Harmonicon auch Braham in seinem Amt unterstützt haben. Unter den Gästen befanden sich Attwood, Bishop, Liverati, Griffin, Neate, Potter, F. Cramer, Dragonetti, Coccia, Crivelli, Dizi, Sola, Peile, Schlesinger, Meves, Nicholson, Sale, Kiallmark, Novello, Burrowes, Major, Parry, Beale, Webbe, Leete, Clifton, Blewitt, Barnett, Holder, Stodart, W. F. Collard, Tomkinson, Preston, Willis, Chappell, D'Almaine, Addison u. a.[1]) Mancher andere war wegen der Kürze der Zeit am Kommen verhindert gewesen.

Eingeleitet wurde die Feier, wohl während des Diners,

---

[1]) Noch berichtet Moscheles, Clementis und seine Frau sowie andre Damen hätten das Fest von einer Galerie herab mitgefeiert.

mit einem mit lautem Beifall begleiteten Toast auf den König. Terrail, Goulden, I. B. Sale und Leete sangen ein Quartett (glee) von Horsley, worauf sich nach einem zweiten Toast des Präsidenten auf dessen Ankündigung hin Cramer ans Klavier setzte und mit feinem Geschmack und stürmischem Erfolg Clementis Sonate Op. 2 (in A) spielte.

Der Vorsitzende gab dann einen kurzen Überblick über das öffentliche Wirken und private Leben des Gefeierten und drückte als Sprecher für alle Anwesenden dem Künstler ihre Verehrung, dem Menschen ihre Hochschätzung in empfundenen und treffenden Worten aus. »Die Gefühle Clementis«, schreibt das Quart. Mus. Mag. and Rev. »kann man sich besser vorstellen als beschreiben.« Tief bewegt ergriff er, nachdem der Toast auf ihn erklungen war, das Wort und schloß seine kurze Dankesrede mit der Erklärung: »I consider this to be the proudest day of my long life.« Ein von Bishop (Musik) und W. F. Collard (Text) verfaßter allgemeiner Gesang (glee), der von jenem auch am Klavier begleitet wurde und in einer dem »Patriarchen« und seiner Musik huldigenden Hymne bestand, wurde daraufhin wohl von der ganzen Versammlung angestimmt. Es folgte ein beifällig aufgenommenes Hoch auf den andern anwesenden, auch schon hochbetagten Pianisten Cramer, worauf Moscheles die Kalkbrenner gewidmete Sonate Clementis zum Besten gab, und als auch auf Moscheles Gesundheit angestoßen worden war, sprach dieser seinen Dank aus und erklärte, er sei glücklich, sich selbst als Schüler des großen Meisters zu bekennen, zu dessen Ehren sie sich hier getroffen hätten. Seinen Worten schloß sich der Vortrag einer Flötenphantasie Nicholsons an, der von Cramer am Klavier unterstützt wurde; dann wurde das Gedächtnis Haydns, Mozarts und Beethovens gefeiert und der Präsident kündigte den Vortrag eines Liedes »The year that's awa'« an, das folgende von Parry gedichtete Stanze einleitete:

»Here's to C l e m e n t i, whose fame
Sheds a halo of light round us a',
Long, long may he live and look back whit delight!
On the days o' the years pass'd awa'.«[1]

Weitere Vortragende waren Potter mit einem Clementischen
Capriccio, Cramer und Moscheles, deren Spiel besonders
gelobt wurde, mit einer vierhändigen Sonate früherer
Komposition des Gefeierten (Op. 14, in Es); ihnen folgte
ein fünfstimmiger Gesang (glee) Attwoods. In einen
weiteren Toast auf das Gedächtnis Händels flocht Sir Smart
den Wunsch der Versammlung ein, den »Vater des Klavierspiels«, den nur wenige unter den Anwesenden schon gehört hatten, einmal das Instrument berühren zu hören, und
er konnte der gespannten Versammlung dessen Zusage ver-
kündigen, worauf sich ein donnernder Beifall erhob.
Moscheles schildert die fesselnde Szene so: »Clementi steht
von seinem Sitz auf, Smart, Cramer und ich geleiten ihn
ans Instrument, alles ist in der größten Spannung; denn
Clementi war seit Jahren von Niemandem gehört worden;
nun will er spielen. Alles horcht begierig. Er phantasiert
über ein Motiv von Händel (aus dem ersten Orgelkonzert)
und reißt uns alle zur Begeisterung hin; seine Augen er-
glänzen im Feuer der Jugend, die der Hörer werden feucht.
Er kehrt unter stürmischen Applaus und warmem Hände-
klatschen an den Tisch zurück.

Clementis Spiel war in seiner Jugend durch die schönste
Verbindung der Töne, durch einen perlenden Anschlag in
beweglichen Passagen und die sicherste Technik ausgezeichnet. Noch heute erkannte und bewunderte man die
Überbleibsel dieser Eigenschaften, ward aber ganz besonders
durch die jugendlich genialen Wendungen seiner Impro-
visation entzückt.«

---

[1] Fétis brachte in seiner Revue Musicale (III, S. 87—90)
eine Übersetzung des Berichtes aus dem Harmonicon, worin
der Anfang obiger Stanze so wiedergegeben war: »Voilà ce
Clementi!« Diese wunderliche Übersetzung wurde in obiger
englischen Zeitschrift (1828, S. 179) in »Extracts from the Diary
of a Dilettante« festgenagelt.

Nach dem bemerkenswerten Ereignis sang Parry ein paar Stanzen, die nach einem Lied »Fly not yet« für diesen Abend von ihm selbst gedichtet waren; in den Refrain stimmte der Chor der Anwesenden jedesmal mit ein. (Die Stanzen sind im Quart. Mus. Mag. and Rev. wiedergegeben.) Braham ergriff darauf das Wort, um auf Sir George Smarts Gesundheit anzustoßen, dessen Verdienste er mit freundschaftlicher und künstlerischer Achtung würdigte. Nachdem Braham, Terrail, Clifton, Blewitt und andere den Abend mit weiteren Liederspenden verschönt hatten, machte sich der Gefeierte, begleitet von seinen Freunden und dem Komitee auf den Heimweg.

Hatten es alle seine Londoner Freunde sich angelegen sein lassen, auf die geschilderte Art den Alten zu ehren, so tat auch die Philharmonische Gesellschaft gleich am Anfang der Konzerte der nächsten Saison das Ihre, indem sie ihn um seine Mitwirkung in dem ersten ersuchte. Er kam dem nach und saß am 25. Februar 1828 ein letztes Mal als »Conductor« am Klavier, während ihm F. Cramer als »Leader« zur Seite stand. Salaman (S. S. 237), der ihn in der Probe hörte, berichtet über seine Eindrücke: »Of Clementi's playing and his ‚pearly' touch I can only speak from hearsay, for although he lived another five years, he had given up performing in public at the time I first saw him, and I believe he afterwards played to an audience on only two special occasions. But, though I was never fortunate enough to hear the ‚father of the pianoforte', I have seen him seated at the instrument. His last public appearance was as conductor of the opening concert of the Philharmonic season of 1828, at the rehearsal of which I was present, and saw the grand old man for the second and last time. He sat at the piano — as conductors used to do in those days — waving his right hand rhythmically as he followed the score in front of him, while one of the first violins, acting as ‚leader' for the occasion, beat the time with his violin-bow — not always synchronising exactly with Clementi's wave!«

Das Programm wurde von Symphonien Haydns und Beethovens (in C), von Ouverturen B. Rombergs und C. M. v. Webers (zu Preziosa) und einigen anderen Musikstücken bestritten, wovon nur auf ein Streichquartett und auf die Scene »Ah! perfido!« von Beethoven hingewiesen werden soll. Beide uns bekannte Musikzeitschriften brachten begeisterte Berichte. »Das Erscheinen des reichbegabten, des verehrungswürdigen Clementi am Pianoforte,« sagte das Harmonicon (1828, S. 88/9), »bewegte ganz ersichtlich die Anwesenden, die in nicht gewöhnlicher Art darüber erfreut waren, vor sich in kräftiger Gesundheit, in tätiger Frische den Träger eines Namens zu sehen, der seit der Veröffentlichung seines Op. 2 vor nahezu 60 Jahren über ganz Europa hin berühmt geworden ist.« Und das Quart. Mus. Mag. and Rev. berichtete, abgesehen von dem weitläufigen Lob des Vortrags eines Kreutzerschen Violinkonzertes durch einen Mr. Oury, die wenigen Zeilen: »Das erste Konzert war bemerkenswert wegen des Erscheinens Mr. Clementis, des ehrwürdigen Vaters der modernen Klaviermusik, der aber nicht weniger fein in klassischer, allgemeiner und schöngeistiger [various and polite] Litteratur gebildet ist. Geehrt und geachtet, wie er es bei den Berufsgenossen und beim Publikum ist, war es ein wirklich erfreulicher Anblick für die Subscribenten der Philharmonischen Konzerte, zu sehen, wie er in einem so vorgerückten Lebensalter seinen Posten in voller Kraft und vollem Genuß aller seiner Fähigkeiten ausfüllte . . . .«

Dem fügt der Gedenkartikel in der Allg. Mus. Ztg. noch hinzu, daß es ein Konzert gewesen sei, »in welchem eine Symphonie Haydn's, die zum Schlusse einige Akkorde für das Pianoforte allein enthält, ausdrücklich deshalb gewählt worden war, um den versammelten Künstlern die Freude zu gewähren, sich rühmen zu können, Clementi noch ein Mal gehört zu haben . . . .« Ob das auf bestimmter Quelle beruht, sei dahingestellt.

So nahm der Alte gewissermaßen in aller Form Abschied von der Stätte, die ihm in der zweiten Hälfte seines Lebens die größten Ehrungen eingebracht hatte.

*   *
*

Die spätere Saison des Jahres 1828 stand unter dem Zeichen Henriette Sontags, die im Kings Theatre am 15. April zum ersten Male aufgetreten war. Selten wurde eine Sängerin in London so wie das »Jettchen« gefeiert. Man bereitete ihr stürmische Ovationen, lud sie in die vornehmsten Häuser, besang sie in Wort und Ton, wozu auch J. P. Pixis und I. Moscheles mit ihren »Souvenirs à la Sontag« und »Gems à la Sontag« das Ihre beitrugen Auch Clementi lernte sie kennen und ward trotz seinen alten Jahren noch ihr glühender Verehrer. Daß er aber auch mit Walter Scott befreundet war, erfahren wir erst bei dieser Gelegenheit aus der Feder von Frau Moscheles, der das Wort selbst gegeben sei. Die Erzählung gehört dem Jahre 1828, wahrscheinlich dem Sommer, an und lautet (II, S. 198/9):

»Einmal hatten wir das Glück, die liebliche, gefeierte Landsmännin in einem größeren Kreise bei uns zu sehen: sie war bezaubernd, liebenswürdig; ihr Wesen, ihr Gesang, alles riß zur Bewunderung hin. Walter Scott, auf kurze Zeit in London, hatte uns besucht, wir luden ihn zu dieser Soirée ein, er war entzückt, die Sonntag zu treffen und sie, die eben in der »Donna del lago« auftreten sollte, hielt es für ein Glück, mit dem jugendlichen Greise bekannt zu werden. Lockhardt sagt zwar in Scott's Biographie, er hätte sich über die Fremden geärgert, wenn sie nach Abbotsford gepilgert kamen, ihn gern mit Lob überschütten wollten und doch Nichts von seinen Sachen kannten, höchstens einmal die »Donna del lago« in der italienischen Oper gesehen hatten. Aber bei der Sonntag war der große Mann ganz Ohr (ich glaube auch ganz Auge), als sie ihn über ihr Kostüm als Schottin befragte. Er beschrieb ihr jede Falte des Kleids . . . .

Übrigens hatte das Jettl zwei alte Anbeter bei uns;
der zweite war Clementi, nicht minder verzückt als Scott.
Er stand auf und sagte: ‚To night I should like to play
also‘ (‚Heute Abend möchte ich auch spielen‘). Das gab
allgemeinen Jubel. ‚Er phantasierte mit Jugendfrische‘,
schreibt Moscheles, ‚und schon der Umstand, daß er sich
sonst nie hören ließ, gab seinem Spiele großen Reiz. Nun
hättet Ihr aber sehen sollen, wie die beiden Greise, Scott
und Clementi, sich über einander freuten, sich die Hände
gaben, trotz der beiderseitigen Courmacherei und Sonntags-
Bewunderung gar nicht eifersüchtig auf einander waren,
sondern der große Mann dem großen Manne Anerkennung
zollte. Und dann wieder, wie die Beiden und die Sonntag
von der Gesellschaft angestaunt wurden, wie Jeder sich
freute, die Drei so in nächster Nähe gesehen und die
Wechselwirkung auf einander beobachtet zu haben!‘«

Mit dieser nicht zu reichen Ausbeute erledigt sich auch
das Jahr 1828, und je weiter wir uns dem Lebensende des
Meisters nähern, desto unergiebiger werden die einschlägigen
Quellen für das Leben des ehrwürdigen Alten. Das ist
aber auch ganz verständlich; denn einerseits hatte er sich,
wie erwähnt, geschäftlicher Verpflichtungen gegen das Haus,
das seinen Namen trug, mehr und mehr entledigt, womit
er uns auch seinen geschäftlichen Briefwechsel an ausländische
Firmen entzieht, anderseits ermangeln die gedruckten Quellen
nun der Berichte über öffentliches künstlerisches Wirken
des Greises vollständig. Dazu kommt noch, daß er —
es war auch davon schon die Rede — wenigstens des
Sommers seinen Aufenthalt mit der Familie auf dem Lande
nahm. Aber wir dürfen wohl daraus, daß die Quellen des
Biographischen fortab so spärlich fließen, auch entnehmen,
daß er im Ganzen ein geruhiges und zurückgezogenes
Leben führte.

Nur aus diesem Grunde wird es verständlich, daß man,
als Felix Mendelssohn-Bartholdy im Frühling 1829 zum
ersten Mal London besuchte, so auffällig wenig von Clementis
Beziehungen zu ihm vernehmen kann, obgleich der junge

begnadete Musiker mit so vielen aus Clementis Umgang, darunter besonders mit Moscheles und den Collards, aus deren Fabrik er auch seinen Flügel gestellt bekam, in Berührung kam. Den einzigen Hinweis auf Clementi gewährt gleich der erste Brief aus London vom 25. April:»Wie sich Moscheles und seine Frau gegen mich benehmen, dafür kann ich keinen Ausdruck finden; was mir nur irgend angenehm, nützlich, ehrenvoll sein kann, wissen sie mir zu verschaffen; er fuhr gestern Vormittag trotz seiner überhäuften Geschäfte mit mir herum, zu Latour, Cramer, Clementi's, Neukomm . . . .« Und dabei ist es noch nicht einmal ganz sicher, ob damit nicht doch bloß die Firma Clementi & Co. gemeint ist.

Es überrascht immerhin etwas, daß der Alte im Sommer bis zum Herbst 1829 seinen Aufenthalt in weiter Entfernung von London hatte. Ein gegenwärtig im Besitz von Herrn Josef Liebeskind in Leipzig befindliches Stammbuchblättchen hat folgenden Wortlaut:

»Muzio Clementi alla stimatissima Sig ra Lemmens.

Birmingham 1829   17 [14?] Agosto«

Vielleicht ist diese Signora Lemmens dieselbe Dame, die von Moscheles im Jahre 1861 als Mrs. Lemmens-Sherrington neben anderen Sängerinnen bei Gelegenheit eines Londoner Konzerts ein Lob erhält (a. a. O. II, S. 315).

Noch ist ein Anhaltspunkt, vielleicht der Hauptgrund von Clementis Aufenthalt in Birmingham, in einem Bericht über das am 6., 7. und 8. Oktober 1829 dort abgehaltene Musikfest eingeschlossen, wo unter anderm der unvermeidliche Händelsche »Messias« aufgeführt wurde und hauptsächlich Madame Malibran-Garcia und Mr. Braham, Cramer, Weichsel, diese beiden als Vorgeiger, und Greatorex als klavierspielender Kapellmeister mitwirkten. Clementi befand sich diesmal unter der Besucherzahl und zwar, wie das Quart. Mus. Mag. und Rev. (X, S. 471)[1] verrät, in Gesellschaft gar

---

[1] Bd. X dieser Vierteljahrsschrift umfaßte mehre Jahre.

guter Freunde: »Unter den Erlauchtesten der modernen Kunst hatten wir das Vergnügen, den ehrwürdigen Clementi und die Herren Horsley und Novello zu beobachten, die ihren Platz Seite an Seite hatten.«

Mit allen seinen früheren Pflichten begab er sich nun auch des Komponierens. Der »Dictionary of Musicians«, der zu einer Zeit herauskam, wo der dritte Band des Gradus noch gar nicht erschienen war (1824), gibt die beiden letzten Werke Clementis als »Op. 51, 3 Duettinos dedic. to his child, Cecilia Susanna« und »Op. 52, Third and last Volume of the Gradus« an. Da das letzte Werk erst 1826 erschien, darf man vielleicht annehmen, daß das erste nur von dem Komponisten beabsichtigt war und überhaupt nicht geschrieben wurde. In einer Studie aber, die in »Apollos Gift or the Musical Souvenir for MDCCCXXX, edited by Muzio Clementi and J. B. Cramer« Ende des Jahres 1829 erschien, darf man wahrscheinlich die letzte Komposition Clementis sehen, die ebenso wie ein paar Stücke von Weber, Mozart, Haydn und Beethoven[1]) faksimiliert worden war und den Titel hatte: »Canon ad Diapason for the Piano-Forte, composed and dedicated to J. B. Cramer by his friend, Muzio Clementi 1829.«

Für das Jahr 1831 erschien ein neuer Jahrgang dieses Almanachs unter demselben Titel. Daß Clementi schon für den vorhergehenden in der Hauptsache nur seinen Namen für das Unternehmen hergab, darf man besonders aus folgender auf einem beigegebenen Zettelchen enthaltenen Mitteilung schließen: »Es war die Absicht der Verleger, eine Variation von Herrn Clementi beizufügen, aber da eine Verlängerung der Unpäßlichkeit dieses Herrn seiner Aufmerksamkeit auf ihre Wünsche zuvorkam, hat Herr Cramer freundlichst zugesagt, anstatt ihrer eine andere zu schreiben.« Und W. F. C.[ollard] bestätigte diese Mitteilung einer leichten Erkrankung am Schluß einer in dem

---

[1]) Die Autographe der letzten beiden Stücke erbaten sich Clementi & Co. unterm 8. Sept. 1829 von Artaria & Co.

Büchlein enthaltenen biographischen Skizze Clementis: »Wenn auch eine Unpäßlichkeit seine Bestrebungen unlängst unterbunden hat, so haben wir doch Grund zu der Annahme, daß von dem unerschöpflichen Genie dieses Veteranen der Kunst noch andere Werke erwartet werden dürfen.«

Diese Unpäßlichkeit Clementis scheint doch nicht lange angehalten zu haben. Wenigstens würde damit durchaus nicht im Einklang stehen, daß er, was das Harmonicon nach zwei Jahren in seinem Nachruf mitteilte, »nach einer Krankheit von kurzer Dauer« gestorben sei. Wenn die Fortsetzung des Nachrufs jedoch davon spricht, daß sein Geist schon einige Zeit vor seinem Tode den Angriffen des Alters nachgiebig geworden sei, so wird das bis zu einem bestimmten Grade begründet gewesen sein, darf aber durchaus nicht dahin verstanden werden, daß sich das bis zum ausgesprochenen Schwachsinn gesteigert habe; denn daß ihn Field, der 1831 noch einmal, um seine alte Mutter zum letztenmal zu besuchen, nach London kam, im Wahnsinn angetroffen habe (Fieldnekrolog in der Allg. Mus. Ztg.), kann schon deshalb der Wahrheit nicht entsprechen, weil der Alte noch ganz am Anfang des nächsten Jahres, ungefähr zwei Monate vor seinem Tode, ein Testament verfaßte oder aufsetzen ließ, das ein Muster in seiner juristisch peinlichen, alle Möglichkeiten erwägenden Art bedeutet.

Es ist aber auch noch ein bestimmter Beleg dafür vorhanden, daß diese Unpäßlichkeit Clementis nicht ernster Natur war; denn bereits in der Nummer vom 12. März 1831 konnte die Revue musicale von Fetis aus London folgende Notiz bringen (S. 48):

»Eine zahlreiche und auserlesene Gesellschaft war vor einigen Tagen bei Herrn Moscheles versammelt, um die Aufführung des Oratoriums »Die zehn Gebote Gottes« von Herrn Neukomm anzuhören. Die Soli wurden von den Damen Stockhausen, Masson und Cramer und von den Herren Vaughan, Taylor, Horncastle und G. Smart gesungen. Der Chor bestand aus vierundzwanzig Per-

sonen; der Komponist saß am Klavier, und man hatte
ein begleitendes Quartett hinzugefügt. Unter der Zuhörerschaft bemerkte man die Herren Clementi, Cramer, Attwood,
Horsley und mehre andere vorzügliche Künstler, die die
schöne Komposition von Herrn Neukomm mit lebhaftem
Beifall aufnahmen. In derselben Soirée ließ Herr Moscheles
ein neues Trio seiner Komposition hören....«

Bevor wir Clementi aus London hinaus auf einen eigenen
Landsitz folgen, sei nur noch einmal an jenes schon an
früherer Stelle (S. 152) erwähnte Unglück gedacht, das
seinen ältesten Sohn Karl beim Spiel mit einer Pistole betraf
und dem Alten noch einen finsteren Schatten auf sein
Lebensende geworfen haben wird. Da die Collards dabei
anwesend waren, muß das Unglück noch in London geschehen sein; doch ist das Jahr nicht sicher. —

Clementis Testament klärt darüber auf, daß er, bevor
er ein Besitztum in Evesham in der Grafschaft Worcester
ankaufte, in Staffordshire wohnte; gleich der Anfang des
letzten Willens lautet: »Ich, Muzio Clementi, letzthin von
Lincroft House bei Lichfield....« Zwar konnte die Zeit,
seit wann der alte Meister mit seiner Familie dort wohnte,
nicht bestimmt festgestellt werden; immerhin ist es Mr.
Godfroy R. Benson zu Lichfield im Verein mit dem Organisten der dortigen Domkirche, Mr. Lott, gelungen, etwas
zu Clementis Aufenthalt in dem Städtchen zu erfahren. Es
sei ebenso wie das, was mir von dem damaligen Lichfield
sonst noch berichtet wurde, nach dem Briefe mitgeteilt,
der mir von Mr. Benson unterm 12. Mai 1910 in dankens-
werter Weise zugestellt wurde. »Lichfield bildete bis vor
kurzem einen Teil von dem Besitz des Earl of Lichfield
und seiner Vorfahren, und die Hausakten des Earl of
Lichfield zeigen, daß es [Lincroft House] einmal an Muzio
Clementi verpachtet war. Clementis Pacht erreichte am
25. März 1832 ihr Ende, aber es ist keinerlei Hinweis auf-
gefunden worden, wann sie begann. Er scheint ungefähr
12 englische Acker Landes mit dem Haus besessen und
jährlich eine Pacht von £ 105 gezahlt zu haben. Das

Haus ist lieblich gelegen an einer sanften Anhöhenseite, die sich nach Süden neigt, nahe der Hauptstraße von London nach Stafford, die damals, ungefähr $^3/_4$ Meile oder vielleicht einen Kilometer außerhalb und nach dem Norden von Lichfield mitten durch die Munizipalgrenze, einen wichtigen Fahrweg gebildet haben muß. Das Haus scheint seit Clementis Zeit hinzugekommen zu sein; soweit ich jedoch sehen kann, muß es damals ein ganz guter, angemessener Wohnsitz gewesen sein, so wie ihn jetzt ein Mann von Stande, in guter sozialer Stellung und in bemittelten Verhältnissen besitzen und ein ebensolcher damals besessen haben möchte. Ein mir bekannter Herr berichtet, er habe von seinem (nun toten) Vater gehört, daß Clementi dort gelebt habe und jeden Sonntag nachmittag zum Gottesdienst in die Domkirche gegangen sei, wo es damals wahrscheinlich gute Musik gab. In der letzten Hälfte des 18. Jahrhunderts und bis um die Zeit 1800/10 muß Lichfield der Schauplatz einer recht angenehmen und gebildeten Gesellschaft gewesen sein. Der berühmte Dr. Johnson, der dort geboren war, besuchte es oft bis zu seinem Tode im Jahre 1785 und genoß viel Annehmlichkeit in der dortigen Gesellschaft. Dr. Erasmus Darwin, ein begabter, wenn auch exzentrischer Physiker, der in Versform Betrachtungen veröffentlichte, die seltsamerweise in gewissen Punkten den Forschungen seines berühmten Enkels Charles Darwin zuvorkamen, lebte ebenfalls dort, ebenso eine jetzt vergessene Dichterin Miss Anna Seward, die mit Sir Walter Scott befreundet war, mit ihm im Briefwechsel stand und von ihm in Lichfield besucht wurde; Maria Edgworth, eine zu ihrer Zeit wohlbekannte Romanschreiberin und Kinderschriftstellerin, und ihr Vater, ferner der exzentrische Thomas Day, Verfasser von »Sandford and Merton« (ein moralisierendes und belehrendes Geschichtsbuch, wonach noch vor 50 Jahren englische Kinder aus den gebildetsten Kreisen unterrichtet wurden) lebten ebenso in Lichfield. Obgleich übrigens Lichfield keine große Stadt ist und nicht einmal jetzt die Zahl 8000 an Einwohnern überschreitet ebensowenig

auf dem Verwaltungsgebiete die Hauptstadt von Staffordshire ist, so ist sie doch in gewisser Hinsicht ein Mittel-
punkt des gesellschaftlichen Lebens für die Grafschaft —
die vornehmsten Familien der Grafschaft werden damals
zu Bällen usw. dahin gekommen sein. Die Leute von gewisser Berühmtheit, die ich erwähnt habe, waren frühestens
um 1810 alle gestorben oder hatten Lichfield verlassen,
aber die Überlieferung und Hinweise, die ich auf Lichfield
in Denkwürdigkeiten späterer Zeit gefunden habe, beweisen,
daß sich die Gesellschaft der Stadt selbst noch eine ansehnliche Anzahl Jahre auf einer besonderen geistigen
Höhe hielt.

Dies mit dem Hinweis auf die Gottesdienste in der
Domkirche mag als Grund für Clementis Wahl dieses
Ortes als Wohnsitz dienen . . . .«

Es kann nicht lange vor seinem Todesjahre 1832 gewesen sein, daß Clementi nach Evesham in Worcester
übersiedelte, wo er die Besitzung Elm Lodge (Ulmenhaus)
kaufte. Nach seinem Testament zu schließen, das allerdings so abgefaßt ist, daß alle bei seinem Tode etwa in
seinem Besitz befindlichen Dinge auf die richtigen Erben
übergehen sollten, muß er ein besitzreicher Mann gewesen
sein, der sich Pferd und Wagen hielt, viel Hausrat und
eine große Bibliothek hatte. Über die Höhe seines Ver-
mögens läßt sich jedoch aus seinem letzten Willen nur
schließen, daß es ziemlich bedeutend gewesen sein muß.
Am 2. Januar 1832 setzte er sein Testament auf und am
10. März d. J. schied er aus dem Leben. Das Nähere
über seinem Heimgang lesen wir am besten nach den
Zeitungsberichten selbst, die hier und da noch manche
kleine, aber bemerkenswerte Einzelheit über den Alten hin-
zufügen. [1]

---

[1]) Clementi blieb bis zu seinem Tode Ehrenmitglied der
philharmonischen Gesellschaft; er ist noch am 5. März 1832 unter
den »Honary Annual Subsribers« der »Royal Society of Musicians«
genannt und subskribierte für die Konzerte zum Vorteil des New
Musical Fund in den Jahren 1805 [!] und 1815 bis 1831.

Die dem Inhalte nach wichtigste Anzeige einer Tages-
zeitung vom Hinscheiden Clementis war in den »Times«
vom 13. März 1832 enthalten; sie geben allein zugleich
die Kunde von einer für den nunmehr auch schon greisen
J. B. Cramer geplanten Festlichkeit, die aber wahrscheinlich,
wegen des Todes des alten ‚brother professor', wegfiel.
Die »Times« berichten also:

»Clementi — (from a Correspondent) — Muzio Clementi
died on Friday night last, at 10 minutes past 12, at his
residence, Elm Lodge, near Worcester. It is rather singular
that the day fixed for an arrangement by the first of the
profession, to give the celebrated John Cramer a dinner
(similar to the one given to Clementi on the 17th of
December 1827, at the Albion), should have been for the
present delayed by an announcement of the death of the
master, when a committee was proposing an honour for
the pupil. It is proposed by the directors of the Philharmonic Society to request of Clementi's relatives that he
be interred in St. Paul's or Westminster Abbey to enable
them to evince a last tribute of respect to the veteran
musician.«

Es ist leicht möglich, daß die hier bestimmt angegebene
Zeit, »Freitag Nacht 12 Uhr 10 Minuten«, an der falschen
Angabe des Todestags schuld ist, der sich als der »9. März
1832« durch die meisten Lexika und Zeitungen hindurch-
schleppte. Da Clementi nach der Totenliste in der Westminster Abbey wirklich am 10. März verschied, muß der
Tod in der Nacht vom Freitag zum Sonnabend (also vom
9. zum 10. März) 12 Uhr 10 Minuten, demnach wirklich
Sonnabend den 10. März, eingetreten sein.

Dem Harmonicon sei nur das Wichtigste entnommen
(1832, S. 86): »Dieser hochbedeutende Komponist starb
Sonnabend, den 10. letzten Monats, auf seinem Landhaus
im Thal von Evesham . . . in seinem 81. Jahr [S. S. 2.]
nach einer Krankheit von kurzer Dauer, obgleich sein Geist
einige Zeit vorher den Angriffen des Alters allmählich nachgegeben hatte . . . . Wir können jetzt von ihm sagen, was

ihm zu lesen widerstrebt haben würde — so groß war
die Bescheidenheit seiner Natur —, daß er in allen Lebenslagen seine Pflichten äußerst gewissenhaft erfüllte; er war
ehrenwert in seinem Verkehr mit der Welt, liebevoll und
aufmerksam gegen seine Familie, beständig in seinen Freund-
schaften und wohlwollend in seinen Gefühlen gegen das
ganze Menschengeschlecht. Den Anfang seiner Erziehung
verdankte Clementi einem vom Jesuitenorden[1]), aber den
wertvollsten Teil seiner geistigen Fertigkeiten ... schuldete
er hauptsächlich seinem Durst für alle Art von Wissen, seinem
unermüdlichen Fleiße und der Beharrlichkeit in seinen Bestrebungen. Er war nicht bloß ein Durchschnittsgelehrter,
sprach und schrieb genau und fließend in den meisten
europäischen Sprachen, war mit der Literatur unseres
Landes durchaus vertraut und mit den hauptsächlichen
mathematischen Grundzügen bekannt... Mr. Clementi hinter-
läßt eine Witwe und einen Sohn. Die sparsamen Gewohn-
heiten seiner früheren Lebensweise und die erfolgreiche Art,
wie er in einer späteren Zeit sein Kapital anlegte, ermög-
lichten es ihm, seine Familie nicht nur in unabhängiger,
sondern sogar in reicher Lebenslage zu verlassen ....«
    Auch der Morning Chronicle vom 13. März machte
den Tod des Alten bekannt:
    »Death of Clementi. This eminent composer and piano-
forte player breathed his last on Saturday morning, aged 81,
at his cottage in the Vale of Evesham[2]) ..... Clementi
was master of several languages, a very scientific man, and
well versed in litteratury generally. He was a most amiable
social companion, liberal and kind to his brother professors,
and looked up as the father and founder of the present
school of pianoforte playing. It is in contemplation by
the Members of the Philharmonic Society to mark their
respekt for the talent of Clementi as a profound musician,

---

[1]) S. die 1. Anmerkung zu S. 11.
[2]) Hier folgen einige an unserer Stelle unnötige, dabei auch
fehlerhafte biographische Angaben.

and his worth as a man, by having a public funeral, either at St. Paul's or Westminster Abbey.«

Mr. E. A. Bamard in Evesham, der sich um nähere Aufschlüsse über Clementis Tod durch das »Evesham Journal & Four Shires Advertiser« freundlichst bemühte, hatte den Erfolg, eine Zuschrift von einer Miss Myra Taylor (Evesham) zu erhalten. Diese hatte Kenntnis von einer damals (1908) noch lebenden alten Wäscherin M. W., die aller Wahrscheinlichkeit nach noch Augenzeugin von dem Ende des alten Komponisten war. Miss Taylor teilte der genannten Zeitung folgende Zeilen mit (Nr. vom 1. August 1908):

»I think that I am in a position to tell you that it really was at The Elm that Clementi died. I remember that in course of conversation with an old laundress, M. W., employed by us, I found that she was living at The Elm in 1832 as a young housemaid, so I questioned her about Clementi. Her reply was that she could not remember the name, but quite well remembered an old ‚Italian' suddenly dropping down dead in the laundry there, and that his body was afterwards taken to London. From wath she said I gathered that he was staying at the house as a visitor, so I do not think that he rented it himself.«

Solange uns nicht ein Bericht vorliegt, der glaubwürdiger als die Erzählung der alten Wäscherin ist, haben wir keinen Grund, an deren Wahrheit zu zweifeln oder auf einen Irrtum zu schließen. Die Erwägung, daß hier der Tod anscheinend am Tage eingetreten sei, während in den Times die genaue späte Nachtstunde angegeben ist, möchte Bedenken veranlassen; aber ein unmittelbarer Widerspruch braucht darin nicht gefunden zu werden, da der alte Komponist sehr wohl vom Schlag hingestreckt werden konnte und schließlich erst nach Stunden zu sterben brauchte. Und wenn überliefert wird, daß sein Tod nach einer kurzen Krankheit erfolgte, so ist es immerhin noch nicht nötig, anzunehmen, daß der Greis durchaus ans Bett gefesselt gewesen sei. —

18*

Ich habe der obigen Erzählung nur noch hinzuzufügen, daß die greise Frau sich zur Zeit des Erscheinens der Notiz im Evesham Journal, wie Mr. Bamard hinzufügte, in St. Joseph's Home zu Harborne (Birmingham) befand, daß es Rev. Mother Superior Mary Joseph dort nicht gelang, weitere Einzelheiten zu erfragen, weil die schon im 89. Jahre stehende Greisin von ihrem Gedächtnis im Stich gelassen wurde. »She, however, retains the greatest interest in her native town of Evesham, and was at one time a veritable mine of information concerning the old days here.« Daß jede weitere Befragung Mary Westwood's — so ihr vollständiger Name — erfolglos war, wurde mir kurze Zeit darauf von der Vorsteherin nochmals freundlichst versichert.

Über die Beisetzung des Verstorbenen brachte das Harmonicon bald darauf (S. 113) einen kurzen Bericht, der wohl bis auf die Tagesangabe in den Hauptsachen stimmt:

»Beisetzung Clementis. Donnerstag, den 29. [eine Notiz der Abtei nennt dafür den 28.] März wurden die irdischen Überreste dieses hochbegabten Komponisten in den Kreuzgängen der Westminster Abbey beigesetzt, um sie mit dem Staub vieler ausgezeichneter Musiker zu vereinen, deren Werke ihre Namen der Nachwelt länger bewahren werden als selbst ihnen zur Erinnerung aufgestellte Marmortafeln. Die Chöre der Königlichen Kapelle, der Abbey und von St. Paul waren zugegen und sangen den feierlichen Begräbnissegen, wie man ihn nur gewohnt ist bei solchen Gelegenheiten an dieser äußerst ehrwürdigen, heiligen und der Asche berühmter Toten geweihten Ruhestätte. Außerdem wurde ein Anthem ‚I heard a voice from heaven‘ aufgeführt, komponiert von Mr. Horsley, einem besonderen Freund des Heimgegangenen. Unter den anwesenden Staatsmännern betraten die Herren J. B. Cramer, Moscheles, Horsley, Sir G. Smart, Novello, Field, Kramer u. s. w. und eine ungeheure Menge, die einen als Teilnehmer am Zuge, die andern als Augenzeugen einer überwältigenden Feier, die Kirche mit den Leidtragenden. Der Trauergottesdienst wurde von Rev. W. Dakins, D. D., Precentor der Abtei, verlesen.«

Eine kürzere Beschreibung über die Bestattung, die im ganzen mit dem gegebenen Bericht übereinstimmt und nicht viel mehr hinzufügt, als daß die Teilnahme der Musikwelt doch nicht so zahlreich wie erwartet gewesen sei, brachte »Gentleman's Magazine« vom Mai 1832. Nur der Schluß der Schilderung ist erwähnenswert: »Niemals wurde die Mischung von Pathos und Erhabenheit kirchlicher Feiern stärker gespürt — auch da nicht, wo der Glanz von Mitternachtsfackeln, das Läuten von Münsterglocken und der wohlabgemessene Donner der Geschütze zu den Leichenbegängnissen von Königen herangezogen wurden. Die heitere Mittagsonne schien durch die Kirchenfenster, als der Zug sich zu der denkwürdigen Strophe »Man that is born of woman« in Bewegung setzte; es war ein Glanz, der für einen so klaren und natürlichen Geist, wie Clementi es war, so recht paßte.«

Diesen Berichten mag noch hinzugefügt werden, was ein kleines handschriftliches Buch, das neben den Totenlisten der Westminster Abbey für die in den Kreuzgängen begrabenen Personen geführt wurde, noch wesentlich Neues dazu berichtet; danach wurde Clementi von »No. 26 Newman Street Oxford Street« aus (Wohnung der Fieldings) begraben, was also wohl bedeuten soll, daß er da aufgebahrt gewesen war. Der Name des Veranstalters seines Begängnisses war U. P. W. Reed von No. 193 Tottenham Road.

Im Harmonicon (April 1832, S. 88) kam ein Anonymos in »Extracts from the Diary of a Dilettant« kurz nach Clementis Tode auf den Meister zu sprechen. Schon am 12. März, als er eben davon erfahren hatte, schrieb er unter andern die folgenden Worte nieder, die auch einmal wieder etwas Näheres über Clementis Persönlichkeit vermitteln: »Seine Rechtschaffenheit wurde niemals angefochten; sie war unanfechtbar. Vom Wuchs war er klein (small), weit unter dem Durchschnittsmaß; sein Verstand war groß und übertraf den Durchschnitt seiner scharfsinnigen Zeitgenossen bei weitem. Manche werden erst durch ihren Beruf emporgehoben; Clementi zeichnete sich den Weg vor, den er verfolgte.«

Einen wichtigen Hinweis, wovon sich sonst nirgends eine Spur weiter findet, gewährte er in den folgenden Zeilen vom 24. März: »Der Ritter von Neukomm komponierte einen Trauermarsch auf den Tod Clementis und bot ihn den Direktoren der Philharmonischen Gesellschaft für ihr nächstes Konzert an. Das Ergebnis der Probe dieses Morgens scheint zu sein, daß sein Tribut für das Gedächtnis eines so ausgezeichneten Musikers abgelehnt wurde. Es ist zu hoffen, daß die Ablehnung des freiwilligen Beitrags einer neuen, angemessenen und geschickten Komposition von der Feder eines so bedeutenden Meisters befriedigend begründet wird . . .«

Moscheles' Frau gedenkt des Ablebens Clementis nur in kurzen Worten. Man erfährt dabei aber zugleich auch etwas von der Aufführung eines andern Werkes zu seinem Gedächtnis: »Meister Clementi war in einem Alter von 84 [!] Jahren gestorben, sein Leichnam von Kunstgenossen getragen in der Westminster-Abtei beigesetzt. Natürlich wollte ihn auch die Philharmonische Gesellschaft ehren und führte zu seinem Gedächtnis das »Recordare« von Mozart auf. Wie schlecht aber nahm sich dies in einem Rahmen von weltlicher Musik aus! Und während die Cinti unmittelbar hinterher mit der Cavatine aus dem »Barbier« Furore machte, ward Mendelsohns Hebriden - Ouverture augenscheinlich nicht verstanden und kühl aufgenommen. Eine Gedächtnisfeier, die weder Clementi noch die Nachlebenden ehrte!«[1]

Es verging einige Zeit, bis der Platz, wo Clementi begraben lag, mit einem schlichten Stein bedeckt wurde. Am 11. Oktober des Jahres lautete der Tagebucheintrag des

---

[1] Das Harmonicon bezieht sich leider nicht auf diese denkwürdige Feier. Wohl wurde am 26. März 1832 das Mozartsche »Recordare« (Requiem) von Mrs. Bishop, Miss. H. Cause, Signor Curioni und Signor Giubilei aufgeführt; aber die übrigen Nummern des Programms decken sich nicht mit den oben angeführten.

schon angeführten Anonymos, des Einsenders jener »Extracts«,
wie folgt (a. a. O., S. 260): »Clementis Werke sind sein
bestes Denkmal. Wegen der Belebung des guten Geschmackes
für Klaviermusik wird ihrer später noch gedacht und können
sie nimmer vergessen werden; nichtsdestoweniger war der
Tribut der Hochachtung am Platze, die Stelle seines Be-
gräbnisses kenntlich zu machen. Über sein Grab .... ist
deshalb ein schmaler Stein gelegt worden, der die folgende
Inschrift enthält: — ‚Muzio Clementi abiit 10th March,
1832. Æt. 80.‘« [1])
Lange Jahre später wurde sie durch die folgende ersetzt:

MUZIO CLEMENTI
CALLED
THE FATHER OF THE PIANOFORTE
HIS FAME AS A MUSICIAN
AND COMPOSER
ACKNOWLEDGED THROUGHOUT EUROPE
PROCURED HIM THE HONOUR
OF A PUBLIC INTERMENT
IN THIS CLOISTER
BORN AT ROME 1752
DIED AT EVESHAM 1832.

Diese Aufschrift, anfangs des Jahres 1877 (S. Mus. Times,
Feb. 1, 1877) angebracht, gibt natürlich sein Geburtsjahr
als 1752, eine Angabe, die jedenfalls nach den Totenlisten
geschah.

Clementi zur Rechten ruht sein Freund William Shield,
der in hohem Alter am 25. Jan. 1829 [2]) zu London gestorben und am 4. Febr. bestattet worden war.

---

[1]) Der Allg. Mus. Anzeiger (Wien) vom 15. Nov. 1832 bringt,
ob nach dem Harmonicon oder nach einem andern Londoner
Blatt, sei dahingestellt, die Inschrift verbessert und verderbt zugleich, wie folgt: »Muzio Clementi obiit X. Mart. 1832 aetat. 58. [!]«

[2]) So gibt auch Grove den Todestag an; Riemann (M.-L.,
7. Aufl.) den 27. Jan. 1829, als Geburtsjahr 1754.

Seine Grabschrift lautet:

WILLIAM SHIELD
MUSICIAN AND COMPOSER
BORN MARCH 5TH 1748
DIED JANUARY 25TH 1829

So befand sich Clementi, der schon bei seinen Lebzeiten gern unter Freunden weilte, noch in der Gruft in Gesellschaft eines werten Freundes. —

Clementis Testament, das abschriftlich noch im Somerset House zu London liegt, war am 2. Jan. 1832 aufgesetzt worden und wurde am 2. April d. J. geöffnet. In dem umfangreichen, von Elisabeth Banks-Croydon und Frederick Fielding als Zeugen mitunterzeichneten, von dem älteren und jüngeren Collard auf die Echtheit der Unterschrift hin beglaubigten Schriftstück erklärte Clementi alle früheren Testamente für ungültig; dann drückte er den Wunsch aus, sein Begräbnis werde mit möglichst geringen Kosten veranstaltet, und vermachte den Verwandten und Freunden folgende Erbschaften: Seiner Frau Emma die Summe von 500 £, zahlbar sobald als möglich nach seinem Tode, sowie dieselbe Summe, die ihr innerhalb sechs Kalendermonaten nach seinem Ableben ausgehändigt werden solle, ferner seinen Besitz zu Evesham mit allem Zubehör und seine Bibliothek. Die Kinder seines verstorbenen Bruders Caetano und die seiner ebenfalls verstorbenen Schwester Regina Clementi-Maltesi bedachte er mit einer Summe von 400 £, die gleichmäßig unter sie verteilt werden sollte. Jeder der beiden Collards erhielt für einen Trauerring 20 £, William Horsley, dessen Beistand er bei der Ordnung seiner Manuskripte für seine Frau erhoffte, 5 £ ebenfalls für einen Trauerring. Alle seine Bibliothek und Bücher, die er weder mit Emmas Namen versehen noch in einer umfangreichen Liste[1])

---

[1]) Die signierten und in dieser Liste angeführten Bücher waren für seine Frau bestimmt. Merkwürdigerweise hatte Clementi dieses Verzeichnis mit dem 31. Mai 1827 versehen, einem Tage,

angeführt hatte, fielen ebenso wie alle seine Ostindischen Aktien und eine 3¹/₂ prozentige Jahresrente samt Dividenden, soviel er davon bei seinem Tode besaß, seinen bei seinem Ableben noch lebenden Kindern zu gleichen Teilen zu. Als Testamentsvollstrecker ernannte er seine Frau Emma, die Herren John Smith, Frederick Fielding, Thomas Hall von Walsall in der Grafschaft Stafford und John Theobald von Kentish Town, ermächtigte aber seine Frau zugleich, für diejenigen von diesen Bevollmächtigten, die zu diesem Amt nicht in der Lage seien, nach ihrem Gutdünken neue zu ernennen. Am 2. April 1832 wurden Fr. W. Collard und W. Fr. Collard als mit Clementis Unterschrift wohl vertraute Personen auf die Echtheit der Unterschrift vereidigt und am 11. April der genannte John Theobald als Testamentsvollstrecker auf ein paar ihm zufallende Obliegenheiten, die vor allem auch die Liste mit den Büchern Clementis betrafen. Endlich fand am 16. April 1832 die Vollstreckung des letzten Willens selbst statt. —

Über die Eindrücke, die Clementis Tod auf die Allgemeinheit ausübte, ist hier genug berichtet worden. Wie die Nachricht aber von einzelnen seiner Freunde aufgenommen wurde, darüber ist wenig bekannt. Immerhin verlautet etwas darüber mit Hinsicht auf seine beiden Schüler Field und Berger. Während uns von jenem wenigstens überliefert wird, daß er, der schon nicht lange vorher seine Mutter verloren hatte, durch den Tod seines alten Lehrers umso mehr bewogen wurde, sich von neuem auf Reisen zu begeben, um seinen Schmerz zu zerstreuen, ist uns durch Rellstabs Feder eine aufrichtige Schilderung des Eindrucks auf Ludw. Berger bewahrt worden: »Der letzte künstlerische Verlust für Berger, dessen ich hier gedenken will, war der Tod eines Mannes, welcher die entschiedensten

wo er in Baden bei Wien weilte. Hatte übrigens (da er auch die Kinder seiner Geschwister im Testament bedachte) die Reise nach Italien im Jahre 1826 etwas mit dem Testament zu tun?

Einwirkungen auf sein Leben gehabt hatte — Clementis. Jahre waren freilich oftmals vergangen, ohne daß Beide auch nur einen Brief miteinander gewechselt hatten, und dann betraf ihr Verkehr fast ausschließlich Geschäfte, kein näheres inneres Verhältnis. Doch sowohl der Künstler, als der Lehrer, der Wohltäter, der Bestimmer seines Lebensgeschicks waren Berger unvergeßlich geblieben, er trug die Erinnerungen daran als wahre Heiligtümer seines Herzens in sich. Als ich ihm daher zuerst die Todesnachricht mitteilte, war er sichtlich erschüttert. Er versenkte sich in stumme Betrachtungen und sprach dann halb vor sich hin: ‚Also ist er tot, der Alte! — Hm! — Es geht mir doch nahe! — Ich habe ihm doch etwas zu verdanken!‘ Es war mehr Beherrschung der Wehmut, als Weichheit in diesen Worten. Man sah, das Bild des greisen Lehrers war dem selbst alternden Manne in den Hintergrund getreten, und er hatte kaum gedacht, daß es noch frische Farben trage. — Einige Zeit blieb er still, dann ergoß er sich in Lobeserhebungen über das Verdienst Clementis als Spieler und Komponist, und wiederholte sein oft ausgesprochenes Urteil: ‚Ich habe Viele gekannt, die ihm im Einzelnen überlegen waren, aber eine so durch und durch gediegene Vollendung habe ich noch an Keinem wiedergefunden, weder an einem älteren noch an einem jüngeren Spieler. Nicht was, sondern wie er spielte, das war Clementis Größe!‘ — Und danach setzte er sich an das Pianoforte, und spielte mir einzelne Stellen Clementischer Sonaten, um mir zu zeigen, wo der Wert, der Reiz, die Gewalt seines Spiels hervorgetreten war« . . . .

Wir haben unserer Erzählung nichts weiter hinzuzufügen. Mit seinen Unterrichtswerken wird Clementi weiterleben, solange es Klaviere und Klavierspieler giebt. Immerhin ist er gegenwärtig als Sonatenkomponist nicht so gewürdigt, wie er es verdiente; denn wenn auch viele seiner Sonaten jetzt nur noch geschichtliche Teilnahme beanspruchen können, so sind es ihrer doch auch nicht

wenige — und nicht bloß solche aus seinen letzten Jahren,
die nur wenig oder gar nichts von ihrer ursprünglichen
Frische für moderne Ohren eingebüßt haben. Doch es war
hier nicht beabsichtigt, auf Clementis Stellung als Komponist oder auf seinen großen Einfluß auf die Technik des
Klavierspiels näher einzugehen. Das kann in kürzerer Weise
auch nicht erschöpfend geschehen; vielmehr gedenkt dies
der Verfasser dieser Lebensbeschreibung in einer künftigen
ausführlichen Arbeit nachzuholen.

Namenregister.

(Die in der Quellenliteratur enthaltenen Namen sind hier nicht mit aufgenommen.)

❖ ❖ ❖